Cartas de negocio eficaces

Mary Bosticco

CARTAS DE NEGOCIO EFICACES

dve
PUBLISHING

© Editorial De Vecchi, S. A. 2018
© [2018] Confidential Concepts International Ltd., Ireland
Subsidiary company of Confidential Concepts Inc, USA
ISBN: 978-1-68325-748-6

Índice

Agradecimientos

Me gustaría agradecer a Atlas Business Machines, British Railways Board, Nauticalia, Prontaprint y Wordplex, que me hayan permitido reproducir sus cabeceras u otro material en este libro. Deseo agradecer la ayuda recibida de Fisher Clark, Ken Norman, John Rankin y Carole Roffey.

Ningún libro puede ser escrito o revisado sin la generosa ayuda de un bibliotecario. De acuerdo con esto me gustaría agradecer a todo el personal de la biblioteca Maidenhead, y especialmente al servicio de investigación, por su ayuda cortés y eficiente.

MARY BOSTICCO

NOTA DEL EDITOR

Algunos ejemplos no han sido traducidos de la lengua inglesa en la que fue redactado el original, para que el lector pueda evaluar las diferencias y similitudes que hay entre el correo anglosajón y el español, tanto en la presentación como en la formulación.

11

Prólogo

Todos sabemos que el queso y el buen vino mejoran con la edad, pero no es frecuente que un libro gane en utilidad con el paso del tiempo. Sin embargo, este es el caso del presente libro, que gracias a la invención del procesador de textos, un gran número de cartas pueden ser tecleadas, almacenadas en su memoria y consultadas de nuevo una y otra vez.

Esto significa que uno de los propósitos de su primera edición inglesa, reducir el tiempo de dictado, ha sido logrado espectacularmente con posterioridad. Otro propósito fue mejorar la calidad de las cartas que se redactaban y esta meta todavía se mantiene.

La cartas están escritas y agrupadas en capítulos bajo distintos títulos según la materia. En cada uno de ellos las cartas están divididas en tres partes: introducción, desarrollo y conclusión; todo perfectamente numerado. Todas han sido pensadas para ser útiles.

Las cartas comerciales del capítulo 3 deben ser leídas con detenimiento, así como la parte introductoria. Esas cartas serán una fuente de ideas para realizar campañas de ventas, ser recopiladas en función de su actividad o de sus circunstancias.

Las cartas de los capítulos 4, 5, 10 y muchas del capítulo 8, pueden seleccionarse para ser introducidas en el procesador de textos de la empresa, y guardadas en la memoria del ordenador para su recuperación y uso, simplemente anotando los números de los párrafos seleccionados.

El capítulo 6, «Crédito y cobro», debe estudiarse muy cuidadosamente. Luego, será necesario definir una estrategia basada en estos ejemplos y adaptada al funcionamiento de su empresa. Después se pueden elegir las cartas, o las series de cartas o tarjetas, para ser procesadas y guardadas. Hay que tenerlas clasificadas detalladamente para facilitar su localización tanto por uno mismo como por la secretaria.

Las cartas restantes y las notificaciones del capítulo 11, que son menos usuales, no es necesario guardarlas ni recuperarlas, pero pueden ser útiles cuando la ocasión lo requiera. Simplemente hay que seleccionar el párrafo adecuado, anotar su número en la carta y pasarla, junto con el libro, al mecanógrafo. Si la oficina no está equipada con un procesador de textos es posible utilizar este libro directamente.

Detalles como los precios, los nombres de marcas, las fechas de envío, etc., pueden ser anotados al lado del número del párrafo correspondiente. La secretaria podrá así incluir estos detalles en la carta final utilizando la función de edición del procesador de textos, o bien mecanografiándolo a la manera tradicional.

No nos ha parecido necesario seguir repitiendo el «Le saluda atentamente» en cada párrafo de conclusión; por otro lado se podrá observar que en algunos párrafos del apartado «Desarrollo» no se necesita añadir nada más para terminar la carta.

Debemos admitir que no hemos distinguido entre la utilización de *él* y *ella*, por lo que la referencia a *él* puede ser válida tanto para un hombre como para una mujer. No quiera verse en ello una discriminación de las futuras lectoras o de las mujeres en general. Estas últimas, con la sensibilidad que las caracteriza, comprenderán enseguida que sólo se trata de evitar la constante repetición de *él* o *ella*.

Mary Bosticco
Bourne End, marzo de 1985

LA CARTA DE NEGOCIOS

CAPÍTULO 1

Presentación

A la mayoría de los hombres de negocios les gusta que sus empresas sean consideradas dinámicas, modernas, emprendedoras y, por supuesto, un modelo de exactitud y eficiencia. A estos empresarios no se les ocurriría enviar a sus clientes actuales y futuros, cartas escritas de cualquier modo o con papel de mala calidad.

El estilo es la empresa

El membrete representa la empresa. Es lo primero de lo que la gente se da cuenta y por eso es necesario que les produzca una buena impresión.

¿Qué pensará un futuro cliente si se le escribe con un membrete diseñado hace cien años, impreso en papel de mala calidad, con la letra mal mecanografiada además de mal distribuida?

Todavía no es tan grande la diferencia de precio entre un encabezado de carta mal diseñado y otro bien ejecutado profesionalmente. Cuando usted se dé cuenta de que un buen membrete puede asegurarle ganar terreno en un primer acercamiento por carta, entonces la inversión le parecerá mucho menor.

En resumidas cuentas, su encabezamiento debe indicar, quién es usted, a qué se dedica y dónde se le puede localizar, incluyendo teléfono y fax. Nombres tales como «La casa del automóvil» o «Modas Teresa» no son suficientes.

Existen otros requisitos legales: el encabezamiento debe especificar dónde se encuentra registrada la empresa, el número y la dirección del registro. Los comerciantes al mayor y las sociedades deben dar una dirección a la cual se puedan destinar los documentos. Por otro lado, el número del NIF sólo es requerido en las facturas.

Además, el encabezamiento debe transmitir la impresión adecuada de acuerdo con lo que concierne a la empresa. Quizá parezca que la palabra «imagen» está siendo demasiado explotada y que sólo es un truco publicitario, pero este no es el caso. Se puede llamar como se quiera, pero la imagen de una empresa es lo que los clientes o la gente en general tiene presente cuando leen su nombre. Es lo que la gente piensa de su empresa. De hecho, obviamente es cosa suya hacerles creer lo adecuado, transmitirles la imagen correcta.

Evidentemente esta imagen debe ser adecuada a su empresa en particular. Algunas empresas se esfuerzan en crear una impresión o imagen de solidez y fiabilidad; una casa de modas o un diseñador estarán más interesados en dar una impresión de buen gusto, mientras que un proveedor de productos de lujo querrá reflejar un aire de opulencia y magnificencia.

Lo ideal es que el encabezamiento no esté diseñado aisladamente, tiene que ser parte y elemento de un estilo personal, ya que su finalidad es presentar al resto del mundo la imagen correcta. Cada vez más empresas se están dando cuenta de tal importancia y muchas de ellas están adquiriendo un estilo personal por primera vez en su historia.

Un elemento importante de estilo personal al que nos referimos, es el símbolo de la empresa, o su logotipo, que a veces es una pista para saber qué hace, produce o representa. El caso del logotipo de la empresa Omegus, S. A. es un claro ejemplo (ver figura 1). Como se puede apreciar, el logotipo está incluido en sus encabezamientos, hojas de pedidos, tarjetas de presentación y hojas para cartas. No es tan sorprendente descubrir que Omegus, S. A. se dedica a manufacturar productos de navegación. Su nombre y su logotipo no sólo nos dicen claramente en qué campo se encuentra la empresa, sino que esa imagen personal también nos refleja una cierta alegría y humor; de hecho no es una mala imagen para una empresa relacionada con el mundo del deporte de la vela. El logotipo de la empresa puede y debe utilizarse en publicidad y catálogos, en camionetas de reparto, en los uniformes del personal, y donde sea pertinente, como vehículos de cualquier tipo. Las compañías aéreas y marítimas usan su logotipo en sus aviones y barcos. La figura 2 muestra el logotipo de una sociedad de transportes rápidos con su logo representativo de la actividad de la empresa. Si se

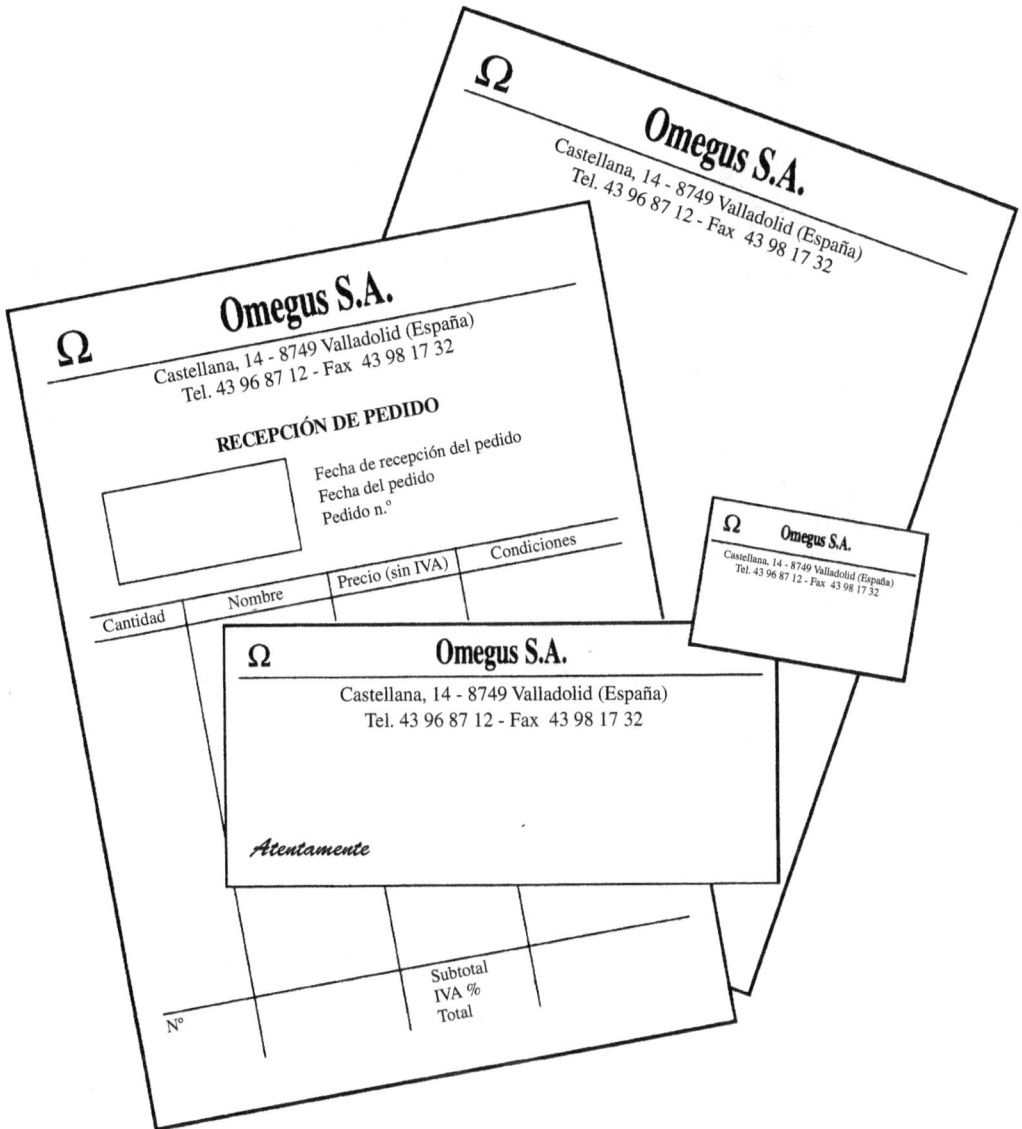

Figura 1: Documentos impresos de Omegus, S. A.

Transportes Generales

Pinar del Río, 25
02475 Valencia
Tel. 94 33 22 87
Fax 94 44 12 98

M. Goland
Director

Figura 2: Hoja para comunicados de la empresa con el membrete en el encabeza-miento

utiliza un estilo personal de esta manera, a lo largo del tiempo, el público en general seguirá recordando la empresa y lo que esta hace.

El color es un factor muy importante del estilo personal y muchas empresas también lo utilizan en los encabezamientos de sus cartas. Un color personal ayuda a que la compañía sea bien conocida. Por ejemplo, ¿quién no sabe que el verde es el color de la empresa «El Corte Inglés»?

Cuando se obtiene el diseño del membrete, hay que tener en cuenta que nunca aparece por sí solo, sino que siempre va acompañado por un párrafo mecanografiado y una firma al final. En otras palabras, el texto de la carta y la firma forman parte del diseño e indiscutiblemente ayudan a completar la impresión general. En la figura 3 se puede apreciar lo bien equilibrado que queda el párrafo de la izquierda donde figura la dirección de la empresa, y el de la derecha.

En la figura 4 se observa cómo el nombre «ATLAS» situado en la esquina superior izquierda queda compensado por la palabra «U-BIX» que aparece en la esquina inferior derecha. Ambas palabras están escritas en azul brillante en el original, mientras que el logotipo «WORD-PLEX» (fig. 3), está escrito en un verde pálido. A veces los ejecutivos de Wordplex firman sus cartas en verde, mientras que los de ATLAS lo hacen en azul; se trata de un simple detalle, pero es bueno mencionarlo.

Fisher Clark, un importante impresor, utiliza el color con una notable originalidad. Su membrete figura en color marrón, sobre un papel elaborado como si se tratara de piel de ante de color beige. El efecto en su totalidad es tan impresionante que cualquiera que lea esta carta no podrá olvidarse de ella fácilmente. El logotipo de Fisher Clark está también impreso en cada uno de los paquetes de los productos de la empresa.

Por supuesto, no todas las empresas necesitan un símbolo, pero sí pueden seleccionar una tipografía y una composición moderna para los encabezamientos de sus cartas. Sin embargo, diseñar un membrete no es un trabajo que pueda hacérselo uno mismo. Es un arte muy especializado y difícil y es posible que uno no esté preparado para realizarlo solo. Además, es necesario un punto de vista objetivo porque es importante que la carta represente la compañía, y no al jefe ejecutivo.

Hoy en día un diseño de este tipo puede ser fácilmente adquirido y sin que resulte muy caro, ya que incluso la ciudad más pequeña tiene su propia imprenta. Muchas de ellas forman parte de un gran grupo que posee su propia unidad de diseño. Algunas ofrecen *packs* especiales para pequeñas empresas o aquellas que aún no tienen logotipo, que comprenden: cartas con encabezamiento, formularios para facturas, hojas de prolongación, sobres y tarjetas de presentación, todo diseñado con un estilo personal pensado especialmente para el cliente (véase figura 5).

Señor Pedro Gracia
Director general de servicios
Ramiro y asociados
Carretera del puerto, 18
Madrid

WORDPLEX

WORDPLEX LIMITED
Edificio Excel
49 De Montford Road
Reading
Tel.: (074) 585242
Telex: 848560

Diciembre de 1999

Distinguido señor Gracia:

Deseo agradecerle a usted y a sus colegas haber dedicado su tiempo a nuestra presentación del pasado viernes en el Edificio Excel.

Me interesaron mucho sus comentarios relacionados con su estrategia de automatización de oficinas y confío en que encontró interesantes y relevantes para sus proyectos algunos de los temas expuestos en dicha presentación.

Aprovecho esta oportunidad para desearle unas felices Navidades y un próspero y feliz Año Nuevo.

Le saluda cordialmente.

R. A. Winder
Director comercial y de marketing
RAW: LMK

Subsidiario de:
Wordplex Infirmation Systems, PLC

Oficina de registro:
Marlow Place Station Road Marlow Bucks L 7 1NB
Registered in England: n.º 1773973

Figura 3: Carta de la sociedad Wordplex, formando un conjunto armónico con el membrente

Atlas Business Machines Limited

Townfield House   Totteridge Road   High Wycombe   Bucks HP13 6EB
Telephone: General Enquiries (0494) 40116   Service (0494) 21871   FAX (0494) 24262

A subsidiary of the Atlas Business Group Ltd.

U·BiX
ACCREDITED DEALER
RELIABLE
COPIER AND FACSIMILE
SYSTEMS

A member of the Erskine House PLC Group of Companies
Registered in England, No.1336132   VAT Registration No. 342 8374 49

Figura 4: Otro membrete distribuido perfectamente, esta vez de Atlas Business Machines

Figura 5: Diferente material para cartas impresas creado por Prontaprint

Si usted lo prefiere, puede tener, por supuesto, su estilo personal, diseñado por su propio agente de publicidad, que no dudará en complacerle con su labor.

El papel

Un buen diseño se puede arruinar si está hecho sobre un papel barato. A la inversa, una buena calidad de papel puede dar un aire de distinción a una carta que en sí es sencilla. Por lo tanto, es mejor invertir algo de dinero para poder seleccionar una buena calidad de papel para las cartas. Si usted no es un experto en papel deje que su diseñador le aconseje.

Si se envían al año cientos de miles de cartas comerciales, entonces no se debe dudar en seleccionar algún papel más económico. No hay por qué preocuparse innecesariamente por ello, ya que los expertos en correo comercial han demostrado una y otra vez que las calidades de papel más baratas no perjudican de ningún modo los resultados de las campañas.

No hay que descuidar el color, ya que puede ser enormemente efectivo. Se puede añadir un toque de color tanto en el diseño del encabezamiento, como se ha mencionado anteriormente, como en el mismo color del papel. En Estados Unidos, por ejemplo, es muy popular el uso de las tarjetas de recuerdo de color pastel. El papel de color puede ser igualmente efectivo para cartas comerciales, y se puede seleccionar un color distinto para cada carta, en el caso de tener que enviar varias; así se le añade interés.

En cuanto al tamaño, hoy en día está normalizado. El más usual para las cartas es el A4, que mide 210 x 297 mm. Si es necesario se puede utilizar el tamaño de A5 que mide 148 x 210 mm.

Las diferentes medidas establecidas vienen agrupadas en tres series: A, B y C. La serie A es para folletos; la B se usa principalmente para asuntos que requieren una impresión más larga, como pósters, y la C es para sobres, por supuesto, usados en combinación con la medida de cartas del tipo A.

Todos los tamaños de las tres series tienen la misma forma: un rectángulo con igual proporción entre el lado largo y el corto. Cada medida se consigue doblando por la mitad el formato de tamaño superior. La del tipo A esta basada en el formato A0, que mide 841 x 1.189 mm, es decir, un metro cuadrado. El formato A0 doblado por la mitad nos da la medida A1; esta doblada por la mitad nos da el formato A2 y así sucesivamente.

Los tamaños resultantes son como muestra la figura 6:

Serie A	Medidas en mm
A0	841 x 1189
A1	594 x 841
A2	420 x 594
A3	297 x 420
A4	210 x 297
A5	148 x 210
A6	105 x 148
A7	74 x 105

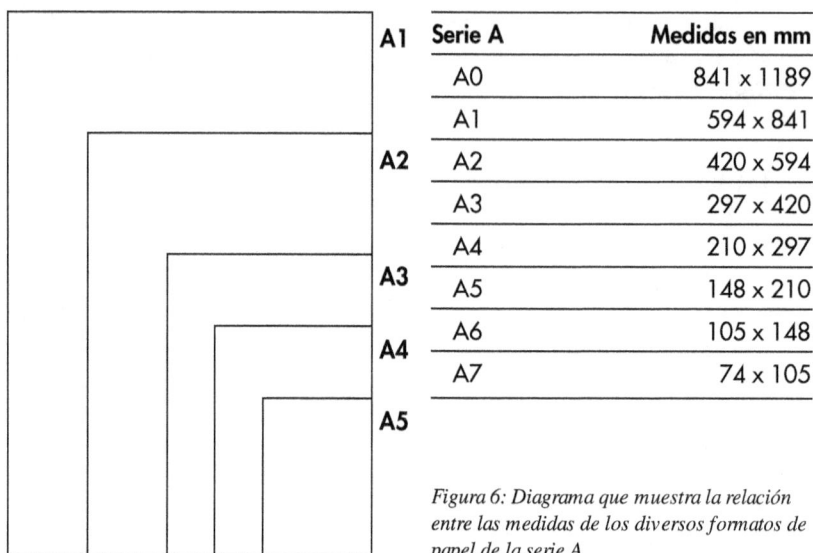

Figura 6: Diagrama que muestra la relación entre las medidas de los diversos formatos de papel de la serie A

La figura 6 nos muestra cómo todas las medidas de la serie A tienen el mismo radio entre los lados largos y los cortos. Esto significa que el trabajo de reproducir a escala un tamaño concreto es sumamente simple. Otra ventaja es el hecho de que como el formato maestro mide exactamente un metro cuadrado es posible designar el peso del papel en gramos por metro cuadrado.

En lo que concierne al mundo de los negocios, las ventajas de la adopción de estos formatos son las siguientes:

1. La clasificación es mucho más sencilla si todos los folletos, prospectos y correspondencia están en un formato similar.

2. Muchos de los países europeos utilizan estos formatos por lo que otros se consideran atípicos. Si un catálogo es demasiado grande o demasiado incómodo para ponerlo en los ficheros de un futuro cliente extranjero, ¿qué va a hacer este con él? Quizás eliminarlo. Por eso, las empresas no pueden arriesgarse a ser una excepción en los mercados de exportación.

3. Reproducir a escala una pieza de material gráfico en distintos tamaños de papel para su utilización, resulta más sencillo y, por lo tanto, más rápido.

4. La tarea de clasificación en la oficina de correos se acelera, gracias el uso de las máquinas de clasificación electrónica que permiten mayor eficiencia.

Los sobres

Los sobres, naturalmente, deberán ser de una calidad igual a la del papel, tanto en cuanto al papel en sí mismo como a la impresión o el logotipo. Como anteriormente se ha señalado, los sobres también están normalizados para ir con el papel de la serie A. Los dos formatos más utilizados son el cuadrado, 114 por 162 mm, y el rectangular, 110 por 220 mm. Para estas dos medidas existen también modelos de ventana.

También es posible adquirir sobres acolchados, de tamaños diversos, para proteger los documentos más gruesos o delicados.

Si se mantienen negocios con países europeos debe considerarse el uso de sobres con ventanilla. Estos son utilizados en todo el continente y tienen la ventaja de poder ahorrar tiempo al no tener que mecanografiar la dirección. No se recomienda para el correo comercial, ya que, como tienen un aire austero, no invitan a abrirlos.

Cuando se envía correspondencia con la intención de vender, los sobres deben ser lo más atrayentes posible. Un sello real es más interesante que un sello estampado por una máquina de franqueo. Un sello inusual es más interesante que uno ordinario y uno extranjero más que uno nacional. Existe una empresa mundialmente famosa que hizo, expresamente, que parte de su correo comercial viniera de Holanda con la intención de dar a sus cartas ese excitante estilo extranjero. Esta empresa ha ganado muchísimo dinero a través de la venta por correo.

Un modo de aproximarse al posible cliente es hacer que las cartas comerciales parezcan, tanto como sea posible, cartas personales. La estrategia del sello extranjero pertenece a esta categoría. Otra idea, igual de efectiva, es añadir al sobre un mensaje excitante, que quizá provoque que el destinatario se impaciente por abrir la carta. Una famosísima empresa internacional tiene sellos de respuesta asomando por la ventanilla del sobre o utiliza una ilustración atrayente junto a las palabras: «Tuyo, absolutamente gratis» impresas en rojo a un lado. Muchas empresas utilizan sobres de color que contienen unos mensajes del tipo: «Noticias importantes en el interior» o frases similares impresas en el sobre.

En lo referente a la venta por correo las variaciones para mejorar el resultado son infinitas; es cuestión de probar a la hora de establecer qué trucos funcionan mejor con un producto en particular.

La edición

Hace tiempo que el único tipo de membrete que una empresa respetada podía considerar, era el grabado. Sin embargo, esos días ya han pasado y ahora se puede escoger, como mínimo, entre cuatro métodos de reproducción, todos ellos perfectamente aceptables.

Grabado: desde luego, este es el mejor de los procesos de impresión. Si se puede asumir el gasto, no hay nada como este sistema. Es la producción de la plancha lo que hace que el grabado sea tan caro, pero si se realizan gran cantidad de ejemplares el coste no es tan oneroso. Si sólo se necesitaran 1.000 páginas, grabarlas costaría un 200 % más que las simples cartas impresas. Sin embargo, si se necesitaran 10.000 páginas, este coste disminuiría un 50 %. El coste de la producción fija puede variar en cada imprenta, así como otros servicios; por eso es conveniente considerar las ofertas, por lo menos de tres empresas antes de fijar el pedido.

Termografía: este proceso proporciona un resultado parecido al del grabado. Es bastante barato, entre un 10 y un 15 % más que la impresión tipográfica, pero volverá a depender, de nuevo, de la imprenta.

Impresión en offset: muchas empresas producen sus propios formularios de oficina y cartas con una multicopista *offset*. No hay nada sucio, maloliente o molesto en las máquinas *offset* modernas. Son en gran parte automáticas y fáciles de usar. Los resultados no se pueden distinguir de los de una impresión tipográfica norma

Tipografía: este es el proceso de impresión convencional que todos conocemos. Este sistema está perfectamente aceptado para las cartas de empresa. Un membrete bien diseñado y moderno, impreso con este sistema en un papel de buena calidad, puede representar dignamente a cualquier compañía. De hecho este es el sistema que utilizan más empresas actualmente.

Mecanografía y composición

El mejor membrete del mundo, impreso en papel de la mejor calidad, puede quedar totalmente arruinado si su mecanografía es descuidada, hay borrones, manchas o su composición es pobre. Ciertamente, un mecanógrafo mal pagado e incompetente dará resultados pobres. Pero incluso un mecanógrafo bueno tiene que saber cómo le gusta a la empresa que sean escritas sus cartas, tanto para adecuarse al diseño del membrete como para crear una uniformidad con el estilo de la empresa.

Primero es necesario decidir cuál es la mejor forma de composición para un membrete en particular. Después será necesario crear las cartas

---

Stationery
Letterheads A5 Size

	sheet n.°	**10/02**
	issued	**Agosto 1985**

≢ **British Railways Board**

222 Marylebone Road
London NW1

Director de diseño industrial

3 espacios

Director de producción
Empresa de ingeniería Newland, S.A
Peterborough
Northants

s/referencia AB/CD
n/referencia 20-7-22   3 de mayo de 1985

2 espacios

Estimado señor:

2 espacios

COMPOSICIÓN PARA CARTA EN PAPEL A5

2 espacios

El margen izquierdo debe quedar alineado con la dirección escrita
en la parte superior. El punto de la derecha debe quedar a 1.5 cm
del borde.

2 espacios

Para una mayor rapidez y mejor presentación todos los escritos
deben estar alineados a la izquierda, incluyendo el encabezamiento. Si el encabezamiento principal está escrito en mayúsculas debe ir subrayado. Si se coloca en la parte superior y en la inferior puede ir subrayado o no. La fecha debe permanecer en la
misma línea que el número de referencia del expediente.

2 espacios

Les saluda cordialmente.

6 espacios

A. B. Smith
(Añadir el puesto que ocupe si no se ha detallado antes.)

Tamaño real A5: 148 x 210 mm

1. Doblar por la mitad, haciendo coincidir
   los dos extremos de la página.
2. La dirección queda situada en el lugar
   correcto para que coincida con la ventana del sobre.

Figura 7: Instrucciones de la British Railways Board para la presentación de la corres-
pondencia

29

para completar el diseño, formando un conjunto completo y equilibrado. La figura 3 muestra claramente como Wordplex ha conseguido este propósito con éxito.

Cuando se haya decidido cómo debe ser la composición hay que mostrársela a cada mecanógrafo. Si hay varios en la empresa, debe haber una hoja en la que se especifiquen las instrucciones. La figura 7 muestra cómo lo hace la British Railways Board (Compañía Británica de Ferrocarriles), incluyendo cómo doblar la carta para que encaje con la ventanilla del sobre. Esta compañía fue una de las primeras organizaciones británicas en alinear sus cartas a la izquierda. Ahora ya lo hacen muchas más. Esta costumbre empezó por pura conveniencia, pero afortunadamente se encontró la manera de hacerlo más agradable a la vista

Tanto si se decide por los sobres con ventanilla o no, la dirección debe estar escrita en bloque y no por partes separadas como se hacía en otras épocas siguiendo la moda.

Los principios por los que hay que guiarse para decidir la composición de las cartas tienen que conseguir que estas resulten agradables al verlas y sean fáciles de leer, a la vez que la velocidad de su ejecución sea muy rápida. Hay que admitir que muchas empresas invierten este orden de prioridades.

Cartas circulares

La carta circular, si su propósito es vender o informar, es el tipo de carta más importante que se puede escribir. No obstante, hay quienes con la excusa de poder reducir gastos, intentan minimizar al máximo su coste.

Es posible establecer un cierto ahorro, como se ha mencionado anteriormente. Por ejemplo, se puede utilizar un papel de calidad inferior; si el membrete habitual es grabado, se puede usar el mismo diseño pero impreso en prensa, para las campañas publicitarias. Incluso también puede ser importante tener un diseño de membrete especial exclusivamente para las cartas comerciales, o bien, membretes de muchos colores, especiales para ventas. Probar y equivocarse es el mejor método para encontrar la fórmula idónea para una empresa en concreto.

En cuanto al sobre, existen dos modos de proceder, como ya hemos visto, utilizar uno u otro depende de si desea que el correo parezca una carta clásica escrita a máquina, o bien, si lo que pretende es que el destinatario se sienta motivado a abrirla. En este último caso, en el sobre debe constar algún motivo o algún texto que incite a ello. Este método es utilizado, con gran éxito, por muchas empresas grandes e importantes que venden productos y servicios a través del correo.

En la única área en la que no se puede arriesgar económicamente es en la de composición y presentación general. Además, hay que asegurarse de tener un *mailing* completo, que incluya el nombre de la persona a la que se dirige el correo. Con las facilidades que existen hoy en día no pueden permitirse cartas comerciales destinadas de manera imprecisa, con una dirección mal escrita en un sobre cualquiera.

Para la impresión y envío pueden utilizarse diversos métodos:

Procesador de textos: si se envían cartas de publicidad con frecuencia, es mejor invertir en un procesador de textos. Un buen procesador y una impresora también de calidad, permiten confeccionar cartas comerciales inmaculadas y personalizadas.

El *mailing* (o listado de nombres y direcciones) puede ser almacenado en la memoria del ordenador mediante un programa de base de datos y recuperado cuando sea necesario para que quede totalmente armonizado en la última carta comercial.

La función de edición del procesador de textos permite añadir toques personales, lo que sin duda hará más grata la lectura a su destinatario.

Sin embargo, hay que tener en cuenta que en el mercado existen varias clases distintas de procesadores de textos y de ordenadores, y que unos son más indicados que otros para determinadas labores. Por eso, antes de comprar uno, sería bueno hacer una selección para asegurarse de que está adquiriendo lo que necesita.

Offset: esta técnica implica el tecleo de un texto mediante una cinta especial. Se obtiene así una matriz que permite editar entre cincuenta y cinco mil copias. Una variante, más antigua, consiste en teclear la carta mediante una máquina de escribir ordinaria y luego obtener una placa fotográfica. Los dos procesos son muy fiables. Algunas máquinas son capaces de imprimir al mismo tiempo la cabecera de la carta, ganándose mucho tiempo.

Facsímil: este procedimiento se basa en la impresión tipográfica, pero presenta una diferencia importante. Ya que el texto se ha compuesto con caracteres de máquina de escribir y se imprime sobre el papel mediante una hoja o una cinta de seda. El resultado es que las palabras adquieren una forma irregular, como suele pasar cuando están escritas con la máquina de escribir. Es decir, desaparece la regularidad característica de la imprenta y el resultado es como el de una carta escrita a máquina. Dentro de este sistema se incluyen dos procesos, el rotatorio y el plano. Ambos dan resultados excelentes y este último llega incluso a la perfección.

Fotocopia: la máquina fotocopiadora ha supuesto una pequeña revolución para las empresas de todo el mundo, arrinconando las fastidiosas copias mecanografiadas o en papel carbón de un mismo documento. Para producir cartas circulares simplemente hay que disponer las cartas maestras en un papel liso y colocarlas encima de la pantalla de la fotocopiadora.

Si se controla suficientemente el estado de la tinta, el resultado es muy bueno, pero conviene recordar que este método es caro y por ello hay que reservarlo para tiradas cortas.

Correo electrónico: Otra manera de llegar rápidamente a los destinatarios consiste en utilizar el correo electrónico, enviando un *e-mail*. Este permite cambiar y mejorar continuamente los mensajes, organizar y compartimentar todos los tipos de información, e incluye telecopias (fig. 8).

Esta nueva posibilidad está teniendo cada vez más éxito debido principalmente a su rapidez. Un buzón de envío agrupa los mensajes a remitir y un buzón de recepción los que se han recibido, según el esquema de esta página. Naturalmente, para tener acceso a esta función, es necesario que el ordenador esté equipado con un módem conectado a la línea telefónica. Esta instalación permite conectarse a internet, y está llamada a sustituir progresivamente el correo tradicional en el mundo de los negocios.

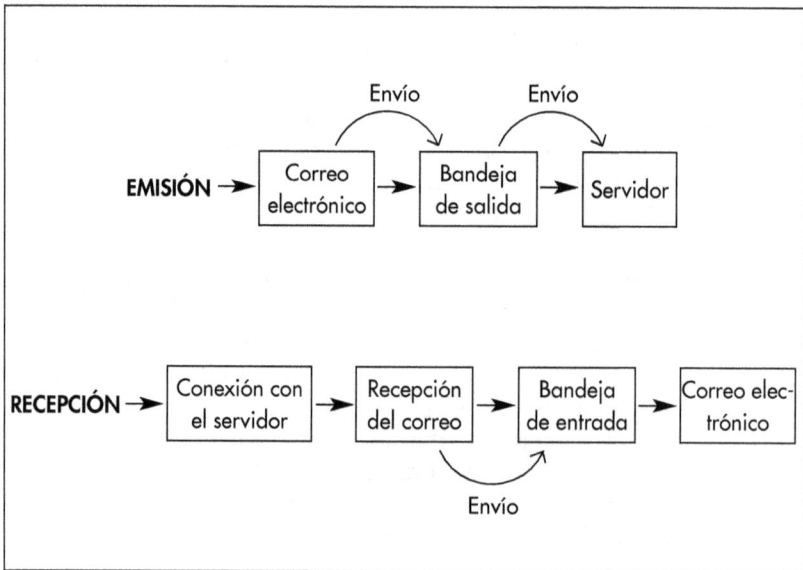

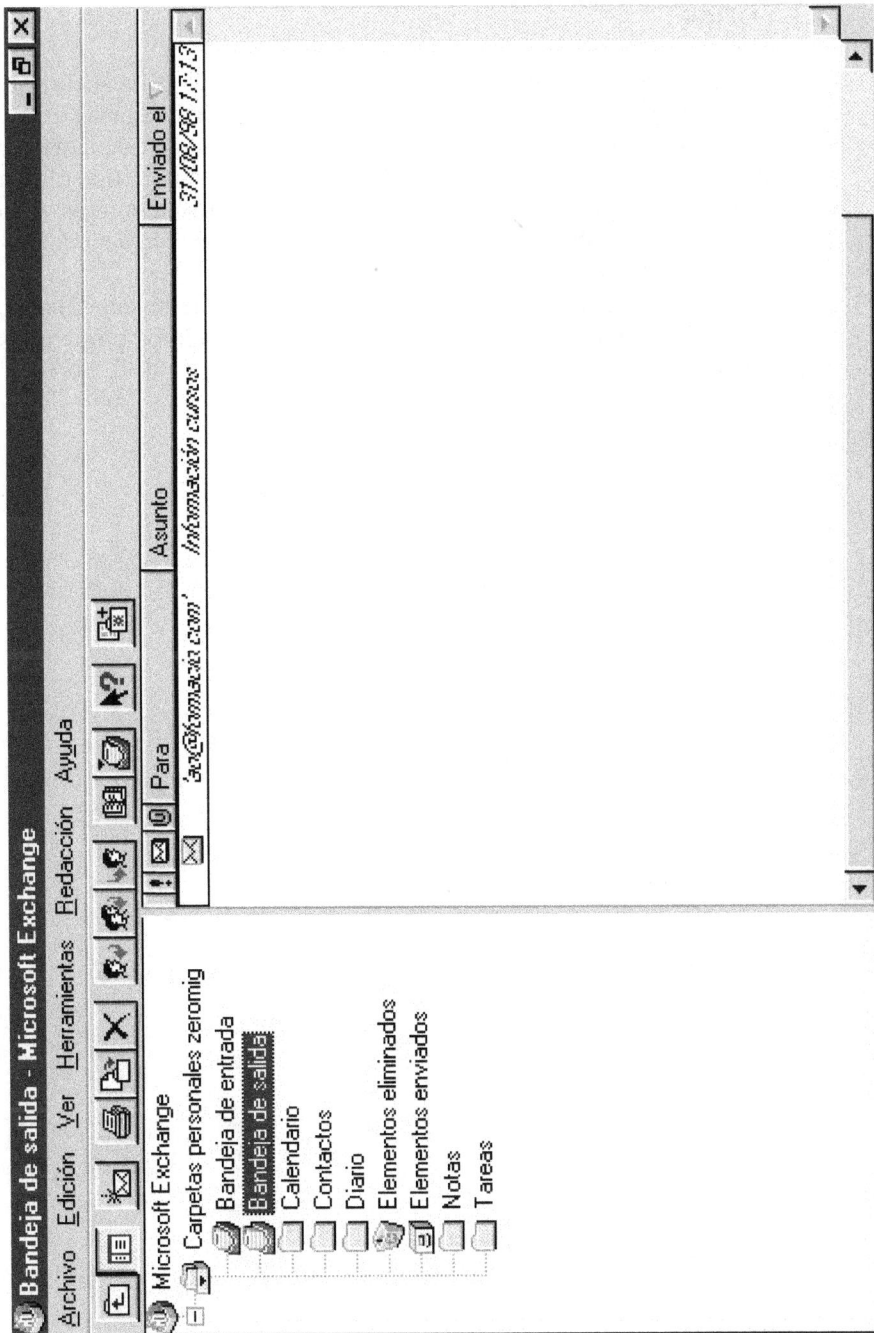

Figura 8.

La firma

Otro factor a tener en cuenta desde el punto de vista de la presentación, es la firma. Si el número de cartas enviadas es razonablemente corto, será bueno firmarlas individualmente. Pero si el volumen de cartas es considerable, será mejor disponer de una firma facsímil en azul. Un nombre mecanografiado, en sello de goma o una firma en negro, no presenta la suficiente calidad, descubriéndose al instante la falta de personalización de esa carta.

Después de analizar estas ideas, cuidadosamente seleccionadas, acerca del aspecto de la carta —el envoltorio— estamos preparados para considerar su contenido.

CAPÍTULO 2

Contenido

Muchas cartas de correo comercial tienen un triple objetivo:

1. Transmitir un mensaje del remitente al destinatario.
2. Hacer reaccionar al destinatario.
3. Hacer que el destinatario reciba una buena impresión del remitente y de su empresa.

Un gran porcentaje de los miles de cartas comerciales que se envían cada día, no sólo no consiguen los objetivos dos y tres, sino tampoco el principal, es decir, transmitir un mensaje claro e inequívoco al destinatario.

Ciertamente, escribir cartas no es una tarea fácil; básicamente, deben tener claridad, simplicidad, brevedad y cordialidad.

La escritura clara es el resultado del pensamiento claro y, a la inversa, la escritura confusa es el resultado del pensamiento confuso. Por lo tanto, la primera regla es: pensar antes de escribir. Decidir qué es lo que se quiere decir antes de lanzarse a convertir los pensamientos en palabras. Esta idea puede parecer muy básica, casi elemental, pero numerosos ejecutivos se quejan de que no tienen tiempo para pensar antes de ponerse a escribir, lo que les conduce a redactar informes poco convincentes.

Primeramente conviene organizar la mente antes de redactar, luego anotar los puntos de la carta que se va a responder, y mencionar cada uno en el momento adecuado. Incluir en un mismo punto tres reflexiones no significa brevedad, sino más bien confusión. Cuando un punto está desarrollado hay que redactar otro, y no parafrasear ni repetir lo mismo a lo largo del texto.

Cuando se han plasmado los argumentos brevemente, se debe dar al destinatario una indicación clara y correcta de lo que se requiere de él o ella. Más de una carta divaga exponiendo y planteando un argumento hasta que se agota, dejando al destinatario con la duda de para qué se le requiere. Si se está buscando una ayuda para resolver un problema, se debe expresar claramente al final de la carta. Si simplemente se están exponiendo unos hechos propicios para actuar de una cierta manera, entonces hay que dejarlo también muy claro. «Por lo tanto he decidido...», es una manera de concluir, dejándole claro al destinatario que simplemente lo que se le está pidiendo es tomar la debida nota. Obviamente, si la situación lo requiere, se puede añadir «... y espero que apruebe mi decisión». Si se quiere influir en la decisión del destinatario no se debe errar diciendo claramente: «por lo tanto recomiendo que hagamos esto y lo otro». Es mejor proponer: «por lo tanto creo que lo más importante es que hagamos esto y lo otro». Si lo que se pretende es responder a una carta hay que dejarlo también claro. No puede dejar al destinatario con un «¿y qué?» cuando lea su carta.

La elección de las palabras

La claridad y sencillez de las cartas dependerá, obviamente, de la elección de las palabras, pero primero sería bueno crearse el hábito de utilizar el número imprescindible de palabras para expresar lo deseado.

No es fácil deshacerse de las palabras superfluas. Lea cada una de las frases de su carta y contéstese a usted mismo: «¿es realmente necesaria esta palabra?, ¿cambiará el sentido si la elimino?» Si su respuesta es «no» entonces quite la palabra redundante. La carta ganará en claridad y concisión con esta operación de limpieza.

Si acepta este consejo y empieza a releer cartas anteriores con un bolígrafo en la mano, la operación de limpieza no tardará en anular un buen número de frases innecesarias, esos elementos arcaicos del lenguaje comercial que todavía perduran en algunas cartas de empresa. Las frases repetidas son las herramientas de los perezosos. Lo tienen todo demasiado predispuesto en sus mentes, liberándose al redactar del esfuerzo de pensar. A continuación se muestra una corta relación de frases hechas que se pueden eliminar:

A corto plazo...
A la espera de su respuesta...
A la espera de vernos favorecidos por
su oferta...
A la espera del placer de...
Aceptando sus órdenes de...
Actualmente...
Actualmente en nuestra posición...
Acusamos recibo de...
Adjunto...
Adjunto encontrará...
Al recibir...
Anexo
Aprovechamos esta ocasión...
Asegurándole nuestra atención...

Como anexo de...
Como hemos dicho anteriormente...
Como respuesta a su...
Como respuesta en su honor debido a...
Como respuesta de...
Como se deriva de...
Comunicado (en lugar de carta)
Con el objetivo de informarles de que....
Conforme a...
Convencido de que...
Corriente (en lugar del nombre del mes)
Cuando reciban...
Cuidadosamente anotado...

De la confianza que han depositado en
nosotros...
Debidamente archivado...
Debido al hecho de que...
Del mes pasado...
Deseo, como respuesta...
Deseoso de informarle...

El llamado...
El mismo día...
En el caso de que...
En el momento en el que le escribimos...
En la que les informamos...
En los plazos exigidos...
En nuestra posesión...
En nuestros libros...
En referencia a su...
En referencia a su honor debido a...
En sobre separado...
Encontrará adjunto...
Encontrará en un anexo...
Esperando verme favorecido por...

Ha llegado a nuestras manos...
Ha sido enviado...
Ha sido para nosotros de gran interés...
Hemos notado con interés...
Hemos notado con placer...

Infórmenos de...

Le rogamos que...
Les rogamos que nos informen...

Les rogamos que permanezcan...
Lo antes posible...
Los próximos días...

Me permito informarle de que...

Nos gustaría indicarle que...
Nos gustaría informarle de que...
Nos gustaría sugerirle que...
Nos ha llegado...
Nos parece deseable...
Nos sabe mal tener que hacerle saber...
Nos sabe mal tener que informarle...

Obtendrá su aprobación...

Pedimos su benevolencia para...
Por correo...
Próximamente...
Próximo (en lugar del nombre del
mes)...
Puede estar seguro de que...

Que lleva la misma fecha...
Queremos indicarle que...
Queremos informarle de que...

Recientemente...
Respecto a esto...
Respondiendo a su...
Rogamos reciban...

Según...
Sigue su curso...
Siguiente...
Sinceramente...
Su amable correo...
Su amable correo en nuestra posesión...
Su amable demanda...
Su carta actualmente en nuestra pose-
sión...
Su carta del cuatro de...
Su carta en este día......
Su carta en nuestra haber...
Su gran benevolencia...
Su honorable del (en lugar de carta)...

Tenemos el honor de hacerle saber
que...
Tenemos el placer de...
Tenemos el placer de hacerle saber
que...
Tenemos el placer de indicarle...
Tenemos la satisfacción de informarle
de que...
Tomamos buena nota ...
Tomen nota
Tuvo en cuenta

Usted mismo...

Y obligado (en conclusión)...

A modo de ayuda para los lectores, también proponemos sustituir algunas frases que resultan poco adecuadas por las palabras o las frases siguientes:

En los próximos días...	Muy pronto (o, mejor todavía, sea preciso y proporcione una fecha)
Actualmente en nuestro haber...	ha llegado
Lo antes posible...	tal cual si no tiene prisa o lo más pronto posible
Le rogamos...	no ruegue, vaya directo al grano y diga lo que tenga que decir
Comunicado...	carta o informe o lo que sea
Deseamos informarle de que...	lo mismo que para le rogamos..., diga de lo que se trata
Nos ha llegado...	ha llegado
Ha sido enviado...	precisar si por barco, por correo o por otro medio o más sencillamente sustituya por enviado
Adjunto le remito...	le adjuntamos
Próximamente...	muy pronto o mejor dé una fecha
Hemos notado con interés...	nos sentimos interesados por
Hemos notado con placer...	hemos estado muy contentos de saber
Tome nota de...	suprimir, exprésese con claridad
Sentimos tenerle que informar...	nos sabe mal tenerle que informar de que o una expresión similar
Tenemos el placer de hacerle saber que ...	estamos muy contentos de informarle que
Por correo separado...	precise lo que usted entiende por correo, carta, paquete u otro
Usted mismo...	usted

La mayor parte de estas frases hechas resultan inútiles, sin embargo, esto no significa que cada una de las frases comerciales tenga que ser evitada por el escritor prudente.

Una frase hecha es también una cuestión de opinión. Si se ha pensado suficientemente lo que se quiere decir y el empleo correcto de una locución encaja con una determinada frase, entonces nada puede objetarse sobre su uso. Por otro lado, en cambio, si se utiliza un cliché porque es lo primero que viene a la mente, entonces el texto sí que corre el peligro de confundir.

Se debe cultivar el hábito de buscar en el diccionario la palabra que se quiera utilizar. Es sorprendente la frecuencia con que las palabras son utilizadas sin que expresen exactamente el contenido que se pretende.

Hay que decidir, por ejemplo, si la palabra *integrar* es la más adecuada en ese contexto, o bien, si *unir, combinar, amalgamar* no encaja más exactamente con el significado que se pretende dar; o bien si hay que decantarse por *alternativo* sin considerar primero *otro, nuevo, fresco, revisado, diferente.*

A la hora de escoger un adjetivo se tiene que buscar que encaje con el sentido exacto que se quiere dar, por ejemplo, *bueno* no significa por sí solo nada en concreto, ya que podemos hablar de «un restaurante bueno», «una chica buena», «una televisión buena» o incluso «una orden buena»; *global* tampoco significa nada en sí mismo, o puede significar muchas cosas; si por esta palabra se entiende *total, medio* o *añadido*, entonces ¿por qué no se dice así? Si lo que se quiere expresar es «el crecimiento global de la ciudad debe ser moderado» vemos cómo la palabra *global* no añade nada a su significado.

Si podemos referirnos al mismo significado con dos palabras, entonces hay que escoger la más corta. Las palabras cortas suelen ser más directas y potentes que las largas y ayudan a una mejor comprensión del texto.

Sir Winston Churchill fue un gran defensor de las palabras cortas, aunque no dudó en utilizar alguna larga, incluso muy largas si encajaban mejor con el significado.

Por eso, hay que pensárselo dos veces antes de redactar las cartas con palabras innecesariamente largas y con prefijos y sufijos ajenos a la lengua utilizada.

Por ejemplo, no hay que temer el uso de las palabras *decir* y *comunicar* con preferencia ante *declarar, informar* o *poner al corriente de.* No hay que dudar de utilizar *empezar* o *comenzar* en lugar de *iniciar.* Ciertamente se puede decir *esbozo* o *boceto* en vez de *anuncio*; *plan* en lugar de *anteproyecto*; *antes* en lugar de *prioridad*; *de acuerdo* en lugar de *vale* o *concerniente a.*

Si se tiene la sensación de perder credibilidad por el uso de palabras cortas, es bueno recordar el ácido comentario de sir Ernest Gowers: «Aquellos que utilizan palabras demasiado largas son inexpertos y carecen de gusto. Confunden la pomposidad con la dignidad, la flaccidez con la facilidad y el volumen con la fuerza».

En definitiva es preferible elegir palabras cortas que largas, simples que complejas, familiares que extrañas.

Otras consideraciones

A la vez que se recomienda el empleo de la palabra corta, también se recomienda el de la frase corta. Es más moderno que el uso de las largas, pero hay otra razón a favor de acortar las frases. Se ha comprobado que es más fácil de entender un escrito que contenga principalmente frases cortas; es más legible que uno en el que predominen las largas.

A lo largo de los años se han hecho muchos estudios sobre qué es lo que hace que un escrito sea fácil de leer. La famosa fórmula de lectura de Rudolph Flesch no sólo considera la longitud de las frases sino también el número de palabras con afijos. En la medida que las frases sean más cortas y contengan menos palabras con afijos más fácil resultará su lectura.

Robert Gunning llegó a las mismas conclusiones investigando únicamente la extensión de las frases de un pasaje concreto.

Así pues, para empezar, hay que construir frases tan cortas como sea posible. Gradualmente, con la práctica, se sabrá cómo hacer para alargarlas sin que con ello pierdan claridad. El objetivo final será la alternancia de frases de distinta extensión para conseguir una mayor variedad y flexibilidad.

De hecho, si se tienen en cuenta todos los puntos anteriores, las cartas irán ganando gradualmente en claridad, brevedad y simplicidad. Pero, por desgracia, este triple objetivo no es suficiente. También se querrá que la carta parezca más cálida y amistosa que distante e impersonal. Existe una tendencia a escribir cartas seca, pero no conviene seguirla.

A menudo ocurre que nos podemos encontrar con un hombre de negocios encantador y amistoso. Se discute algún asunto de negocios, se llega a algún acuerdo y después cada uno sigue su vida. A la mañana siguiente recibimos una carta fría e inflexible confirmando el acuerdo. Está firmada por la misma persona amable y encantadora del día anterior, pero no lo parece.

¿Por qué hay gente que escribe así? ¿Por qué no plasman su amabilidad y encanto en sus cartas? Porque se esconden detrás de la fría fachada de lo que ellos creen que es el «lenguaje comercial». Si utilizaran un tono más familiar y escribieran como hablan, automáticamente quedaría reflejada su personalidad y sus cartas serían leídas con más placer.

Pruébelo usted mismo y verá. Incluso una autoridad como sir Winston Churchill defendía esta práctica. Siendo primer ministro afirmó una vez: «No nos limitemos en el uso de las frases expresivas cortas, incluso en una conversación».

Esto no quiere decir que se deba escribir a todo el mundo de la misma manera, o que un profesional, de repente, se apresure en escribir pequeñas notas con un estilo simplista. Significa que hay que tener en cuenta al destinatario cada vez que se escriba una carta, y no olvidar que todo hombre de negocios es también un ser humano. El escritor profesional siempre orienta sus escritos para adecuarlos a su audiencia. En otras palabras, no escribe para un público indeterminado, sino bien al contrario, para un público específico. El hombre de negocios debería hacer lo mismo cuando responde a su correspondencia. Tiene que conseguir que cada carta que escriba sea una carta comercial, una carta en la que promociona a su compañía, sus productos y a él mismo.

Hay que recordar sobre todo, que la carta debe ser escrita desde el punto de vista del destinatario; por ejemplo, es mejor decir: «Estará encantado de saber que su pedido está listo para ser enviado», que «Me place informarle que...». Muchas cartas de negocios están escritas en primera persona del singular o del plural como si el remitente sólo pensara en él mismo. Pero el destinatario se interesa por *él mismo* y quiere saber qué se le ofrece.

Por otro lado, es preferible usar un «Yo» o un «Nosotros» como sujeto y sólo emplear la voz pasiva cuando sea inevitable. La voz activa es mucho más fuerte y directa. Siempre es una persona o un grupo que piensa, hace, siente, etc. Se debe hacer que esta persona o grupo sea el sujeto de la frase siempre que sea posible.

En cuanto al uso de las reglas gramaticales no hay que ser muy puntilloso con ellas, ya que la incertidumbre sobre el uso correcto de las mismas a menudo conduce a una carta confusa. Mientras que un conocimiento básico de la gramática es obviamente útil, también hay que tener en cuenta que no es catastrófico si se ignora alguna de las reglas. Algunos de los grandes escritores han ignorado, de vez en cuando, las reglas gramaticales. Es mucho más importante dirigirse al destinatario tal y como uno es, como la persona que él o ella conoce. Si usted es una persona próxima natural y cálida el destinatario estará desconcertado si le escribe una carta como si fuera un distante profesor de universidad. Si usted es una persona informal el destinatario se quedará helado si le escribe una de esas cartas pasadas de moda, recargadas de jerga. En resumen, la regla de oro que dice «sé tú mismo» también se debe aplicar a la hora de escribir cartas.

Las mayúsculas

Actualmente hay una cierta tendencia a limitar el uso de las mayúsculas, sin embargo debemos utilizarlas en los siguientes casos:

41

1. Nombres propios de persona, países, ciudades, pueblos, villas, provincias, ríos, montañas, lagos, mares y océanos.

2. Títulos de libros, obras, artículos, revistas, capítulos de libros, discursos, óperas, canciones, etc.: «su obra favorita es *La casa de Bernarda Alba*», «el mejor libro sobre este tema es *Un mundo feliz*», etc.

3. Nombres de barcos, casas, hoteles, restaurantes, pensiones, etc.

4. Nombres comunes que se utilizan como propios para darles énfasis: «la Empresa repartió grandes beneficios», etc.

5. Cuando se refiere a una persona que posee un cierto rango de distinción: «el viaje del Rey a la India», etc.

6. A veces, en nombres comunes que acompañan a propios: «la Universidad de Salamanca», etc.

No utilizamos mayúscula inicial en:

1. Nombres comunes cuando se utilizan para asignar personas o cosas: «en España hay muchas universidades», etc.

2. Cualquier palabra empleada como nombre común: «existen muchos colegios y universidades en el país», etc.

3. Nombres de disciplinas generales utilizados en sentido genérico: «leo historia y economía», etc.

En caso de duda conviene tomar nuestras propias decisiones teniendo en cuenta que la tendencia es usar el menor número de mayúsculas posible. Una vez establecida la decisión hay que plasmarla en la carta. Una práctica excelente, tanto para el uso de las mayúsculas como para la ortografía, es consultar algún manual práctico de normas de ortografía, gramática y estilo.

La puntuación

Se podría escribir un libro entero sobre la puntuación. Pero el hombre de negocios, interesado principalmente en las cartas comerciales y las memorias, no necesita hacer un estudio profundo sobre ello. Unas pocas normas de sentido común es suficiente.

El punto: respecto a esa tendencia a hacer poco uso de la puntuación, la única excepción es el punto, que está ganando gran terreno ya que se aboga por las frases cortas. El punto también se utiliza después de iniciales y en las abreviaturas. Sin embargo, por ejemplo en los logotipos de empresas, debido a la necesidad de ganar cada vez más tiempo y tomar las decisiones con mayor rapidez, también estas pausas se están perdiendo cada vez más en la correspondencia. Por eso ahora se escribe SEAT, RENFE, etc. En caso de duda conviene consultar en un diccionario especializado.

La coma: este signo de puntuación indica la pausa más corta de todas y antes era utilizado muy a menudo. Actualmente, debido a la tendencia por la frase corta, la coma es utilizada mucho menos. Sin embargo, no es conveniente eliminarla del todo, ya que a veces es necesaria para aclarar. Entonces, si la omisión de una coma altera el significado, hay que dejarla. Se utiliza también para separar una lista de elementos, como por ejemplo «nuestra empresa manufactura frutos secos, pastas de sopa, salsas, y productos lácteos». Muchas autoridades académicas están de acuerdo en el uso de la coma antes de una «y», como en el ejemplo, aunque hay otros que insisten en que no es necesario. La coma no es necesaria cuando sólo hay dos elementos listados, como en «blanco y negro».

Muchos escritores utilizan las comas para introducir frases explicativas. Se deberá pues escribir: «El señor González, nuestro nuevo director de exportación, les visitará el próximo mes»; de lo contrario, si se omitieran las comas, se obtendría una frase de difícil significado: «El señor González nuestro nuevo director de exportación les visitará el próximo mes». La oración siguiente muestra también la necesidad de las dos comas, antes y después de la frase explicativa: «El señor Martínez, al que creo que conoció en la fiesta, también vendrá con nosotros a la reunión».

Delante de una cita también es necesaria la coma: «Él dijo, "Nos vemos mañana"». Como también lo es para separar varias partes de una misma cita: «"Nos vemos en la conferencia", dijo, "y no llegues tarde"». Cuando nos dirigimos a alguien, el nombre o categoría de tal persona debe llevar una coma antes y después: «Estará de acuerdo conmigo, caballero, de que este ha sido un año difícil».

El punto y coma: este signo de puntuación indica una pausa más corta que la del punto, pero más larga que la de la coma. La tendencia actual de reducir las frases, casi lo ha suprimido, especialmente en las cartas comerciales. Si una frase es tan larga que hay que dividirla con varios punto y coma, será mejor reducirla y descomponerla en frases más cortas.

Sin embargo, hay ocasiones, incluso en las cartas comerciales, en que un punto y coma contribuye a aclarar lo dicho y, por eso, no hay que dudar en utilizarlo. Por ejemplo, si se están listando distintos elementos, cada uno de los cuales se han de describir brevemente, la frase quedará más clara si se separa cada categoría con un punto y coma, y la descripción de cada uno de los elementos por comas. Podemos escribir: «Nuestro equipo de ventas es pequeño: López, Giménez y Soler, que se encargan del sur; Canales, Simón y Vera, que se encargan de la zona centro y norte; y Méndez, que se encarga exclusivamente de la zona oeste».

Algunas veces el punto y coma indica una pausa más larga. Esto ocurre cuando se omite una palabra. Si decimos: «Tenemos tres representantes que cubren las zonas de Galicia, Asturias y el País Vasco, pero sólo uno que cubre toda Cataluña», la coma encaja perfectamente, pero si omitimos la palabra «pero» necesitaremos una pausa más larga y, consecuentemente, el punto y coma será más adecuado. Por ejemplo: «Tenemos tres representantes que cubren las zonas de Galicia, Asturias y el País Vasco; sólo uno para toda Cataluña».

Los dos puntos: los dos puntos indican una pausa, algo más larga que la del punto y coma pero no tan larga como la del punto. Su uso es raramente necesario para las cartas comerciales, pero puede utilizarse en lugar de coma delante de una cita. Suele emplearse para introducir una lista, ejemplos o explicaciones: «A todos los que asistan a la rueda de prensa se les dará: una copia del comunicado, una serie de fotografías, y un pequeño regalo».

Los signos de interrogación: sólo se utilizan antes y después de una pregunta directa, nunca en una indirecta: «¿Ha llegado Juan?», pero, «Me preguntó si Juan había llegado». Estos símbolos también pueden ser utilizados entre paréntesis, para indicar que una palabra o frase es dudosa, aunque es más normal que aparezca en una memoria o informe que en una carta.

Los signos de exclamación: no se deben utilizar excesivamente en una carta comercial. Sólo en exclamaciones directas: «¡Hola a todos!», «¡Tienes muy buen aspecto!», «¡Saca de aquí este artilugio!». A veces se utilizan para indicar que la palabra o frase tienen una carga emocional. Algunas personas los usan para reflejar exuberancia, pero es mejor contenerse, especialmente en una carta comercial.

Comillas: se emplean antes y después de una cita. Si hay una cita dentro de otra, entonces es necesario comillas bajas para delimitar la primera y altas para la que se encuentra incluida en ella: «Uno de estos días», dijo M. D., «tendré que poner un cartel que diga: "Prohibido el paso"».

Las comillas, tanto altas como bajas, se utilizan para textos manuscritos también para títulos de obras, canciones, operas; nombres de pensiones, restaurantes, hoteles y un gran número de citas. Sin embargo, estos títulos cuando van en textos impresos se escriben en cursiva y no entre comillas.

Paréntesis: el uso del paréntesis es evidente. Sirve para incluir una breve explicación, o una referencia del tema principal. No se utiliza mucho en la correspondencia comercial, excepto para enumerar conceptos, como (1), (2), (3), etc. Si se utilizan hay que tener en cuenta que no son un sustituto de cualquier otro signo de puntuación, sino que deben ser insertados cuando les corresponda.

Antes de los paréntesis no debe ponerse coma, ya que los paréntesis introducen un comentario sin perderse la continuidad de la frase.

Guión: el guión se utiliza para unir dos palabras simples y así formar una compuesta. Con el tiempo, estas palabras separadas por guión se convierten en una sola y el guión desaparece. El problema surge cuando estas palabras compuestas están a punto de convertirse en una única palabra y algunos escritores les ponen guión y otros no. Lo más coherente que se puede hacer en estos casos es decidir qué tendencia se prefiere y unificar así todo el texto escrito manteniendo el mismo criterio. Debemos decidir, por ejemplo, si seguiremos un diccionario u otro, pero manteniendo siempre nuestra elección.

Guión largo: muchas personas llenan sus cartas de guiones largos en sustitución de otros signos de puntuación. Estrictamente, un guión largo sólo debe ser utilizado para provocar una pausa repentina en el razonamiento, la reanudación de un tema disperso, o una omisión, como una palabra malsonante o el nombre de alguien que, por alguna razón, debe mantenerse en el anonimato, también para realizar un inciso. Aquí vemos un ejemplo: «Lealtad, disposición, colaboración —estas son las cualidades que buscamos en nuestros empleados—, además de conocimientos sobre el asunto».

Tenemos que economizar en el uso del guión largo y antes de utilizarlo debemos preguntarnos si una coma o un paréntesis no serían igual de correctos.

Formas de dirigirse a los destinatarios

Gracias al presente libro, el lector será capaz de decidir, después de leer una carta que ha recibido, si debe contestar de una manera determinada y si es así, seleccionar los párrafos adecuados de los capítulos correspondientes, escribiendo su número de identificación y pasar luego el trabajo al mecanógrafo.

Si la oficina está equipada con un procesador de textos, pueden almacenarse párrafos y clasificarlos bajo distintos títulos. Luego, todo lo que necesitará hacer es recuperar los párrafos, editarlos añadiendo cualquier detalle necesario como el nombre y la dirección y presentarlo para la firma final.

Es útil añadir la firma y centrar un único tema por carta, incluso si lo que se tiene que decir es simple. Este sistema facilita la clasificación propia y la del destinatario. En algunas oficinas se han perdido muchas horas buscando cartas archivadas, para descubrir finalmente que estaban clasificadas por distintos temas.

Por lo general, las cartas comerciales dirigidas a una empresa deben encabezarse por «Señores» y acabar por «Atentamente». Pero cada vez es más frecuente el correo personalizado: «señor Alberto Sánchez; señora María Rodríguez», incluso «Mi querido señor, Mi querida señorita», si hay un trato cálido entre ellos.

Una alternativa consiste en dirigir la carta a la empresa pero añadiendo más adelante: «A la atención del señor, la señora, González». Si se decide utilizar esta forma, la apertura debe ser «Señores», ya que la carta va dirigida a una compañía y no a alguien en concreto.

Cuando el destinatario es una mujer, de la que se ignora si está casada o no, es preferible el trato de «Señora».

Si se quiere dar un toque más personal a una carta de negocios se puede iniciar a mano escribiendo: «Estimado señor, señora», «Estimado Juan», o «Estimada María», así como despedirse de la misma manera, a mano. Es muy interesante la calidez que este sistema añade a una carta.

Si se trata de una empresa especializada en la venta por correo, deberán enviarse cientos y miles de cartas. No obstante, las prestaciones de los actuales procesadores de textos permiten dirigirlas de un modo personalizado a cada cliente, precediendo su nombre de un «querido» o «querida» que añadirán una nota de amistad.

Se puede dar el caso de que algunos destinatarios tengan cierto título, posición, etc., y habrá que ingeniárselas para saber cómo dirigirse a ellos.

Para dirigirse a un abogado, un notario o un académico, se empleará la palabra «señor».

Para un diputado o un senador, se encabezará la carta por «Señor diputado» o «Señor senador».

Los títulos de nobleza por lo general no suelen mencionarse. Se escribirá pues, «Señor» o «Señora».

En cuanto a los médicos y cirujanos conviene preceder su nombre por «doctor».

En el apartado dedicado a las fórmulas, en las páginas siguientes, se encontrarán algunos ejemplos de correo redactado en inglés, que permitirán comparar las distintas formas que diferencian la cultura inglesa de la nuestra.

Para encontrar algunos otros ejemplos de tratamientos, se deberá consultar el «Apéndice».

SEGUNDA PARTE

LAS FÓRMULAS

CAPÍTULO 3

Cartas comerciales

Una carta comercial no es, ni más ni menos, que una presentación por escrito. Es tan fácil o tan difícil realizarla como una presentación en vivo. Más fácil porque se puede disponer de mucho tiempo para pensar lo que se quiere decir. Más difícil porque no se puede evaluar la reacción del receptor y seguir el discurso en función de ello. También más difícil porque una carta que va dirigida a un cierto número de personas, sean diez o diez mil, tiene que ser, por necesidad, más generalizada y consecuentemente se puede perder parte de su impacto.

Además no se puede escribir una carta comercial buena si primero no se han adquirido los principios fundamentales del marketing. Todo vendedor sabe que un cliente compra porque no está satisfecho con lo que ya tiene o porque quiere algo que no posee. De hecho no quiere simplemente un coche, quiere confort, comodidad, posición social. No quiere poseer una póliza de seguros, quiere seguridad para su familia y para él. Él, o ella, no quiere ropa, pero sí atraer al sexo contrario o mantener el interés del cónyuge.

En otras palabras, los clientes, o futuros clientes, compran los beneficios que les puede aportar un producto o un servicio, y son estas ventajas las que tiene que destacar un vendedor o una carta comercial.

Estas ventajas para los clientes, como se les llama dentro del vocabulario del marketing, están profundamente ligadas a las necesidades básicas del ser humano. La única diferencia es que en la sociedad actual, aumentar artificialmente estas necesidades, se ha convertido en una cuestión de posición social. Por eso, en vez de necesitar vivienda, comida, amor y seguridad, ahora tenemos la «necesidad» de una nevera de último modelo, la «necesidad» de un anillo de diamantes, mientras que ciertos elementos se han convertido en símbolos y han adoptado una necesidad distinta de la que aparentemente tenían.

Sin embargo, todas estas necesidades se han reducido al propio interés. Los clientes se interesan principalmente por ellos mismos y por sus familias. No por usted, por su compañía o por su producto, sino por ellos mismos y por las necesidades que su producto puede satisfacerles.

El vendedor y las cartas comerciales con éxito acentuarán los beneficios que el producto tendrá para el cliente y deberán adoptar el punto de vista del cliente. El discurso del vendedor y de la carta comercial estarán construidos con «tú/usted» y «tu/su», mientras que los «yo» y «nosotros» serán dejados aparte.

La presentación cuidadosamente preparada del vendedor tendrá un objetivo: conseguir una venta. Este objetivo se fijará firmemente en su mente a lo largo de su discurso, ya que es el que lo estimula desde el principio hasta el final, y cuando llegue al punto álgido de su argumento intentará cerrar la venta utilizando una de las muchas técnicas que tendrá en sus manos. Lo mismo ocurrirá con la carta comercial. Debe mantener un único objetivo claro e inequívoco: conseguir la venta.

Los norteamericanos siguen una técnica de venta cuyos pasos se describen a continuación:

Primer paso: ¡Ejem! De esta manera el vendedor atrae la atención inicial de su audiencia para iniciar su discurso.

Segundo paso: ¿Por qué nos interesa este producto? El vendedor responde de esa manera a la pregunta que el posible cliente se está planteando en su fuero interno, explicándole qué ventajas le supondrá el producto.

Tercer paso: ¿Por ejemplo? El cliente no asimila en una primera valoración los argumentos del vendedor, incluso sin decir nada, mentalmente se pregunta sobre cada uno de los puntos desarrollados, a cada paso. Así que en el tercer paso el vendedor da soporte a cada afirmación con ejemplos específicos, hechos, figuras, fotografías, etc.

Cuarto paso: ¿Y qué? El vendedor debe anticiparse a las preguntas que todavía se plantea y animarlo a realizar la compra rellenando la hoja de pedido u otra cosa en función de la situación.

Esta fórmula puede ser seguida casi exactamente igual en una carta comercial. En otras palabras, toda carta comercial debe:

1. Ganarse la *atención* del lector, tanto como el «¡Ejem!» del vendedor.
2. Despertar y mantener su *interés*.
3. Mantener su *deseo* por la sugerencia de la carta.
4. Hacer que la *acción* sugerida por la carta sea urgente.

---

de hecho, difiere muy poco de la honorable fórmula AIDA para escribir cartas comerciales, que utilizan los norteamericanos. Sus iniciales significan:

Atención

Interés

Deseo

Acción

La frase inicial es la más importante de toda la carta, así que si no se tiene éxito con ella para ganarse la atención del lector, todo el esfuerzo habrá sido estéril. La carta acabará en la papelera junto a otras innumerables circulares. Normalmente un hombre de negocios tiene un montón de cartas para leer cada día. Está ocupado y presionado por el tiempo. Da un vistazo a una carta circular y si nada le llama la atención la elimina sin volver a mirársela.

¿Cómo vamos a cautivarle para que siga leyendo? Podemos atraer su interés, dándole unas cuantas noticias llamativas que enciendan su curiosidad. Se puede comenzar la carta con una frase tradicional de introducción o mejor todavía en una carta destinada a un profesional con un encabezamiento como el del siguiente ejemplo:

«Cómo hacer crecer las ventas en ...».

O se puede variar en una de sus múltiples posibilidades:

«Qué hacer para aumentar sus ventas en ...».
«Usted también puede aumentar las ventas en ...»

Si decide llamar la atención en el primer párrafo puede utilizar uno de los siguientes consejos:

1. Ir directo al objetivo y decirle cómo pueden beneficiarle nuestros productos o servicios.

2. Decirle más prosaicamente pero con claridad lo que queremos que haga y cómo va a cambiar su vida.

3. Adularle preguntándole por algún consejo o pidiéndole que nos haga un favor.

4. Asustarle con algunas noticias alarmantes sobre un proceso o técnica nuevos.

5. Darle un poco de información útil acerca de su propio negocio, empresa o profesión.

A veces, se puede captar la atención del lector simplemente con estilo y personalidad, incluso cuando ignoramos, ingenuamente, todas las reglas, o la mayoría de ellas. Muchas de las cartas comerciales que han tenido más éxito en todo el mundo han sido de este tipo. Es conveniente tener esto en cuenta.

Habiendo desarrollado satisfactoriamente la explicación de la atención («A»), estamos preparados para continuar con el segundo paso, la «I» de interés. Debemos crear un párrafo corto que siga a la cabecera de presentación o primer párrafo. Este debe responder inmediata y satisfactoriamente a las preguntas que van surgiendo en la mente del lector: «¿Qué es esto?» «¿Qué va a hacer por mí?» «¿Por qué tengo que leerlo?», o preguntas parecidas.

En otras palabras, el segundo párrafo debe mencionar inmediatamente el primer beneficio o el más importante que el producto o servicio ofrece. Debe despertar el interés del lector y preparar el terreno para el siguiente paso, la «D» de deseo.

Este tercer paso suele requerir varios párrafos, pero, sin lugar a dudas, debemos eliminar algunos para que la carta resulte todo lo breve posible.

La regla de oro de este paso es: destacar las ventajas para el cliente. Traerlo a casa. Hacer que el lector se sienta insatisfecho con lo que tiene o con lo que no tiene. Decirle lo que el producto hará por él, por su negocio, su familia, su vida amorosa. Extraer sus emociones. Mostrarle entusiasmo. El entusiasmo es como el fuego, se extiende rápidamente.

No se puede esperar que el lector se crea palabra por palabra lo que se le dice. Hay que introducir pruebas. Un buen testimonio, o incluso dos, constituyen una buena idea. Principalmente hay que darle razones para comprar el producto o el servicio. En otras palabras, decidir cuáles son las principales ventajas que esta propuesta ofrece al cliente y trabajarlas en su beneficio.

Ahora estamos preparados para la fase final, la que empuja al lector a la acción que nosotros queremos. Esta dependerá fundamentalmente del producto.

No se trata en absoluto de que firme un cheque y pida un producto o docenas de él. La propuesta puede requerir la intervención de uno de los comerciales. Y en este caso lo que queremos es concertar una cita con él.

O quizá se requiera la firma del cliente, en el espacio apropiado, para que renueve su suscripción.

O quizá queremos que responda y envíe un folleto descriptivo u otro documento impreso.

Pero cualquiera que sea la acción requerida, debemos estar seguros de hacerlo del modo adecuado.

De hecho, si queremos su cheque, nuestra labor será más dura y debemos intentarlo y lograrlo antes de que su deseo por nuestra proposición se desvanezca.

Si le decimos que haga primero el pedido y que más tarde le cobraremos, observaremos que será más fácil persuadirle.

Si simplemente queremos que el destinatario nos remita una respuesta para que le enviemos un folleto gratuitamente o para concertar una cita, nuestra labor será mucho más sencilla, pero incluso así, debemos actuar lo más cómodamente posible para él. Debemos adjuntar una tarjeta o sobre de franqueo en destino, o si estamos buscando una cita tenemos que intentarlo diciendo: «Mi secretaria le telefoneará para concertar una cita».

Siempre que sea posible hay que enviar las cartas comerciales personalizadas individualmente. En estos casos se podrán iniciar con «Distinguido señor González» o «Estimada señora González». Nada impacta más que el uso de nombres propios. La llegada del procesador de textos hace muy fácil almacenar e imprimir los sobres rápidamente, también incluir los nombres y direcciones de los destinatarios, así como la expresión «Estimado señor» o «Estimada señora». Parecerá que cada carta haya sido escrita individualmente, mejorando así su efectividad.

Habrá ocasiones en que no dispondremos de nombres actualizados y en estos casos tendremos que comenzar las cartas con «Estimados señores».

Una alternativa mejor, siempre que sea posible, es escribir «Distinguido comerciante», «Estimado conductor», o lo que proceda.

Los párrafos de introducción que vienen a continuación empiezan según diversas fórmulas.

Los párrafos agrupados bajo la misma referencia son indisociables y deben utilizarse como una unidad.

Introducción

1   Estimado/a señor/a,

¿Le gustaría aumentar su volumen de ventas sin tener que invertir capital adicional?

Entonces ¿por qué no añade nuestra gama de ...... a su surtido de alfombras? Hay muy pocos productos de calidad que ofrezcan tan excelentes ventajas sin invertir capital en el negocio.

Versión inglesa del parágrafo precedente

1   Dear Sir or Madam,

Would you like to increase your turnover without tying up additional capital?

Then why not add line of ...... to your range of carpets? There are very few quality products which show such excellent profits without tying up capital in stock.

---

2   Señor/a,

Usted también puede aumentar su volumen de ventas sin invertir ningún capital adicional.

Puede hacerlo si se convierte en un agente de ...... e incorpora nuestra línea de ...... a su surtido de ...... Muy pocos productos le darán tan excelente margen de beneficios sin la necesidad de invertir un valioso capital en el negocio.

3   Estimado cliente,

Cómo aumentar su volumen de ventas sin invertir capital adicional

Cada vez más especialistas en alfombras realizan el montaje de ventanas como complemento a su línea de productos y como consecuencia se convierten en distribuidores de persianas enrollables ...... Pocos productos ofrecen tan excelente potencial de beneficio sin necesidad de invertir capital en el negocio.

Señor,

4

Ya puede aumentar su volumen de ventas sin invertir capital suplementario

¡Parece mentira pero es cierto! Lo conseguirá simplemente añadiendo a su surtido de ...... nuestra línea de ...... Nuestros dos productos se complementan perfectamente y lo único que usted necesitará para vender nuestro ...... es un espacio de un par de metros cuadrados y sin realizar más inversiones.

Señor/a,

5

Una solución para las chimeneas que humean

Al fin ahora ya puede ofrecer a sus clientes un remedio realmente seguro para sus chimeneas que humean.

Estimado señor,

6

¿Ha olvidado alguna vez que cuidar su jardín es una tarea lenta y laboriosa y ha deseado tener una varita mágica que lo hiciera en un instante?

Bien, no podemos llegar a ofrecerle una varita mágica, pero sí nuestro ......, que verdaderamente le facilitará mucho las cosas.

Estimado/a señor/a,

7

¿Ha deseado alguna vez poder limpiar y revisar su coche sin que sus manos se engrasen y ensucien?

Nuestro fabuloso y nuevo ...... ha sido especialmente desarrollado para hacer que su deseo se convierta en realidad.

Señor/a,

8

Cómo reducir costes gracias a los contenedores de cartón ondulado

Como todos los transportistas marítimos, usted no deja de buscar nuevas maneras de ahorrarse dinero en el empaquetado de sus productos. Los contenedores en cartón ondulado son la solución ideal. Pueden reemplazar con toda garantía los bidones de metal y muchos otros embalajes caros, reduciendo considerablemente las facturas de empaquetado.

9 Señor,

¿Se ha detenido alguna vez a pensar cuánto tiempo y esfuerzo se pierden diariamente en su empresa para trasladar equipos y productos de un lugar a otro de la planta?

Piense en los gastos y la energía que ahorraría si fuera posible estudiar científicamente todos esos desplazamientos e instalar un equipo de mantenimiento especialmente concebido a este efecto.

10 Estimado señor,

Simplemente rellene el cupón adjunto y recibirá un ejemplar de ...... que usted podrá examinar tranquilamente en su hogar. Si cree que este libro no le será útil para futuras decisiones a la hora de invertir, entonces nos lo puede retornar y no estará sometido a ninguna obligación de compra.

11 Estimada señor/a,

¿Cree que un hombre de negocios capacitado podría tener un valioso producto sin darse cuenta?

Bien, este es su caso si usted no se da cuenta de que sus empleados son el activo más valioso de su empresa.

Si quiere saber cómo cuidar estos valiosos productos, escríbanos para recibir un ejemplar de ....

12 Señor/a,

No deje que la llegada de la primavera le coja desprevenido. Llame ahora al número de teléfono ...... para pintar su casa mientras todavía disponemos de fechas libres en nuestra agenda.

13 Estimado/a señor/a,

Si es tan amable de firmar y devolvernos el formulario de la oferta especial recibirá, completamente gratis, un ejemplar de ...... especialmente concebido y creado para nuestros clientes con ocasión de nuestro 25 aniversario.

Señor,   14

<u>¿Se están reduciendo sus beneficios?</u>

¿A causa de un material anticuado que le hace perder el tiempo y continuamente debe ser reparado?

¿Sí? Entonces es el momento de detener esta pérdida de beneficios.

Señor,   15

Sabemos lo ocupado que está y no nos gustaría molestarle, pero necesitamos su ayuda y asegurarnos de que usted cooperará encantado. Lo que nos gustaría saber es los nombres de una docena de empresas como la suya, que podrían, como usted, beneficiarse de la lectura de ....

¿Podemos pedirle que escriba sus nombres y direcciones en el formulario adjunto y enviárnoslo en su sobre correspondiente?

En consideración por su ayuda le enviaremos una agenda, confeccionada especialmente para nuestros clientes.

Señor/a,   16

¿Sabe que podría reducir sus gastos de luz si utiliza bombillas ......?

Las bombillas ...... le ahorrarán dinero de dos formas: primero, duran más que cualquier otra bombilla, y segundo, se limpian más fácilmente permitiendo ganar tiempo a su personal de mantenimiento.

Señor/a,   17

<u>Cómo reducir el gasto en los transportes</u>

¿Sabe usted que los gastos de transporte pesan enormemente sobre los beneficios?

Nosotros hemos hecho el cálculo y hemos concebido un plan que, al igual que en nuestro caso, le permitirá ahorrar en un periodo determinado.

Señor,   18

¿Cuántas horas de trabajo perdió el año pasado permitiendo que en su empresa se trabajara con un equipo inseguro?

Un trabajador de baja le costará cada día más que unas buenas gafas o zapatos, dejando aparte las consideraciones humanas.

19 Señor/a,

¿Quiere doblar su producción, disminuir sus gastos en un 30 % e instalar, al mismo tiempo, un equipo completo de calidad?
Entonces deshágase de su anticuado ...... y cámbielo por ....

20 Señor/a,

¿Cómo duplicar su producción sin aumentar los gastos?

Suena demasiado bonito para ser cierto. Pero lo es. Todo lo que necesita hacer es retirar su sistema ...... e instalar el sistema completamente automático de ....

21 Señor,

¿Problemas de producción?
No podemos resolvérselos todos, pero nuestro ...... es la respuesta a muchos de ellos.

22 Señor/a,

¿Se ha encontrado ya con problemas en el momento de exponer sus productos?
Entonces deje que ...... los solucione por usted, así de sencillo y de un modo económico.

23 Estimado cliente,

El toque de lujo que hace que sus beneficios aumenten

Como todos los constructores usted no duda en añadir a sus casas un toque de lujo que le permita aumentar el precio de venta. Pero no desea que le salga a usted demasiado caro.
Nosotros hemos concebido un modelo especial de nuestro popular ......, que le proporcionará todo eso que usted busca pero sin que por ello se vean reducidos sus beneficios.

24 Señor/a,

¿Prefiere los hombres que hablan a aquellos que actúan?
Si es así, usted no necesitará nuestros servicios, ya que no tenemos ni un hombre de este tipo en nuestro equipo de redactores, maquetistas y diseñadores.

Señora,   **25**

¿Está usted preparando sus vacaciones en la playa? Entonces deberá colocar en su maleta un bañador distinto al de los demás. Nuestra colección de bañadores está diseñada especialmente para usted.

Señora o señor,   **26**

Quizá ya haya oído hablar de un conocido fabricante de aparatos eléctricos que recientemente ha sufrido un importante revés. Estamos seguros de que sabe a quién nos referimos aunque no citemos su nombre.

Bien, pues resulta que esa situación que le ha afectado nos ha permitido comprar, a un precio muy interesante, un lote importante de ...... y nos gustaría que usted aprovechara esta ocasión ofreciéndole algunos artículos a un precio hasta ahora nunca visto.

Señora,   **27**

Con ocasión de la apertura de nuestro nuevo salón de belleza, tendremos el placer de contar con la figura del prestigioso peluquero Henri, que ha hecho expresamente el viaje desde París.

Si usted lo desea, podrá también aprovecharse del talento de este artista que ha peinado a las más bellas mujeres del mundo.

Estimado cliente,   **28**

¿Limpieza en seco en mitad del verano? ¿Por qué no, si puede tener el trabajo hecho con un considerable ahorro? Desde ahora hasta el 15 de julio todo lo que tenga que limpiar en seco será efectuado con un 25 % de descuento respecto al precio habitual.

Señor,   **29**

Miles de comerciantes han escogido nuestros armarios empotrados.

¿Y usted? ¿No tiene problemas de espacio para el almacenaje? Si los tiene, ¿por qué no deja que le ayudemos?

Señor/a,   **30**

¿Necesita decirle algo a un compañero de trabajo?

Entonces instale un sistema de interfono y mantenga sus líneas telefónicas libres

31 Señor,

Érase una vez un ingeniero que necesitaba una válvula de control remoto y descubrió que ...... fabricaba precisamente lo que buscaba. Más tarde quería una válvula mecánica y descubrió que ...... también se la proporcionaba.

Sus proyectos siempre requerían alguna clase de válvulas y cada vez comprobó que ...... podía darle lo que buscaba. Ahora este hombre se siente satisfecho de haber confiado en ......

32 Señor/a,

¿Le preocupa la falta de personal especializado, el crecimiento de producción o la competencia despiadada?

Libérese de esos tres problemas dejando que ...... los resuelva de una vez.

33 Señor/a,

¿Pide siempre lo imposible?

Eso no nos preocupa porque lo imposible no existe para ....

34 Señor/a,

¿Tiene todos los datos a su alcance?

Eso es imposible, piense si con ......

35 Estimado señor,

¿Ha leído algún artículo sobre esa empresa que ha decidido ahorrar 50 millones de pesetas al año y aumentar su rendimiento, incluso después de haber prescindido de 20 personas?

¿Le gustaría saber cómo puede hacer lo mismo con su empresa?

36 Estimado/a señor/a,

No se vaya a la Luna si necesita más espacio.

¡Déjenos mostrarle cómo aumentar el espacio que usted ya tiene!

Versión inglesa del parágrafo precedente

Dear Sir or Madam,   36

36

Don't move to the moon if you need more space.
Let us show you how to make the most of the space you've got!

Señor,

37

¿Le gustaría que ...... supervisara a su grupo de vendedores?
Inmediatamente podrá descubrir quién no cumple sus objetivos. Pero eso no es todo lo que ...... puede hacer.

Desarrollo

Primeramente, nuestros precios de venta son muy competitivos, dejándole total libertad de acción para obtener un margen de beneficio sustancial.

38

Segundo, nuestro surtido de ...... complementa admirablemente sus propios productos. De hecho, nuestros atractivos ...... podrían venderse casi por sí solos, ya que cuando un cliente viene a nuestra tienda a comprar un ...... nuevo, también está casi siempre interesado en otros productos para la casa.

...... es una empresa que se da cuenta de las posibilidades que ofrecen sus productos. Sólo en el primer año vendieron ...... proporcionándoles unos beneficios netos de .... Están convencidos de que este año duplicarán esta cifra. ¡Y todo sin añadir ni una peseta al negocio!

Instalar ...... es juego de niños, no necesita ningún tipo de mantenimiento y es fiable durante muchos años.

39

Por si esto no fuera suficiente, sólo les costará a sus clientes alrededor de ......, dejando para usted un margen muy atractivo, ya que suministraremos cien unidades de ...... por ...... pesetas.

Tenemos miles de clientes satisfechos con nuestros productos y si usted desea dar referencias a sus clientes, le podemos proporcionar los nombres.

40   El producto se anuncia tanto en la prensa nacional como en las revistas del corazón, y los centenares de demandas pidiendo información que nos llegan diariamente son inmediatamente atendidos por nuestros comerciales.

41   Como usted debe haber notado, nuestros productos se anuncian enormemente, con la finalidad de que nuestro minorista ya los tenga medio vendidos.

42   Uno de nuestros clientes, ... de ...... solía transportar sus productos químicos en bidones metálicos y su factura anual por almacenarlos subía, habitualmente, alrededor de unas ...... pesetas. El año pasado adquirieron nuestros contenedores especiales ...... forrados de polietileno, ahorrándose ni más ni menos que ...... pesetas en facturas de almacenaje.

Nuestro contenedor ...... ofrece una protección perfecta a los productos de ...... y estamos en disposición de otros contenedores que encajarán perfectamente con sus necesidades. ¿Por qué continuar pagando de más utilizando bidones metálicos, si nuestros contenedores especiales tienen las mismas ventajas y cuestan menos de la mitad?

43   Sólo con su autorización y nuestros técnicos vendrán a efectuar un escrupuloso estudio de los distintos movimientos de materiales y luego le explicarán cómo racionalizar los diversos flujos.

¿El resultado de ello? Aumentar la productividad, personal más motivado, mayor seguridad y eficacia, todo lo que, como usted estará de acuerdo, es sinónimo de beneficios.

44   Conocer el valor real de sus acciones, saber cuándo vender o comprar, aprender a leer una tabla o reconocer ciertas indicaciones premonitorias. Esto es lo que el libro puede revelarle.

Pero eso no es todo; cada uno de los veinte capítulos del libro está atestado de información útil para el inversor. Tanto si dispone de diez o diez mil acciones, le enseñará cómo hacer que su dinero rinda al máximo para usted.

Nuestro equipo de pintores y decoradores trabaja cuidadosamente **45**
y sin molestar para que usted y su personal no noten que están ahí. Ni
siquiera nuestra factura afectará excesivamente sus gastos. Por eso
¡piense en las ventajas de una oficina renovada! ¡Mejorará el grado de
satisfacción de los empleados, los clientes quedarán impresionados,
su local experimentará una segunda juventud, el aburrimiento se redu-
cirá, todo esto por el precio de una nueva capa de pintura!

Deje que nuestra empresa le solucione sus problemas y le acon- **46**
seje sobre el equipo más seguro para su operación en particular.
Nuestros expertos están impacientes de poder ayudarle y tenemos
una gama completa de equipos de seguridad para cada variedad industrial.
Recuerde: los accidentes hacen aumentar el coste de la producción, desmoralizan, hacen perder tiempo y material. Para sus empleados es un buen negocio tener un equipo seguro. La marca ...... es la
mejor.

De hecho, ... fabrica cientos de tipos de válvulas y cada una de **47**
ellas con la más alta fiabilidad. Tanto si necesita una válvula de restric-
ción, directa, de detención, de dilación o de regulación, una válvula
manual, mecánica o de control remoto .... es donde debe acudir. Fa-
bricamos las válvulas pensando en sus necesidades.

Diseñado pensando en usted, cada uno de nuestro bañadores está **48**
garantizado para reducir su línea y atraer miradas de admiración. Los
colores son preciosos, el corte superior y se adaptan perfectamente.

La respuesta es .... Incluso siendo más pequeño que una má- **49**
quina de escribir portátil, este milagro de la tecnología moderna puede
realizar sus gráficos de un modo sencillo.
Gráficos lineales, gráficos de barras, gráficos circulares, completa-
dos con sombreados de distintos tipos, ... puede manipularlos todos.
Y cualquiera de sus empleados puede utilizarlo sin ningún tipo de preparación.
Por el módico precio de ...... pesetas usted puede ahorrar muchas
horas a su personal en la elaboración de estos gráficos, obteniendo
unos resultados seguros.

50   Fáciles de instalar y desinstalar, perfectamente adaptables a una gran variedad de espacios, con una imagen completamente moderna, increíblemente fuertes y duraderas, las estanterías ...... son, sin lugar a dudas, la respuesta a los problemas de exposición de cualquier producto.

51   Las ventajas ofrecidas por el procesador de textos ...... son muchas, y no es ninguna exageración. Edita cartas de un modo impecable que mejorará enormemente la imagen de su empresa. Aún más, el procesador de textos ...... es mucho mejor que cualquier máquina de escribir. Con la ayuda de la impresora apropiada elaborará todo su correo, simplemente tocando una tecla y añadiendo las direcciones correspondientes. Presione otra tecla y el .... imprimirá los sobres para completarlo.

Los párrafos estándar o las cláusulas pueden ser almacenados en la memoria del .... para poder ser insertados luego en cartas o documentos.

Se simplificará enormemente la elaboración de complicados informes, ya que su secretaria no tendrá que escribirlos palabra por palabra. La función de edición del procesador de textos ...... permitirá a su secretaria teclear simplemente los cambios que usted requiera y así poder almacenar el documento para una posterior necesidad.

52   Este folleto le presentará con una sola hojeada toda la información que usted necesita, rápidamente y de una forma sencilla.

Tanto si está interesado en un rápido y eficiente control de ventas, de *stock*, de compras o de producción de sus libros contables, el sistema ...... es la respuesta.

Versión inglesa del parágrafo precedente

52   The ...... range of visible records gives you all the facts at a glance-simply, accurately, speedily.

Whwther you are interested in quick and efficient control of sales, stocks, purchasing, production of ledgers, the ...... system is the answer.

...... también puede encargarse de su facturación y control de **53**
stock. Cuando se produce la facturación, los *stocks* quedan automáticamente actualizados. Por lo tanto, esto significa que ...... lleva a cabo dos tareas muy importantes casi simultáneamente.

Considere estos hechos: todo lo que necesita hacer es un surco o **54**
una zanja poco profunda con la azada, esparcir un puñado de ...... en su interior y sembrar las semillas en la parte superior. Sin cavar, sin cultivar. ...... hará el trabajo por usted, mejorando gradualmente la calidad del suelo.

¿Por qué no viene y lo ve usted mismo? **55**

Conclusión

Esperamos verle pronto. Apresúrese antes de que se agoten los **56**
modelos más bonitos.

¿Por qué no nos escribe ahora para recibir una muestra? **57**

Nuestro representante técnico estará muy pronto en su zona y le **58**
telefoneará para concertar una cita. Será un placer para él darle detalles completos del ...... sin ninguna obligación por su parte.

¿Por qué no llama y le dice a nuestro representante técnico que **59**
venga y le explique detalles más completos?

El ...... se puede adquirir en todas las tiendas de productos eléctri- **60**
cos. ¿Por qué no se acerca a la más cercana y ve una demostración de este maravilloso instrumento?

¿Podemos traerle un ...... para mostrárselo? Nuestro representante **61**
estará por su zona la próxima semana y le telefoneará para concertarle una cita.

Si es tan amable de mandarnos la tarjeta adjunta, nuestro repre- **62**
sentante se pondrá en contacto con usted tan pronto como nos sea posible.

63   ¿No es mejor que se ponga pronto en contacto con nosotros?

64   ¿Por qué no deja también que ...... aumente su facturación? Nuestro representante se pondrá pronto en contacto con usted.

65   Consiga una copia ahora.

Versión inglesa del parágrafo precedente

65   Better get a copy now.

---

66   Por favor, utilice la tarjeta de respuesta adjunta. No le comprometerá a nada y podrá dirigir a su empresa para que gane en velocidad y eficiencia.

67   ¿Por qué no le dice a su secretaria que nos haga una llamada? Estaremos encantados de poder venir y explicarle más detalladamente cómo ...... puede asegurar el dinero de su empresa.

68   ¿Me permitiría venir a visitarle y explicarle más sobre nuestros servicios?

69   ¿Por qué no echa un vistazo a su armario y nos trae su ropa para que se la limpiemos hoy? Recuerde: nuestra oferta especial está disponible sólo hasta el 15 de julio.

70   Pero recuerde: *Monsieur* Henri sólo estará aquí una semana. No pierda su oportunidad. Venga ahora mismo.

71   Las muestras están a su disposición si las requiere y sin ninguna obligación. Escriba hoy.

72   No se duerma. Reaccione ahora. Simplemente rellene la parte superior de esta carta y mándenosla en el sobre adjunto. Nosotros haremos el resto.

Pídanos la oferta antes de que se nos acaben las existencias. Si lo **73** hace se sentirá bien.

¿Le gustaría ver ahora en su propia oficina una demostración de **74** ......? Entonces rellene la tarjeta de respuesta adjunta y nosotros haremos lo necesario.

CAPÍTULO 4

Recepción de pedidos y de sugerencias

Los hombres de negocios están de acuerdo en que recibir una orden de pedido es el acontecimiento más importante del día. Pero a veces desearían pedidos más grandes y mejores. ¿Por qué esos pedidos no llegan? ¿Transmite siempre a sus clientes el reconocimiento adecuado?

El primer y más importante requisito es responder a cada pedido recibido, preferiblemente el mismo día. Si su empresa recibe un número discreto de pedidos grandes, en lugar de cientos de pequeños, entonces será conveniente responder a cada uno con una carta personalizada. Sin embargo, muchas grandes empresas tienen que recurrir a una carta impresa o una tarjeta postal de contestación, especialmente si diariamente reciben un gran número de pedidos.

Con la llegada de los procesadores de texto, cada vez más empresas envían acuses de recibo personalizados, que mejoran enormemente las relaciones con los clientes.

El tipo de respuesta escrita dependerá del tipo de negocio y del tipo de pedidos que se reciben. Los minoristas, por ejemplo, escribirán una carta de agradecimiento a un cliente que habrá hecho su primera compra tras la apertura de una cuenta. En estos casos, todo lo que se requiere es decir «gracias», dar la bienvenida al nuevo cliente, hacerle sentir satisfecho por su elección de compra y, si es necesario, adjuntar un folleto que pueda inspirarle para sus próximas compras. En poco tiempo, este tipo de agradecimiento se ha convertido en un mensaje de buena voluntad, un ejercicio de relación con los clientes. Debemos seleccionar las cartas adecuadas de las siguientes páginas, introducirlas en la memoria del procesador de textos y acudir a ellas cada vez que sea necesario.

Si el pedido todavía no ha podido satisfacerse, la carta de reconocimiento servirá, como propósito adicional, para decir al cliente cuándo se espera que la mercancía sea enviada. Esto puede ocurrir en casos de manufacturas o con mayoristas, pero también con cualquier empresa de venta por correo.

Además debemos asegurarnos de mencionar la fecha en la que recibirán el pedido y cómo le será enviado. Si sólo podemos efectuar una parte del pedido, tenemos que dejarlo claro en el acuse de recibo, ya que el cliente podría molestarse con nosotros si le mandamos parte de la mercancía sin dar ninguna explicación. Igualmente, si no podemos facturarlo en un periodo razonablemente corto, también necesitaremos dar alguna explicación. Debemos intentar que el cliente piense que el estado del pedido está en orden.

En el caso desafortunado de que no podamos servir el pedido tal y como nos lo han requerido, entonces tenemos que sugerir alguna alternativa y hacer todo lo posible para persuadir al cliente de que esta también satisfará sus necesidades. No tenemos que enviar nuestra alternativa sin permiso del cliente si no ha habido antes un acuerdo.

A menudo tendremos que pasar el pedido a otro departamento o a un proveedor que se encuentre en la misma zona del cliente o, si no, dejar que otra persona se encargue de ello. Obviamente, en estos casos tendremos que mencionarlo en el acuse de recibo, enviando una copia al departamento o proveedor correspondiente.

Frecuentemente nos encontraremos que un cliente no nos da toda la información necesaria para poder completar el pedido. Puede olvidarse de la talla, el color, el calibre, el voltaje o cualquier otro detalle esencial. Cuando le escribamos tenemos que preguntarle, lo más claro posible, la información necesaria.

Recepción de sugerencias

Los clientes y los usuarios en general pueden enviarle sugerencias de cualquier tipo. Tanto si son buenas, malas o indiferentes, cada una de ellas debe ser respondida dando a entender al cliente que se está agradecido por ello y que su sugerencia será reflexionada.

Las dos reglas esenciales relacionadas con las sugerencias de los clientes y los usuarios son: 1. responder rápidamente, 2. demostrar agradecimiento por la sugerencia. Lo que digamos después de esto dependerá de la naturaleza de la sugerencia y de si pensamos llevarla a cabo o no. Debemos tener un tacto especial con las sugerencias irrealizables.

Hay casos en que es necesaria la ayuda de algún departamento jurídico y cualquier carta que reclame una compensación financiera por la supuesta utilización de una de esas sugerencias, deberá ser tramitada lo más rápidamente posible por la vía legal.

Introducción - Pedidos

75   Estimada señora,

Nos sentimos muy complacidos de poder darle la bienvenida a nuestra tienda y de que efectúe su primera compra con nuestra tarjeta de crédito.

76   Estimada señorita,

Gracias por su visita de ayer a nuestra tienda y por efectuar su primera compra mediante el sistema de cuenta de crédito.

77   Estimada señorita,

Nos gustaría darle a conocer cuánto apreciamos su visita de ayer en la que usted efectuó su primera compra tras abrir su cuenta de crédito.

78   Señores,

Nuestro más sincero agradecimiento por su primer pedido. Apreciamos realmente su interés en nuestros productos y nos ponemos completamente a su disposición.

Versión inglesa del parágrafo precedente

78   Dears sirs,

Our sincere thanks for your opening orders. We certainly appreciate your interest in our products and this opportunity of being of service to you.

Estimado señor,

79

Bienvenido a nuestra creciente familia de propietarios de .... En el libro de mantenimiento adjunto, encontrará en la primera página un vale para una revisión gratuita a los mil kilómetros. Esperamos tener noticias suyas muy pronto.

Apreciada señorita,

80

Bienvenida a la gran familia de propietarios de .... y gracias por enviarnos la tarjeta de garantía. Como habrá deducido de la tarjeta, su ...... está garantizado durante ...... años por cualquier defecto de fabricación.

Señores,

81

Muchas gracias por su primer pedido. Realmente esperamos serles de utilidad y apreciamos su interés por nuestros productos.

Señor,

82

Es un placer darle la bienvenida al creciente y gran grupo de clientes de ...... Puede estar seguro de que su primer pedido, recibido esta mañana, tendrá una atención rápida y cuidadosa.

Señores,

83

Nos sentimos encantados de haber recibido esta mañana su primer pedido y consideramos un privilegio poder hacer negocios con su empresa.

Señores,

84

Nuestro más sincero agradecimiento por su primer pedido, recibido hoy. Es un gran placer el que su empresa se encuentre entre nuestros clientes y esperamos que esta colaboración sea fructífera.

Apreciada señorita,

85

Respecto a su pedido n.º ...... con fecha del 23 de marzo Deseamos expresarle nuestro sincero agradecimiento.

86 Apreciado señor,

Respecto a su pedido n.º....... con fecha del 23 de marzo
Será agradable para usted saber que lo estamos preparando ....

87 Estimada señorita,

Fundas de plástico
Gracias por su pedido n.º ...... con fecha del 16 de junio.

Introducción - Sugerencias

88 Estimada señorita,

Gracias por su sugerencia tan constructiva relacionada con la forma de nuestros ...... de cartón.

89 Estimado señor,

Es muy amable por su parte el hecho de escribirnos acerca de nuestra publicidad.

90 Estimado señor,

Gracias por su carta, fechada el pasado 10 de junio, en la que nos sugiere mejoras para el sistema de cierre de nuestras latas ....

91 Apreciada señora,

Nos sentimos muy agraciados por su carta fechada el pasado día 23 de abril en la que nos sugiere distintas formas para poder utilizar nuestro ....

Desarrollo - Pedidos

92 Creemos, con bastante seguridad, que usted estará más que satisfecho con el ...... que ha elegido y nos complace de antemano servirle por muchos años.

93 Estamos seguros de que encontrará esta forma de comprar, más cómoda y sin problemas y esperamos verla más a menudo por nuestros almacenes.

El folleto le ayudará a guiarse por el interior de nuestros grandes almacenes y le dará otras indicaciones acerca de los demás servicios que ...... puede ofrecerle.

...... será distribuido por nuestra propia camioneta el 30 de enero y esta será la fecha de nuestra factura. Por ser este su primer pedido, seguramente usted estará interesado en saber cuáles son nuestras condiciones. Ofrecemos un 3 % de descuento si se paga durante los diez primeros días después de la fecha señalada en la factura y un 1 % si se realiza durante los 30 días, refiriéndonos a la cantidad neta de la factura.
Estamos seguros de que querrá beneficiarse de esta oportunidad aprovechando la ventaja extra de nuestra línea de ......

Su ...... le será enviado mediante el servicio de paquete postal la próxima semana y le llegará a tiempo para satisfacer sus necesidades.
Por ser esta la primera ocasión en la que tenemos el placer de tratar con su empresa, creemos que puede estar interesado en saber que nuestras condiciones son .... Muchos de nuestros clientes habituales aprovechan las ventajas de nuestras generosas condiciones para obtener algún provecho adicional de nuestro ....

Estamos llevando a cabo su pedido y le informaremos de la fecha de envío tan pronto como nos sea posible.

El pedido de ...... está disponible y le será enviado por ......, el 21 de enero.

Disponemos de dos días de reparto por semana en su zona y esperamos incluir el pedido de ...... en el del jueves.

Su pedido será enviado por ferrocarril al final de la próxima semana.

Sabemos que desea pasar a recoger su género usted mismo y, por eso, lo tendremos listo para el próximo ......, como usted nos pidió.

102   El género le será enviado en el primer vuelo disponible y le daremos la mayor información que nos sea posible.

103   Le enviaremos el pedido por avión dentro de pocos días, como usted solicitó.

104   Le será enviado entre diez y quince días por ....

105   Nosotros transmitiremos inmediatamente su pedido a nuestra sucursal en Bilbao, cuyo responsable no tardará en ponerse en contacto con usted.

106   Le enviamos su pedido a nuestro distribuidor ...... ya que él se encarga de su zona. No dude que pronto tendrá noticias suyas.

107   Para que su mercancía le llegue con el menor retraso posible, hemos enviado su pedido a nuestro departamento de Madrid, ya que se encarga de todos los negocios del sur de la península.

108   Será un placer para usted saber que su pedido saldrá de nuestro almacén de ...... durante las dos próximas semanas.

109   El modelo instalado es muy novedoso y tenemos la total confianza de que le proporcionará un servicio duradero y satisfactorio. Asegúrese de leer el folleto de instrucciones y mantenimiento que le hemos adjuntado. Lo encontrará tan útil como instructivo.

110   Estamos seguros de que estará más que satisfecho con su nuevo y maravilloso .... No sólo es uno de los últimos modelos, sino que, lo más importante, incorpora todas las ventajas técnicas modernas. Puede sentirse orgulloso de mostrar el ...... a sus amigos.

111   Después de haberlo usado durante algún tiempo, estaríamos muy interesados en conocer sus impresiones. Las ideas y sugerencias de nuestros clientes siempre nos ayudan a mejorar nuestros productos así como a servirles mejor.
   ¿Por qué no anota sus comentarios en la parte posterior de este papel y nos lo envía en el sobre adjunto?

Mientras tanto le deseamos una conducción feliz, seguros de saber que ha adquirido el mejor utilitario del mercado.   **112**

Los siguientes artículos le serán enviados la próxima semana por ......:   **113**

......

......

......

Sin embargo, desgraciadamente, no dispondremos de los artículos 4 y 5 de su pedido hasta principios de marzo. Sinceramente esperamos que no le suponga un gran inconveniente.

Durante los próximos días le enviaremos todos los artículos de su pedido excepto el n.º 3, el modelo «Camelot», que le será enviado a continuación. Tenemos una gran demanda de este producto, tanto que nos ha pillado desprevenidos. Le aseguramos que haremos todo lo posible para satisfacer la demanda y que usted pueda recibirlo lo antes posible.   **114**
Confiamos que usted tenga con «Camelot» la misma demanda por parte de sus propios clientes y que ellos también piensen que merece la pena esperar.

Desgraciadamente, esta vez sentimos tener que decepcionarle y no poder asegurarle su pedido hasta finales de septiembre. La huelga del muelle hizo que nuestra materia prima se quedara en Barcelona en vez de ser trasladada a nuestros talleres y nuestra programación de producción se ha visto seriamente dañada.   **115**
Sentimos mucho provocarle este tipo de inconvenientes, ya que siempre luchamos por ofrecer a nuestros clientes el mejor servicio posible. Debido a lo inusual de estas circunstancias esperamos que usted siga confiando en nosotros.

Lamentablemente no podemos satisfacer su pedido para la fecha indicada. La respuesta de nuestra nueva colección de primavera ha sido tan arrolladora que tenemos dificultades para satisfacer todas las demandas. Sin embargo, hemos doblado nuestro equipo de producción y esperamos poder facilitarle su pedido el próximo mes.   **116**
Por favor, acepte nuestras más sinceras disculpas por el retraso. Estamos seguros de que cuando usted vea lo rápidamente que desaparecen de sus estantes nuestros atractivos modelos nuevos, estará de acuerdo de que la espera ha valido la pena.

117 Sin embargo, sentimos tener que informarle que el modelo que usted ha elegido no es uno de los que normalmente tenemos en *stock*. Lo hemos tenido que solicitar a nuestro proveedor italiano y confiamos en poder proporcionárselo a mediados de febrero.

Sentimos tener que hacerle esperar por su mesa, pero estamos seguros de que cuando usted vea la atractiva línea, la buena calidad de la madera y lo práctico que es su uso, no se arrepentirá de haber esperado.

118 Antes de que le enviemos su pedido necesitamos la siguiente información:

1. Color.
2. Medida de la cuerda de arrastre.

Quizá será más cómodo para usted completar los detalles requeridos y enviarnos esta carta en el sobre adjunto. El folleto adjunto le recordará los colores de que disponemos.

119 Por favor, ¿podría hacernos saber si prefiere los anillos de cromo o los de latón?, ya que no lo menciona en su carta. Tan pronto como dispongamos de esta información adicional, le haremos llegar el pedido completo en nuestra propia furgoneta.

120 Desgraciadamente se olvidó de indicar la anchura del raíl que requiere. Si es tan amable de aclararnos este detalle se los enviaremos sin retraso.

121 Para poderle complacer con la cantidad exacta de ...... que necesita para su trabajo, necesitamos alguna información adicional sobre su operación. El folleto adjunto le indica las medidas y otros detalles que necesitamos; si fuera tan amable de rellenarlo y enviárnoslo en el sobre correspondiente, será un placer para nosotros completar adecuadamente su pedido.

122 Desgraciadamente ya no manufacturamos el modelo 106M. Ha sido reemplazado por lo último en ...... que nosotros llamamos 107. No es sólo más rápido que el 106M, sino también de diseño más moderno y más fácil de limpiar y mantener.

El precio es el mismo, pero el diseño y el resultado han mejorado. ¿Desearía recibir este nuevo ...... que sustituye al 106M?

El tejido que nos solicita ya no se encuentra disponible. Al término **123** de la pasada primavera quedaba sólo un final de serie y fue reemplazado por un surtido de diseños maravillosos con una gran variedad de colores chispeantes.

Le adjuntamos un surtido de los nuevos diseños en tonos verdes y amarillos, para que los vea y sea tan amable de decirnos cuál prefiere.

Desgraciadamente, *La investigación del crecimiento* no se edita ac- **124** tualmente y no tenemos perspectivas de ninguna edición nueva. Sin embargo, recientemente hemos publicado varios libros excelentes que tratan el mismo tema y le hemos adjuntado algunos folletos sobre ellos, así como nuestra lista actualizada de libros.

Esperamos saber si desea recibir uno de estos otros libros en vez del solicitado.

Versión inglesa del parágrafo precedente

Unfortunately *Investing for Growth* is now out of print and we are **124** not contemplating a new edition. We have, however, recently published several other excellent books on the same subject and are enclosing leaflets about them as well as our current book list.

We look foward to hearing whether we many send you one of these other books instead.

Lamentablemente no podemos satisfacer su pedido de .... Desde **125** hace algún tiempo han sido reemplazados por unos ...... electrónicos de gran velocidad. Como podrá suponer hacen el mismo trabajo más deprisa y de un modo más preciso que los ...... viejos y su precio adicional es compensado ampliamente por el aumento de productividad.

¿Desea recibir el nuevo ...... electrónico?

Aunque todavía no he tenido el placer de conocerle personal- **126** mente, quiero que sepa que estamos aquí para servirle. Si hay alguna cosa que pueda hacer por ayudarle, por favor, hágamelo saber.

Puede estar seguro de que todos nosotros haremos lo imposible **127** para ofrecerle el servicio rápido y eficiente que usted espera. Deseo conocerle personalmente la próxima vez que me encuentre en ......, pero si mientras tanto hay algo que pueda hacer por ayudarle, por favor, hágamelo saber.

Desarrollo - Sugerencias

128   Tendremos presente sus sugerencias hasta que consideremos el problema del embalaje. Como usted podrá imaginar, esto implica muchos cambios, como el de la forma del cartón, que puede resultar alterada y la empresa no se responsabiliza claramente de ello.

Tener clientes imaginativos y dispuestos a ayudar como usted, nos motiva enormemente a continuar mejorando tanto nuestro producto como su embalaje.

129   Cuando proyectemos nuestra próxima campaña publicitaria tendremos en cuenta sus sugerencias y le estamos muy agradecidos por su consideración.

130   De hecho, desde hace tiempo ya teníamos en mente alguna idea similar y cuando se proyecte la nueva campaña publicitaria notará los puntos de similitud entre nuestras ideas y las suyas.

Nos enorgullece enormemente saber que alguno de nuestros clientes se preocupa por nosotros y por nuestros productos, y que dedica parte de su tiempo a pensar sobre nuestros problemas de manera creativa e inteligente.

131   Hemos enviado sus útiles sugerencias a nuestro departamento de investigación y desarrollo, y no dude de que tendrá muy pronto noticias del señor Serra, nuestro ingeniero.

132   Las muchas ideas que nos ha facilitado son muy ingeniosas y nos complacerá enviarlas a la prensa, como usted sugiere. Sin embargo, debemos advertirle que los editores no tienen costumbre de pagar por este tipo de aportaciones. Algunas revistas envían pequeños cheques por determinadas «Cartas al director» publicadas, y si es esto lo que usted tiene en mente, le sugerimos que busque una revista que publique cartas del tipo «Consejos útiles» y que le mande sus sugerencias.

Conclusión - Pedidos

133   Esperamos que vuelva pronto; podemos asegurarle que será muy bien recibido.

Siempre le espera una cordial bienvenida en ......; cada miembro del personal empleado estará impaciente por servirle y hacer que cada una de sus visitas sea un placer.

134

Confiamos en que encuentre que nuestros productos son los mejores del mercado así como una adquisición útil para sus líneas actuales. Esperamos que esto sea el inicio de una larga relación de negocios.

135

Nuestra política es abastecer la mejor mercancía posible a los precios más competitivos de acuerdo con su calidad, y también nos enorgullece asistir a nuestros clientes siempre que nos sea posible.
Por lo tanto, háganos saber si tiene algún problema o pregunta que crea que podamos responder.

136

Esperamos su respuesta.

137

Si tiene alguna pregunta o comentario que le gustaría hacer sobre el ......, escríbanos unas líneas. Estamos absolutamente interesados en saber lo que nuestros clientes piensan de nuestros productos, ya que nos ayuda a poder seguir ofreciéndoles lo que necesitan.
Por otro lado, si tiene un amigo que pueda estar interesado en algún folleto, quizá podría enviarnos su dirección.

138

Gracias de nuevo.

139

Gracias de nuevo por su pedido, que le será enviado hacia el final de la próxima semana mediante ......

140

De nuevo, muchas gracias por ofrecernos el privilegio de hacer negocios con usted.

141

Nuestro objetivo es dar el mejor servicio y deseamos que disfrute manteniendo relaciones comerciales con nosotros.

142

Conclusión - Sugerencias

De nuevo, muchas gracias.

143

144   Mientras tanto, gracias por sus constructivas sugerencias.

145   Gracias de nuevo por tomarse el tiempo y la molestia de escribirnos sobre nuestro producto.

146   Háganos saber su decisión acerca de sus distintas ideas. Mientras tanto, nos gustaría que supiera cuánto apreciamos a los clientes leales y conscientes como usted. Son ellos los que nos ayudan a hacer que nuestros productos sean los mejores del mercado.

147   Tenga por seguro que le estamos muy agradecidos por sus sugerencias y complacidos de que nos haya escrito.

148   Fue muy inteligente por su parte escribirnos y lo apreciamos enormemente.

CAPÍTULO 5

Las cartas
de acompañamiento

Este capítulo trata del tipo de cartas que acompañan a los documentos enviados: facturas, presupuestos, citaciones, catálogos o cualquier otro asunto impreso. También se incluyen algunas respuestas a las peticiones.

Todas estas cartas se clasifican en una de estas dos categorías:

1. La carta de acompañamiento propiamente dicha. Esta carta tiene que ser breve, precisa y completa. Especialmente si concierne a alguna exportación. Es sumamente importante en el caso de las exportaciones, incluir todos los documentos requeridos por el cliente extranjero, de acuerdo con las regulaciones establecidas en su país, pero también hay que incluir una lista completa en la carta de acompañamiento. Se puede perder mucho tiempo si se omite algún documento o si nos equivocamos al mencionarlo en dicha carta.

2. La carta relacionada con alguna citación, presupuesto o respuesta a la petición de algún cliente. Este tipo de cartas no acompaña simplemente al documento o al catálogo, sino que también tiene la función de vender. Esta carta no debe limitarse a darle al destinatario la información que pida, sino que debe estimular el deseo del cliente hacia la proposición de venta que se le formula.

Cuando escribamos este segundo tipo de cartas tenemos que:

1. Responder tan pronto como podamos.
2. Agradecerle al cliente que haya escrito.
3. Responder a todas sus preguntas, no sólo a las dos primeras.
4. Aclarar cualquier otra duda que pueda surgirle. Preguntarnos nosotros mismos qué nos gustaría saber sobre el producto o el servicio si estuviéramos al otro lado y después aclarar estos puntos en la carta.
5. Ser concisos. Es posible responder a todas las preguntas y aclarar todos los puntos dudosos siempre de un modo conciso.
6. Adaptar las respuestas a las necesidades del cliente. Nada molesta más a quien escribe preguntando sobre algo que sentir que la respuesta que le dan es vaga y muy general.

Obviamente todos los puntos anteriores son igualmente aplicables para las cartas que responden a una petición general. Por otro lado, hay innumerables casos en los que lo único necesario es incluir el folleto requerido u ofrecer alguna ayuda adicional necesaria. Este sería el caso, por ejemplo, si enviamos un folleto, catálogo de algún tipo, alguna receta, algún consejo, alguna agenda, etc., a los clientes en general.

Introducción

Señores,

Su pedido n.º......

149

En referencia al pedido mencionado, nos complace enviarle:
1. Factura n.º ...... por triplicado.
2. Atestado n.º ....
3. Certificado del seguro n.º ....
4. Certificado de origen n.º ....

Señores,

J. Blanco, S. A., Madrid

Su pedido n.º......

150

Le adjuntamos los documentos siguientes en relación con el pedido:
1. Carta de crédito irrevocable n.º ....
2. Explicación completa de la factura de cargo n.º ....
3. Certificado del seguro n.º ....
4. Certificado de origen n.º ....
5. ...... copias de la factura n.º ....

Señores,   **151**

Compañía XYZ, S. L., Bali

Su pedido n.º......

Nos complace adjuntarle en su carta los siguientes documentos relacionados con el pedido mencionado:
1. Recibo postal fechado el ......
2. Certificado del seguro n.º ....
3. Nuestra factura n.º ...... por cuadruplicado.
4. Factura consular n.º ....
5. (Cualquier otro documento adjunto).

Estimado Señor,   **152**

Reciba el vademécum adjunto con nuestros saludos.

Señores,   **153**

Su pedido n.º ......

Nos complace poder adjuntarle los documentos siguientes relacionados con el pedido mencionado:
1. Factura n.º ...... por quintuplicado
2. Explicación completa de la factura de cargo n.º ....
3. Certificado del seguro n.º ....

Señores,   **154**

Laboratorio de productos químicos

Después de la conversación que mantuvimos durante su visita a nuestra empresa, nos complace adjuntarle la factura proforma con el n.º 10.625 detallando todo el material necesario para la construcción y elaboración de una empresa de productos químicos en su país, así como los planos que le mostramos.

Apreciado señor,   **155**

Le adjunto el presupuesto previo para la reforma que desea que le haga en su jardín.

156 Señores,

A continuación les comunicamos nuestros presupuestos para las cajas especiales de cartón que ustedes requieren:

0 x 10 x 10 cm: ...... pesetas por cada 1.000 unidades.
5 x 15 x 15 cm: ...... pesetas por cada 1.000 unidades.
20 x 20 x 20 cm: ...... pesetas por cada 1.000 unidades.

157 Señorita,

He podido estudiar su petición con detenimiento y a continuación le expongo el presupuesto que creo más adecuado para el ...... que usted requiere:

......
......

158 Señorita,

Nos complace poder adjuntarle una copia de nuestro folleto «La oficina electrónica» como usted nos solicitó.

Versión inglesa del parágrafo precedente

158 Dear Ms Martin,

We are happy to enclose a Copy of our booklet «The Electronic Office», as you request.

---

159 Estimado señor,

Le adjuntamos una copia del folleto *Hablando con tu ordenador* que usted solicitó.

160 Estimado señor,

Con el recambio para su calendario que le adjuntamos ...... le deseamos nuestros mejores deseos para el año 2000.

161 Señora,

Nos complace adjuntarle un folleto sobre la silla ......, acompañado con las muestras de tapizado disponibles.

Señora,

162

Gracias por su petición. Como usted nos solicitó, le adjuntamos detalles completos sobre todos los modelos de las lámparas de rayos ultravioleta para uso doméstico ......

Apreciado señor,

163

Gracias por su carta del pasado 15 de enero. Nos complace adjuntarle un folleto que ofrece detalles completos sobre las tablas de chilla de cedro rojo de Virginia, incluyendo muchísimas posibilidades para su tratamiento.

Señores,

164

Nos complace adjuntarles nuestro presupuesto para la ampliación de su fábrica, tal como ustedes nos solicitaron.

Señores,

165

En referencia a nuestra carta del pasado 23 de marzo, nos complace adjuntarles las facturas proforma por cuadruplicado, la n.º L.55 para la maquinaria y la n.º L.56 para las herramientas.

Estimada señora,

166

En respuesta a su carta del pasado 21 de marzo, será de su agrado saber que es posible añadir un asador a su cocina del modelo 62 ....

Estimada señora,

167

Gracias por su carta del pasado 2 de febrero. Entendemos perfectamente su deseo de conservar su toldo tan limpio como cuando le llegó, y nos complace informarle que su mantenimiento es muy sencillo.

Desarrollo

168   Este pedido fue expedido por Transportes Aventureros el 22 de septiembre.

169   ¿Sería tan amable de pagar en efectivo la cantidad de ...... pesetas a la Compañía XYZ, S. L. a cambio de los documentos adjuntos y de acreditar nuestra compra?

170   Por favor abone, a la presentación de la letra de cambio adjunta, el total de la factura.

171   Como habrá comprobado, hemos incluido el c.f.s. en pesos uruguayos, como usted nos requirió, y esperamos sinceramente que no tenga ninguna dificultad en obtener de su gobierno la licencia de importación necesaria.

172   Una vez ya haya obtenido la licencia de importación del material, le daremos una respuesta acerca de facilitarle un técnico que le ayude a poner la empresa en funcionamiento; estará de acuerdo en que es más adecuado solucionar primero el obstáculo de la licencia.

173   Hemos intentado cumplir sus instrucciones para reducir las formalidades de importación y esperamos sinceramente que su demanda sea aceptada.

174   Si tenemos su aprobación en unos pocos días, podremos finalizar nuestro trabajo antes de Navidad, como usted desea. Como ya le dije por teléfono, podemos realizarlo sin inferir demasiado en su trabajo y causando pocas molestias a su personal.

Anteriormente ya hemos llevado a cabo unos cuantos proyectos de este tipo con completa satisfacción por parte de nuestros clientes. Podrá interesarle uno en particular, la ampliación del local de Woods & Woods, su vecino en la calle Mayor. Hemos hablado con el señor Mario Beyá y estará encantado de enseñarle dicha ampliación cuando usted quiera. Si está interesado en aceptar su invitación telefónéele al número ....

Como comprobará le ofrezco tres alternativas para su camino de **175**
entrada, ya que la diferencia de precio entre un simple camino de tierra y uno pavimentado es bastante grande.

Como podrá imaginarse, por estas fechas estoy extremadamente
ocupado y me urgiría saber su decisión tan pronto como le sea posible, para poder ultimar el trabajo antes del final del invierno.

Los precios establecidos se refieren a las cajas de dos tonos, exac- **176**
tamente como la muestra japonesa que nos envió. Comprenderá que
estas cajas son de fabricación laboriosa y, consecuentemente, un
poco más caras que las sencillas. Podría decantarse por uno de nuestros «cubos» estándar y podremos ofrecerle precios mucho más interesantes.

El ...... está actualmente disponible, por lo tanto, podemos en- **177**
tregárselo rápidamente.

Debido a que el ...... se fabrica especialmente para usted, su distri- **178**
bución se efectuará aproximadamente seis meses después de recibir
el pedido.

El ...... será fabricado a mano para usted, pero podemos empezar **179**
su elaboración tan pronto como recibamos su pedido. La entrega
podrá realizarse a partir de dos o tres semanas.

Le sugerimos que nos haga llegar su pedido tan pronto como sea **180**
posible, ya que, como usted sabe, se está acercando la temporada de
máximo trabajo para nosotros y desearíamos mantener la fecha de
entrega que usted solicitó.

En cuanto a la entrega, no hay ninguna dificultad en que se efectúe **181**
el día que usted estableció.

Confío en poder llevar a cabo su proyecto esta semana, pero no **182**
debe retrasarse en hacerme llegar su decisión.

183   Esperamos que lo encuentre útil.

184   Nos hemos esforzado en incluir toda la información que necesita un hombre de negocios, pero que no siempre tiene a mano. Esperamos que sea pronto para usted una herramienta indispensable.

185   Diseñado para su uso personal, esperamos que vaya con usted a todas partes y sea tan útil como sus creadores lo concibieron.

186   El folleto le explicará en términos claros cómo funcionará la oficina del futuro, así que estará preparado para ese cambio.

187   Muchos ejecutivos están atemorizados por el uso del ordenador, nosotros hemos concebido, especialmente con esta intención, este libro que le familiarizará con ello y le permitirá, incluso, discutir con los especialistas.

188   Este es un año que esperamos con impaciencia ya que creemos que va a ser muy significativo para nosotros. El trabajo en nuestra última ampliación ya ha finalizado, casi doblando nuestra capacidad de producción. Esto no sólo significa que podremos ofrecerle a usted un servicio mejor que nunca, sino que además, estamos en situación de aceptar cualquier proyecto para el que nos necesite.

      De hecho, podemos llevar a cabo cualquier trabajo suyo del tipo ......, ya que disponemos tanto de capacidad de producción como de personal cualificado para desarrollarlo.

189   La silla ha sido diseñada para soportar el peso del cuerpo en las posturas adecuadas y apreciará que diez minutos en .... es casi como un tratamiento de belleza.

      Puede sentarse y reclinarse en ella en cualquiera de las cinco posiciones y estas serán seleccionadas simplemente moviendo el botón que verá a su derecha. Puede hacerlo mientras se reclina sin la menor dificultad.

      Además, la silla descansa en el suelo por dos ángulos, lo que significa que usted puede incorporarse para leer un libro o coser, por ejemplo, y reclinarse hacia atrás con sus piernas a la posición más alta para una perfecta relajación, todo ello sin levantarse.

Si desea guardar la silla, esta se pliega y cabe perfectamente en un espacio pequeño y podrá volver a utilizarla de nuevo con un mínimo esfuerzo.

La silla está disponible en las mejores tiendas de muebles y en los grandes almacenes y le recomendamos que la pruebe antes de tomar una decisión. Sólo con sentarse y reclinarse en ella sabrá en realidad lo extraordinariamente cómoda que es.

190

Este modelo de lámpara está libre de impuestos y sólo disponible bajo certificado médico. Los otros dos modelos puede adquirirlos en cualquier tienda de material eléctrico. La más cercana a su domicilio es ....

191

Como habrá comprobado al leer los documentos adjuntos, existen tres maneras distintas de tratar las tablas de cedro rojo de Virginia. La primera es la más sencilla y consiste en exponerlas directamente al aire libre. Miles de constructores de casas canadienses y americanos lo practican y en pocos años la madera adopta un atractivo color gris plateado.

192

El segundo método es intentar preservar el color original de la madera. En realidad, esto no es muy recomendable a no ser que la zona a tratar sea muy pequeña y que el coste económico de la operación sea considerado útil. No recomendamos esta solución porque nuestra experiencia nos indica que son necesarias, como mínimo, cuatro capas de un acabado resinoso de gran calidad, cuidando la veta final y repasando su mantenimiento cada dos o tres años.

El tercer método se situaría entre los otros dos. Consiste en aplicar un acabado natural que preserva la madera y estimula su uso de una manera más sofisticada.

El método que usted elija depende de su gusto, pero desde un punto de vista práctico, le recomendamos el primero de ellos.

Anteriormente, le recomendamos que prestara una particular atención a la tercera página que contiene instrucciones acerca de los clavos. El cedro rojo de Virginia contiene productos químicos que pueden provocar manchas cuando están en contacto con materiales ferrosos. Por lo tanto las tablas de madera tienen que estar siempre clavadas con clavos de cobre, aluminio o antioxidantes.

193

194   La primera regla que deberá de tener en cuenta es que ha de mantener sus persianas sin polvo, en vez de dejar que se acumule en ellas y las endurezca. Puede hacerlo fácilmente con un plumero o con uno de esos cepillos especiales que hay en el mercado.

En cuanto a la limpieza en profundidad, es también muy sencillo. Todo lo que tiene que hacer es sacar la persiana y limpiarla con agua y un poco de detergente. Póngase en la mano un guante viejo o una manopla y limpie los listones. Enjuáguela bien y deje que la persiana se seque por sí sola antes de instalarla de nuevo en la ventana.

195   Las tenazas de limpieza ...... han sido fabricadas especialmente para esta finalidad y el folleto adjunto explica lo fácil que es mantener limpias las persianas con esta pequeña herramienta barata y manejable.

196   Si usted prefiere que haga su limpieza otra persona, ¿por qué no recurre a nosotros? Tenemos un servicio muy rápido y eficiente. Lo único que tiene que hacer es llamarnos por teléfono y nosotros pasaremos a recoger sus persianas, devolviéndoselas en pocos días relucientes y listas para su uso.

197   El folleto adjunto le proporcionará detalles de herramientas especialmente diseñadas para este servicio. Por supuesto, no las necesita todas. Es cuestión de seleccionar las que más le atraigan.

El cepillo ......, por ejemplo, le ayudará a sacar el polvo de sus persianas al instante.

Las tenazas ...... mojadas con agua caliente y detergente, limpiarán sin dificultad las persianas grasientas de su cocina.

El cepillo-ducha ...... es ideal para trabajos de mucha limpieza. Saque sus persianas al jardín. Conecte el cepillo en su manguera y limpie las persianas como hace con su coche.

198   Es cierto que necesita desmontar su cocina para instalar la conexión por detrás, pero esta es una labor bastante simple y será un placer para nuestro operario hacérselo cuando usted diga.

En la carta adjunta le hemos añadido los detalles necesarios, y todo lo que debe hacer para encargar su asador es escribir su nombre en la parte inferior. Su asador le será entregado e instalado antes de las dos semanas posteriores a su envío.

El precio del asador es de ...... pesetas, más ...... pesetas por la **199** instalación.

El precio del asador es de ...... pesetas, más ...... pesetas por la **200** instalación.
Desgraciadamente, no podemos prometerle que lo reciba antes de tres meses después de la fecha de su pedido.
El asador se esta vendiendo mucho y nuestro ritmo de producción no puede seguirlo. Sin embargo, estamos seguros de que una vez usted lo tenga y descubra el placer que le aporta cocinar con él, estará de acuerdo con que la espera ha merecido la pena.

Conclusión

El pedido fue entregado por ...... el día **201**

Versión inglesa del parágrafo precedente
The order was shipped by ...... on **201**

¿Sería tan amable de reclamar a la sucursal de la Compañía XYZ, **202** S. L., de su ciudad, la cantidad total de nuestra factura, presentando los documentos adjuntos?

Por favor, pase a pagar lo establecido en la letra de crédito a Mario **203** Bianchi, S. A., presentando los documentos adjuntos.

Por favor, entregue los documentos adjuntos a José Duque, S. A., **204** junto con el pago de la cantidad total establecida.

Esperamos con gran interés más noticias suyas. **205**

Si necesita más ayuda por nuestra parte, por favor, háganoslo **206** saber.

207   Espero tener pronto noticias suyas.

208   Esperamos que mantenga el contacto con nosotros.

209   Naturalmente, esperamos que nos mantenga informados de su próximo proyecto para ....

210   ¿Por qué no pone a prueba nuestra competencia?

211   Porque vendemos el ...... directamente a los consumidores, podemos ofrecérselo a usted por el módico precio de ...... pesetas. Le adjuntamos una orden de pedido, así como un sobre de respuesta.
Esperamos recibir pronto su pedido.

212   No lo olvide, pruebe pronto el ....

213   Si hay alguna información adicional que usted quiera conocer, por favor háganoslo saber.

214   Esperamos que disfrute de todas las ventajas que puede ofrecerle la lámpara de rayos ultravioleta ....

215   Esperamos que esta carta y su contenido respondan satisfactoriamente a todas sus preguntas. Si no es así háganoslo saber y haremos todo lo posible por ayudarle.

216   Todas las herramientas se venden en la mayoría de ferreterías, pero si tiene alguna dificultad en encontrarlas, por favor, háganoslo saber.

217   Todas estas herramientas de mano las puede adquirir directamente de nosotros. Si simplemente rellena el formulario de pedido adjunto, señalando todo lo requerido, nos complacerá enviárselas por correo.

Para su conveniencia le adjuntamos una lista de los distribuidores
de su zona.   **218**

Por supuesto, si usted lo prefiere puede solicitar el asador a su
tienda de electrodomésticos habitual. La elección es suya.   **219**

Esperamos tener más noticias suyas.   **220**

Podemos distribuírselo enseguida. ¿Desea completar su pedido?   **221**

CAPÍTULO 6

Crédito y cobro

En la medida que nos vamos acercando inexorablemente hacia una sociedad sin dinero en metálico, es más fácil gastarlo, y paradójicamente, más difícil recuperar el que nos es debido. Es posible ir a un restaurante, comer, disfrutar de unas compras y volver a casa sin necesidad de llevar una moneda en el bolsillo. Cada vez hay más empresas que proponen hacer la compra sin cruzar la puerta de casa, proliferando las tarjetas de crédito.

Los bancos, que fueron los primeros en distribuir tarjetas de crédito, han descubierto que es difícil cobrar el dinero de determinados propietarios de tarjeta. Incluso a los negocios habituales, cuya única concesión de crédito es el clásico «30 días netos», les cuesta cada vez más cobrar.

En vista de las circunstancias es necesario usar un sistema de cobro más dinámico y eficaz.

A veces funciona enviar tarjetas humorísticas a clientes con cuentas retrasadas, pero difícilmente concluiremos que se trata de una estrategia completa y bien pensada.

Una serie de cartas de aviso de cobro bien escritas, enviadas a intervalos de entre diez y quince días, es un plan mejor.

El punto más importante a tener en cuenta es que una carta de aviso de cobro es, en todos los sentidos, una carta comercial. En lugar de vender un producto al cliente, lo estamos comprando a él, para que nos envíe el dinero que nos debe sin perder por ello su simpatía. Debemos tener presente, por ejemplo, que estamos compitiendo por su dinero con muchas otras compañías, ya que raramente la gente debe dinero sólo a una empresa.

Nuestra carta tendrá que conseguir persuadirle para que tenga más interés en pagar *nuestra* factura que la otra media docena que tiene en su bandeja de impagados. Entonces, ¿cómo vamos a persuadirle? Evidentemente no enemistándonos con él. Cualquier abogado nos dirá que no podemos enemistarnos con una persona e influirle en nuestro beneficio a la vez.

Será mucho más fácil influirle favorablemente si nos ponemos en su lugar e intentamos ver el problema desde *su* punto de vista, si utilizamos el «usted», si le escribimos una carta más humana, más inteligible que las misivas frías, indiferentes y secas que se envían normalmente.

Los avisos de cobro deben seguir el mismo patrón que las cartas comerciales en cuanto que deben tener una apertura que atraiga la atención y un cierre igual.

Así como cualquier comerciante no duda en hacer un pedido, el aviso debe terminar pidiendo el dinero o lo que sea que queramos que haga nuestro cliente.

Una carta de aviso de cobro no debe ser escrita sin pensarla antes, ya que debe seguir una progresión regular.

1. *Cartas de notificación:* se trata generalmente de tres y conciernen a las facturas llegadas a término y no pagadas. Conviene enviarlas también a los clientes que, aunque siempre debiendo, han continuado sus compras.

2. *Cartas de seguimiento:* si las primeras notificaciones no han funcionado, entonces notificaremos al cliente nuestros términos de negociación, preguntándole si necesita copias de facturas, acentuando que está poniendo en peligro su crédito e intimidándole diciéndole que su crédito será anulado si no responde a sus obligaciones. Desde luego, no transmitiremos todos estos puntos en la misma carta, pero sí variándolos en distintos avisos.

3. *Cambio de táctica:* si todavía no hemos tenido suerte nos estamos enfrentando a un caso difícil. Tendremos que intentar un cambio de ritmo y podemos hacerlo con algo realmente nada ortodoxo ya que no tenemos nada que perder. Podemos probar el acercamiento humorístico, por ejemplo. Normalmente funciona cuando el resto ha fallado y, a estas alturas, ¿qué podemos perder?

4. *Acuse de recibo de pagos parciales:* este paso puede realizarse en cualquier momento, no necesariamente después del n.º 3. Si un cliente nos envía a cuenta un cheque, necesitaremos recordarle lo que nos sigue debiendo, pero sin dejar de agradecerle la cantidad recibida.

5. *El último recurso:* si todas estas medidas fallan, no hay otra solución que requisarle la mercancía.

Si se advierte al cliente de que tenemos esta intención, nueve de cada diez veces el cliente paga sin más ni más. Nunca se debe hacer sin antes haber intentado el proceso anterior y, sobre todo, nunca arriesgarse a hacerlo si no hay total seguridad. Es un paso muy serio, irreversible, jamás se debe usar como un farol.

En Estados Unidos, donde se vende a crédito desde hace mucho tiempo, las modas en las técnicas de avisos de pago cambian casi tan frecuentemente como las modas del vestir.

Hace algunos años la tónica general era enviar cartas impresas como notificaciones y fueron suficiente para hacer que pagaran de un 75 % a un 85 % de los casos.

Una serie completa se debe componer de tres o cuatro cartas diferentes, con el fin de sorprender al cliente moroso. Por la misma razón, los modelos de carta deberán modificarse cada año.

Las cartas no sólo son una buena solución, sino que también tienen tres ventajas adicionales sobre otro tipo de notificaciones:

1. Una serie de cartas nos facilita seguir regularmente las facturas vencidas y no pagadas y, como ya sabemos, la regularidad en el seguimiento es una de las reglas cardinales de la estrategia de gestión de cobro.

2. Las tarjetas impresas son más baratas de producir que las cartas individuales y mucho más efectivas que esas pesadas cartas-formulario que todavía envían algunas empresas. Las tarjetas pueden ser enviadas tanto a empresas que nos deban dinero como a detallistas. Una tarjeta atractiva en un tono pastel con un sobre a juego es más adecuada para los minoristas. Estas deben expresarse en términos informales, sin jergas difíciles de entender.

3. La tarjeta impresa tiene la ventaja psicológica de ser lo suficientemente impersonal como para no hacer que el deudor sienta que está siendo distinguido como tal.

El destinatario sabe que se trata de una tarjeta que miles de personas reciben y consecuentemente no se siente una víctima de la hostilidad de quien la envía.

Las siguientes sugerencias para tarjetas impresas no están separadas por párrafos independientes, ya que no es ni práctico ni útil para estos casos. Algunas de ellas son mostradas con permiso de una corporación americana mundialmente famosa que prefiere permanecer en el anonimato.

Hace unos años, sin embargo, esta misma compañía solía enviar divertidos cómics como primeras notificaciones y dos de ellas se muestran en las figuras 8 y 9.

Las cartas que se pueden encontrar en las páginas siguientes en este capítulo pueden ser tecleadas de antemano, almacenadas en la memoria del procesador de textos, ordenadas por series y recuperadas cuando sea necesario.

Por lo que respecta a los nombres, las direcciones y ciertos detalles como por ejemplo la cantidad a pagar, pueden ser añadidos de manera simple, sin que se planteen grandes problemas, y todo esto dará como resultado una carta personalizada.

Cartas de notificación

Todo iba tan bien...   222

que cuando de repente nos hemos dado cuenta de que usted ha dejado de pagar su factura, hemos pensado que sin duda hay algún motivo, ha habido algún problema.

Después de darle muchas vueltas, hemos llegado a la conclusión de que quizá nuestro último aviso no le llegó, o nuestros datos no concuerdan con los suyos.

En cualquier caso, ¿podríamos, por favor, tener pronto noticias suyas para aclarárnoslo?

DEPARTAMENTO DE CONTABILIDAD

Sentimos recordarle...   223

que su cuenta de crédito está en números rojos, quizá se le haya olvidado.

Si no lo ha hecho ya, tenga la amabilidad de enviarnos un cheque lo más pronto posible. Si ya se ha encargado de ello, por favor, acepte nuestro más sincero agradecimiento.

Cantidad a pagar: ...... pesetas.

Si está en el correo...

Nos referimos a un cheque que cubra la deuda que nos debe, acepte, por favor, nuestro más sincero agradecimiento.

Pero si no, envíenos el pago. ¿Verdad que sería tan amable de incluirlo en su correo de hoy?

Cordialmente.

Se sorprendería...

De la frecuencia con que enviamos a nuestros clientes tarjetas recordatorias de las deudas pendientes, cuando los cheques ya estaban en camino.

Así que, si esto ocurre en este caso, por favor, discúlpenos y acepte nuestro más sincero agradecimiento. Pero si todavía no ha efectuado el pago de la deuda de_____ ptas.
¿Podría hacerlo inmediatamente, por favor?

Cordialmente.

Figura 8 y 9: Dos ejemplos de cartas reclamando que se pague lo adeudado de una conocida sociedad americana

Sabemos que es difícil...... **224**

repasar cada factura y cumplimentar puntualmente un talón cada mes, pero su crédito se encuentra cerrado por falta de pago y por ello nos gustaría que enviara el talón tan pronto como le sea posible.

Naturalmente, si ya lo ha enviado, por favor, ignore este aviso y acepte nuestro más cordial agradecimiento.

Cantidad a pagar: ...... pesetas.

Versión inglesa del parágrafo precedente

We know how difficult it is... **224**

to go over every invoice and make out a cheque for it promply every month. But your balance is now a little overdue and we would like you to send us a cheque as soon as possible.

Of course if you have just sent us a remittance, please excuse this reminder and accept our sincere thanks.

Amount due: £ ......

¿Lo habrá perdido correos? **225**

Nos referimos a nuestro reciente aviso de la deuda que mantiene con nosotros y cuyo plazo ya ha vencido. Sabemos que no ha retenido el pago a propósito, pero le agradeceríamos que depositara hoy un cheque para nosotros en correos.

Cantidad a pagar: ...... pesetas.

Ya que no estamos seguros... **226**

de si nuestros avisos llegan a la persona adecuada, le enviamos este segundo en que se le notifica su saldo, como verá más abajo.

Si todavía no nos ha enviado un cheque, ¿podría, por favor, hacernos llegar uno ahora? Gracias por su rápida colaboración.

Cantidad a pagar: ...... pesetas.

Probablemente habrá intentado... **227**

enviarnos el cheque correspondiente al saldo de su cuenta, pero posiblemente se le haya olvidado porque todavía no lo hemos recibido.

Si ya lo ha enviado, le damos nuestro más sincero agradecimiento, pero si no, por favor, ¿podría mandárnoslo ahora? Contamos con su rápida colaboración.

Cantidad a pagar: ...... pesetas.

228 ¿Se acuerda...

que le enviamos hace poco un aviso sobre su deuda, detallada más abajo? ¿Podría verificar si esta ha aumentado desde entonces? Si se le ha extraviado, ¿sería tan amable de comprobarlo y averiguar qué ha causado el retraso? Después mándenos el pago en los próximos dos días.

Si ya nos ha enviado una respuesta, por favor, disculpe esta tarjeta y acepte nuestra gratitud.

Cantidad a pagar: ...... pesetas.

229 ¿No recibió...

el aviso sobre su deuda que le enviamos recientemente, con la cantidad indicada más abajo?

Si ya nos ha mandado el pago, acepte por favor, nuestro más sincero agradecimiento. Si no lo ha hecho, ¿podría hacer el esfuerzo de enviarnos ahora un cheque?

Gracias.

Cantidad a pagar: ...... pesetas.

230 No tardará mucho en...

comprobar por qué no ha sido enviado el pago de su deuda, ya advertida por nosotros. Así que, por favor, ¿podría tomarse ahora un minuto para averiguar la causa del retraso? Después deposite el cheque en correos durante los dos próximos días, si todavía no lo ha hecho.

Apreciaremos su rápida colaboración.

Cantidad a pagar: ...... pesetas.

231 ¿No le ha prestado atención?

Nos referimos a ese pequeño aviso que le enviamos hace poco sobre su última deuda.

Si es así, ¿podría, por favor, comprobarlo y averiguar por qué no se nos ha mandado el pago? Después podría molestarse en remitirlo sin retraso, si todavía no lo ha hecho.

Gracias por su rápida colaboración.

Cantidad a pagar: ...... pesetas.

¿Se había dado cuenta...   **232**

de que una nueva factura ha incrementado el saldo de la deuda que ya mantenía con nosotros y de la cual ya le habíamos informado? Obviamente no, de lo contrario ya nos habría enviado un cheque. Así que, por favor, ¿podría hacerlo ahora antes de que se le olvide?

Cantidad a pagar: ...... pesetas.

Probablemente pensaría...   **233**

que seríamos unos descuidados si no le recordáramos que ha aparecido una cantidad adicional de dinero desde nuestro último aviso diciéndole que su deuda había vencido el plazo de pago.

Si tiene alguna pregunta sobre estas facturas no pagadas, por favor, háganoslo saber de una vez. Pero si está de acuerdo en todo con nosotros, por favor, envíenos un cheque ahora, si no está ya de camino.

Cantidad a pagar: ...... pesetas.

Probablemente querrá...   **234**

que le mantengamos totalmente informado de las condiciones de su cuenta. Por eso, le recordamos que ha aparecido otra cantidad de dinero a deber desde nuestra reciente notificación.

Si todavía no se ha encargado de saldar esta deuda, por favor, háganos llegar su cheque ahora. Puede estar seguro de que su rápida atención será apreciada sinceramente.

Cantidad a pagar: ...... pesetas.

Crece como la espuma...   **235**

Nos referimos al saldo de la deuda que ya le hemos recordado tantas veces. Se han ido añadiendo cantidades adicionales y cada una de ellas le dificulta el poder cubrirla. No nos gustaría que se convirtiera en un problema real para usted y le sugerimos que nos envíe un cheque ahora. De lo contrario, díganos, al menos, cuándo lo podremos esperar.

Contamos con su rápida colaboración.

Cantidad a pagar: ...... pesetas.

Versión inglesa del parágrafo precedente

235   It's growing like topsy...

We mean that overdue balance we have reminded you about so many times. Additional amounts have fallen due and each new amount makes it harder for you to catch up. We would not like this to become a real problem for you and urge you to put a cheque in the mail to us right away.

Otherwise, please at least let us know when we can expect it.

We are counting on your prompt co-operation.

Amount now due: £ ......

Cartas de seguimiento

Algunas de las frases siguientes pueden ser utilizadas en las cartas, si se prefiere un acercamiento más formal.

Introducción

236   Señores,

Estamos seguros de que comprenderán por qué advertimos a los clientes de su saldo deudor. Usted, probablemente, hace lo mismo con los suyos.

237   Señores,

Indudablemente, ustedes también lo hacen: advertir a sus clientes cuando se retrasan un poco en sus pagos.

238   Señores,

El tiempo pasa tan deprisa que quizá no se han dado cuenta de que su cuenta muestra un saldo deudor de ...... pesetas.

239   Señores,

Desde nuestros últimos avisos de pago, ha habido un aumento en la cantidad debida.

Señores, **240**

Les han sido enviados varios avisos sobre su saldo deudor, pero todavía no nos ha llegado su cheque.

Señores, **241**

Probablemente no tienen la intención de alarmarnos, pero el estado de su saldo deudor lo está provocando.

Señores, **242**

Su saldo deudor está aumentando. Aunque les hayamos enviado varios avisos, no hemos recibido ningún pago ni ninguna explicación.

Señores, **243**

Quizá no se han percatado de que el saldo de su cuenta ha superado el plazo de pago.

Señores, **244**

Se nos hace difícil comprender por qué no han pagado su deuda, que asciende a ...... pesetas.

Señora, **245**

Sentimos tener que molestarle, pero ya que no responde a las cartas que le hemos enviado en relación a su deuda, no nos queda otra alternativa que suspender su crédito.

Señor, **246**

¿No está de acuerdo en que es mejor discutir un problema personalmente que intentar solucionarlo por correo? Entonces, ¿por qué no viene a verme para hablar de su estado de cuentas?

Versión inglesa del parágrafo precedente

Don't you agree that it is better to discuss a problem in person rather than attempting to solve it by mail? Why, then, don't you come in and see me about your account? **246**

---

247 Señores,

Gracias por su cheque de ...... pesetas. Aunque apreciamos realmente este pago parcial, debemos recordarle que su cuenta todavía muestra un saldo deudor de ...... pesetas.

248 Señores,

Hemos intentado evitarlo, pero desde que no responde a nuestros avisos, no nos queda otra alternativa que dejar su cuenta en manos de nuestros asesores jurídicos.

249 Señor,

Sabemos que muchas empresas sólo pagan con prontitud aquellos productos que más necesitan. Esto puede parecer una buena idea, pero, de hecho, es un error, ya que un buen estado de cuentas no se basa en lo bien que se pague a algunos de los proveedores, sino a todos. Además, los morosos son pronto famosos y los acreedores que los discriminan pueden exigir los pagos. ¿Qué haría usted en este caso?

250 Señores,

¿Se han detenido a pensar lo molesto que podría resultarles si decidiéramos tomar acciones legales para cobrar el saldo de su larga deuda? Primero de todo, la vergüenza y los gastos relacionados con ello y, segundo, afectaría a su situación acreditativa, cosa que creemos que no dejarán de valorar.

251 Señora,

Muchas gracias por su cheque de ...... pesetas, que permite que su deuda pendiente sea:

Factura n.º ...... de ...... pesetas.
Factura n.º ...... de ...... pesetas.
Factura n.º ...... de ...... pesetas.

Señores, **252**

Apreciamos realmente haber recibido su cheque de ...... pesetas, sin embargo, nos preguntamos si saben que las siguientes facturas quedan todavía pendientes:

Factura n.º ...... de ...... pesetas.
Factura n.º ...... de ...... pesetas.

Señores, **253**

Estamos seguros de que comparten con nosotros la idea de que sería una lástima terminar una relación tan interesante. Pero la cantidad de dinero que nos deben ha vencido su plazo de pago y si no tenemos noticias suyas no nos quedará otra alternativa que dejarlo en manos de nuestros asesores jurídicos.

Desarrollo

Así que si no nos ha enviado ya un cheque por ...... pesetas, **254** ¿podría hacerlo en los próximos días?

Por lo tanto entenderá por qué le escribimos hoy pidiéndole que **255** nos envíe un cheque que cubra su saldo deudor por un valor de ...... pesetas.

¿Podría, por favor, enviarnos pronto un cheque y saldar este **256** asunto?

Si aún no lo ha hecho, por favor, ¿podría perder un instante para **257** enviarnos un cheque o hacernos saber cuándo lo recibiremos?

Si tiene alguna pregunta o necesita más información, por favor, há- **258** ganoslo saber enseguida. Le ayudaremos inmediatamente.

Le hemos enviado varios avisos sobre el vencimiento de su cuenta, **259** pero para gran sorpresa nuestra, no hemos recibido ningún pago o noticia suya.

260   ¿Por qué no se toma unos minutos para que sepamos si usted tiene alguna duda? O, si sus documentos están de acuerdo con los nuestros, ¿por qué no nos envía un cheque con la cantidad que usted pueda y nos informa de cuándo recibiremos el resto?

261   Su cuenta ya ha vencido completamente, así que es necesario que se ponga enseguida en acción. Si todavía no nos ha enviado ningún cheque, por favor, mándenos uno sin retraso.

262   Desgraciadamente, no nos ha dejado otra opción que tener que retener sus pedidos hasta que abone la deuda pendiente. Sin embargo, si nos envía ahora mismo un cheque por valor de ...... pesetas, nos complacerá reanudar el envío sin retraso.

263   ¿Puede ser que sus documentos no concuerden con los nuestros y que tenga alguna pregunta relacionada con alguna factura?

264   ¿Es correcta la cantidad mostrada más adelante?, o ¿debe alguna cantidad que se deduzca de ella? Si este es el caso, o si tiene algún otro problema relacionado con esta deuda, por favor, háganoslo saber enseguida.

Por otro lado, si la cantidad mostrada es correcta, entonces ¿nos hará llegar su cheque sin retraso, por favor?

265   Sentimos tener que retirar su cuenta de crédito porque sabemos lo útil que es para usted.

¿Por qué no continuar aprovechándose del crédito que le ofrece nuestro almacén, enviándonos un cheque inmediatamente? Si de momento no le es posible, ¿por qué no viene y habla con nosotros para llegar a algún acuerdo para poder pagar sus antiguas facturas en cómodos plazos?

266   Sé que hay momentos difíciles para saldar una deuda y estoy impaciente de colaborar con usted tanto como sea posible.

Por favor, venga tan pronto como pueda o, si lo prefiere ¿por qué no me telefonea a ...... y así podremos hablar?

No le escribimos con intención de provocarle ningún sobresalto. **267**
Por otro lado, estamos impacientes por colaborar con usted y encontrar alguna forma de poder saldar su gran deuda. De hecho, si nos envía un cheque por valor de ...... pesetas, junto con su plan para pagarnos el resto de la deuda mediante plazos, nos complacerá acomodarnos a sus necesidades.

Si tiene problemas para enviarnos un cheque que cubra toda su **268**
deuda, ¿por qué no se sienta, rellena y manda un cheque a cuenta por valor de ...... pesetas? Después, repita la misma operación el primer día de los tres próximos meses y, para entonces, ya se habrá acabado esta deuda. ¡Tan sencillo como esto!

No le pedimos que nos envíe un cheque por el valor total de su **269**
deuda. Todo lo que le requerimos es que nos pague ...... pesetas a cuenta y que nos haga saber cuándo podrá saldar el resto de la deuda, que, si usted lo desea, podrá hacerlo mediante uno o dos plazos de pago.

Versión inglesa del parágrafo precedente

Yet we are not demanding that you send us a cheque for the **269**
whole amount right away. All we ask is that you send us £ ...... on account and let us know when to expect the balance, in one or two instalments if you wish.

Seguro que se da cuenta de lo desagradable y costoso que resulta **270**
llevar a juicio un asunto de este tipo. Desde luego, esto no es todo. Consecuentemente también afectará la situación a su prestigio y, por lo tanto, la reputación de su empresa.

Esta es la razón por la cual hemos esperado tanto tiempo antes de dar este paso tan serio.

¿Por qué no se ahorra esta situación embarazosa e innecesaria y **271**
la evita enviándonos inmediatamente un cheque por la cantidad establecida más adelante?

272   Si tiene algún problema relacionado con las facturas no pagadas, por favor, háganoslo saber de una vez. Si no, le agradeceremos enormemente que las salde tan pronto como sea posible.

273   Ya que ambas facturas han vencido y no han sido pagadas, agradeceremos su rápida decisión de actualizar completamente sus cuentas. Por supuesto, si tiene alguna queja por alguna de ellas o si sus documentos difieren de los nuestros, por favor, háganoslo saber inmediatamente.

274   Ya que su deuda sigue sin ser pagada desde hace tiempo, creemos oportuno pedirle que nos haga saber cuándo podemos esperar el cheque que saldará su deuda.

Conclusión

275   Agradeceremos enormemente su rápida colaboración.

276   Por cierto, si ya nos ha enviado el pago, por favor, disculpe este último aviso y acepte nuestro más sincero agradecimiento.

277   Gracias por su rápida colaboración.

278   Sin embargo, si la cantidad es correcta, por favor, envíenos su respuesta inmediatamente. Contamos con que pronto hará acto de presencia.
P. S. : Su deuda asciende a ...... pesetas.

279   Es urgente, así que, por favor, envíenos un cheque ahora o háganos saber inmediatamente a qué se debe su retraso. Contamos con su rápida colaboración.
P. S. : Su deuda asciende a ...... pesetas.

280   Será un placer colaborar con usted en la actualización de su cuenta. Por favor, manténgase en contacto por correo.
P.S. : Su deuda asciende a ...... pesetas.

Podría informarnos si es que hay algún problema, o en el caso contrario, enviarnos su cheque lo más pronto posible.

281

Una rápida respuesta será sumamente apreciada.
Su deuda asciende a .... pesetas.

282

Contamos con su rápida respuesta.

283

Espero tener noticias suyas.

284

Ya que siempre estamos impacientes por ofrecerle un servicio rápido y eficiente, apreciaríamos enormemente tener noticias suyas cuanto antes.

285

Esperamos recibir el primer plazo en los próximos dos o tres días.

286

¿Podría encontrar una solución más justa? Seguro que no. Entonces siéntese y rellénenos un cheque por valor de ...... pesetas. Se sorprenderá de lo rápido que podrá ser saldada esta deuda.
Esperaremos su cheque con impaciencia.

287

¿Por qué no evita correr riesgos y nos envía inmediatamente un cheque por valor de ...... pesetas?

288

Sin embargo, no podemos esperar mucho más y debemos tener su cheque en nuestras manos antes de diez días.
Cantidad a pagar: ...... pesetas.

289

Deseamos ponerle las cosas fáciles y esperamos que acepte esta simple sugerencia. Háganos llegar noticias suyas cuanto antes.

290

Versión inglesa del parágrafo precedente

290   We are anxious to make things easy for you, and we hope you will accept this sensible suggestion. Let us hear from you soon.

Denegar o restringir un crédito

Como en muchos otros aspectos, se impone la necesidad de prevenir deudas, antes de que estas se produzcan.

Hay muchos casos en los que es más inteligente denegar totalmente el crédito, otros en los que es mejor restringirlo, y casos en los que la experiencia aconseja alterar los plazos de pago de un cliente.

Las siguientes cartas cubren varios casos de este tipo, tanto en el campo de la venta al detalle como al mayor.

Introducción

291   Apreciada señorita,

Nos complace recibir una carta suya en la que nos solicita una cuenta de crédito a su nombre. Esta expresión de confianza y aprecio hacia nuestros grandes almacenes significa mucho para nosotros.

292   Apreciada señorita,

Gracias por su carta de solicitud de tarjeta de crédito en Seldom. Es una señal de confianza y buena voluntad que apreciamos enormemente.

293   Apreciada señorita,

Gracias por su carta fechada el pasado 21 de mayo solicitando una cuenta de crédito en nuestro departamento.

294   Estimado señor,

Su pedido n.° 875

Su primer pedido está casi listo para serle enviado, pero, en contra de nuestra voluntad, no podemos servírselo a crédito, debido a la información que nos suministró.

Apreciada señorita,   **295**

No hay nada que nos complazca más que proporcionarle nuestra tarjeta de crédito como usted nos solicitó.

Estimado señor,   **296**

Apreciamos mucho su interés por nuestro surtido de productos Tiger y nos gustaría mucho contar con usted entre nuestros distribuidores de la zona oeste.

Estimada señora,   **297**

Sus pedidos, efectuados de forma regular desde hace tiempo, son para nosotros muy importantes; sin embargo, se habrá dado cuenta de que nos hemos visto obligados a recordarle varias veces que el envío, de vez en cuando, de un cheque por un pequeño importe no nos permitía que su cuenta estuviera al día. De hecho, presenta, a pesar de estos pagos, un saldo deudor en constante aumento.

Desarrollo

Quizá, más adelante, estaremos en condiciones de complacerle   **298** con su petición; mientras tanto esperamos impacientemente que visite nuestros almacenes, de los que apreciará nuestro eficiente servicio y los precios que le ofrecemos.

Como usted ya sabe, cuando recibimos una petición de este tipo, **299** se suele llevar a acabo una rutinaria investigación financiera y se toma una decisión para cada caso. Desgraciadamente nuestra información acerca de su solicitud es incompleta y por eso apreciaríamos que telefoneara a nuestro departamento de crédito para aclarar uno o dos puntos.

No nos es posible en la actualidad responder favorablemente a su **300** demanda, pero esperamos poder hacerlo más adelante.

301   Quizá tenga alguna otra información que nos pueda enviar; mientras tanto, para no perder tiempo, sería preferible que nos autorizara enviarle este primer pedido contra reembolso.

302   Sin embargo, desgraciadamente, tenemos informes que demuestran que usted puede retrasarse en el pago de sus facturas y creemos que quizá tendrá dificultades para adecuarse a nuestras condiciones, que son: un 2 % de descuento en los pagos reglamentados antes de los 10 días, y un plazo máximo de pago de 30 días. Esta puede ser una situación temporal, pero mientras, estaríamos encantados de poder reconsiderar este asunto.

303   Estamos seguros de que comprenderá que no podemos seguir haciendo negocios con usted indefinidamente en circunstancias tan poco lucrativas y, por lo tanto, nos gustaría sugerirle algunas condiciones distintas para futuros pedidos. Le proponemos enviarle estos pedidos contra reembolso, al menos hasta que sus deudas sean pagadas.
Una vez se haya resuelto el problema, quizá podamos pensar en otras condiciones con las que poder negociar y que sean beneficiosas para ambas empresas.

304   Sin embargo, como el resto de empresas que ofrecen crédito, tenemos que asegurarnos de que una persona será capaz de cumplir los términos, que son a 30 días. Sabemos, por informaciones adicionales, que usted, normalmente, necesita un poco más de tiempo. De todos modos, no quisiéramos estar mal informados y si usted fuera tan amable de proporcionarnos los nombres y las direcciones de dos empresas con las que haya establecido créditos, nos complacerá volver a considerar su petición más adelante.

Conclusión

305   Esperamos verle pronto.

306   Esperamos poder darle la bienvenida a nuestra tienda, como es habitual, y le aseguramos que continuaremos sirviéndole de la mejor manera.

Esperamos tener pronto noticias suyas y le guardaremos el pedido a la espera de su respuesta.

307

Hemos dudado mucho antes de decidirnos a escribirle sobre este asunto, pero estamos seguros de que, como hombre de negocios, entenderá nuestra posición.

308

Sentimos no poder servirle en estas circunstancias y esperamos sinceramente que se mejore su situación financiera lo más pronto posible.

309

CAPÍTULO 7

Excusas y reclamaciones

Excusas

La buena voluntad de los clientes es el bien más preciado de una empresa, tanto que a veces se asimila a uno de sus activos, como por ejemplo ocurre, en el momento de vender la empresa. Sin embargo, desgraciadamente, muchos hombres de negocios olvidan este hecho y tratan a sus clientes, a veces, como si fueran enemigos.

La política de «no confiar en el cliente» no es precisamente la más adecuada.

Esta política es propia del vendedor ambulante, que vende sus productos de baja calidad a todo aquel que esté dispuesto a comprarlos, sabiendo con seguridad que, al día siguiente, tendrá que desplazarse de lugar, quizá para no volver más. ¿Por qué debería preocuparse de si el cliente está satisfecho con su compra? Probablemente, no necesitará venderle nada más.

Por otro lado, los fabricantes serios, los comerciantes al mayor o al menor esperan seguir con su negocio no sólo hasta la próxima semana, sino hasta el próximo año, los próximos diez años y, probablemente, mucho más.

Por este motivo, necesitan vender, no sólo un artículo a cada cliente, sino muchos más, incluso quizá durante toda su vida. Quieren que su cliente recomiende sus productos a sus familiares y amigos, por lo que tales productos tendrán que ser de calidad.

Además, no podemos vender un producto a un cliente y lavarnos las manos. Es importante que esté satisfecho con su compra.

Si no lo está y nos escribe para decírnoslo, nuestra primera reacción debe ser la de satisfacerle, que tenga una buena impresión de nuestra empresa, incluso, aunque le haya decepcionado, también de nuestro producto.

Este hecho tan simple ha sido puesto en práctica desde hace tiempo en Estados Unidos, donde cualquier minorista devuelve el dinero de una compra de la que el cliente no está satisfecho y cualquier fabricante hará lo que haga falta para conseguir un cliente más.

En el Reino Unido hay una empresa que destaca muchísimo por su excelente política de relación con los clientes. Se trata de Marks & Spencer S. L.

Si compra algo en M & S y no está satisfecho por cualquier razón, todo lo que tiene que hacer es devolverlo y se lo cambiarán o le devolverán el dinero sin pedirle explicaciones.

En la actualidad esto también es una práctica comercial habitual en nuestro país.

Como comentó una vez Marcus Sieff en la Cámara de los Lores inglesa, la política de la empresa de devolver el dinero a los clientes insatisfechos con un producto, no sólo sirve para mantener a los clientes satisfechos, sino también como un eficaz control de calidad. Podemos confiar en que todo cliente que escriba una carta de queja a M & S recibirá una respuesta rápida, satisfactoria y amable.

El primer punto a tener en cuenta al contestar una queja es que la respuesta debe conseguir satisfacer al cliente. Su respuesta debe ser rápida, sincera y amistosa.

Debe ser escrita desde el punto de vista del cliente y mostrando un gran deseo por resolver su problema.

Si su producto es defectuoso debe admitirlo francamente. No hay nada que irrite más a un cliente que las excusas y tentativas de girar su argumento a favor del vendedor. Si por ejemplo un cliente ha utilizado su champú y se le cae el pelo, no estará interesado en sus afirmaciones de que es un producto de alta calidad y que ha sido probado repetidamente.

A veces un cliente está muy enfadado y escribe una carta tan emotiva que no contiene los hechos necesarios para poder analizar profundamente su queja.

En estos casos lo que debe hacer es conseguirlos directamente del cliente sin irritarlo aún más. No se le ocurra decirle lo que debe hacer, ni insinuarle que no sabe cómo utilizar su producto correctamente.

No intente tener razón y nunca humille a un cliente, incluso si está equivocado. No se trata de tener siempre razón a costa de perder clientes. De hecho, un cliente insatisfecho puede perjudicarle indirectamente, ya que no se guardará para él solo su insatisfacción, sino que la irá difundiendo a sus amigos, clientes y colegas. Su negocio no puede permitirse ni siquiera un cliente insatisfecho. Así que deje que sus cartas satisfagan el propósito del cliente y le hagan entrar en razón.

Introducción

310   Apreciado señor,

Su enfado tras recibir un segundo lote de filtros defectuosos lo entendemos perfectamente y le aseguramos que estamos tan contrariados como usted por la desafortunada situación.

311   Estimada señorita,

Entendemos que esté perdiendo la paciencia por la inacabable serie de problemas que ha habido en relación a su pedido. Nos ponemos en su lugar y por eso estamos tan disgustados como usted. Podrá imaginarse lo desagradable que resulta para nosotros, sabiendo cómo valoramos a los buenos clientes.

312   Distinguido señor,

Hoy le será enviado el pedido de barandillas de acero galvanizado para reemplazar el que usted menciona en su carta del pasado 23 de septiembre.

313   Estimada señorita,

Le agradecemos que nos haya escrito acerca del vestido que no es de su agrado ya que deseamos que todos nuestros clientes queden satisfechos con las compras que hacen en ....

314   Apreciado Juan,

Siempre es un placer recibir sus cartas, incluso alguna de esas, como la del pasado 15 de febrero, que no traen buenas noticias.

Estimada señorita,   **315**

El error es humano y, desgraciadamente, acabamos de tener la ocasión de comprobarlo una vez más. Todo lo que podemos hacer es pedirle amablemente disculpas.

Apreciado señor,   **316**

No tengo explicación alguna que ofrecerle ante los irritantes errores que han sucedido en relación a su último pedido. Como usted sabe, esto no es típico de nuestro servicio y no le ofrezco este comentario como excusa, porque no hay excusa que valga para justificar un servicio mal hecho, sino para subrayar el carácter excepcional de este hecho, puesto que nuestro principal objetivo es complacer a nuestros clientes.

Estimado señor,   **317**

Sentimos mucho saber por su carta del pasado 22 de abril que su primera experiencia con nuestra cámara de vídeo ...... le ha resultado tan decepcionante.

Apreciada señora,   **318**

Gracias por enviarnos su carta para anunciarnos la desafortunada experiencia que ha tenido con la batidora ......, ya que así nos da la oportunidad de ayudarla.

Estimada señorita,   **319**

Sentimos mucho su decepción por el champú ......, y particularmente porque usted tenía el derecho de esperar los mejores resultados.

Estimada señorita,   **320**

Sentimos mucho habernos enterado, por su carta del pasado 5 de abril, de las deplorables condiciones en que le llegó su último pedido de cristal, y nos adelantamos en asegurarle que estamos impacientes por poder arreglar este desgraciado acontecimiento de la manera que le resulte a usted más satisfactoria.

321 Señores,

Tenemos en nuestras manos su carta del pasado 7 de enero en la que nos explican que sus documentos y los nuestros no concuerdan en la cifra que deben pagar.

322 Apreciada señora,

Gracias por informarnos acerca del problema que tuvo al contratar los servicios del departamento de abrigos y trajes, que no fue del agrado que usted merecía esperar.

323 Estimada señorita,

Nos quedamos muy sorprendidos al conocer su percance con la blusa de seda que nos devolvió para que la revisáramos.

324 Apreciado señor,

Sentimos mucho habernos enterado por su carta del pasado 5 de junio, que a nuestro envío de piezas de yeso le faltaban dos unidades.

325 Estimado señor,

Ha sido muy amable por su parte dedicarnos un tiempo para escribirnos acerca de su experiencia con el curso por correspondencia ......, ya que nos ha dado la oportunidad de poder explicarle cómo puede beneficiarse al máximo de él.

326 Apreciado señor,

Nos ha sorprendido y decepcionado saber que nuestro envío de filtros de aceite todavía no le ha llegado.

327 Estimada señora,

Nos decepcionó mucho saber que la visita del señor González resultó ser tan inoportuna y nos adelantamos en asegurarle que esta no era, ni mucho menos, nuestra intención cuando le pedimos que le llamara en relación a nuestra línea de ......, por la que usted mostraba su interés.

Apreciada señora,　　　　　　　　　　　　　　　　　　　　**328**

Sentimos saber que cometimos un error al completar su pedido n.º 0065.

Estimado señor,　　　　　　　　　　　　　　　　　　　　**329**

Tenemos su carta del pasado 15 de abril en la que nos dijo que no está de acuerdo con nuestra factura n.º 00765, del mes de abril, y que cubre nuestro reciente envío de ....

Apreciada señorita,　　　　　　　　　　　　　　　　　　　**330**

Ciertamente no puedo negar que el presupuesto inicial que le envié va más allá de lo que usted había fijado.

Desarrollo

Aprovechamos para comunicarle que ya va de camino una nueva　**331** gama de filtros y lo recibirá dentro de uno o dos días.

Hemos pedido a nuestro representante local, el señor Molero, que　**332** le llame tan pronto como le sea posible y examine el embalaje y los filtros, con la finalidad de averiguar la causa de ese incidente.

Todavía estamos investigando la causa que propició el incidente　**333** para descubrir qué ocurrió y cómo poder evitarlo en el futuro.

Estará complacido en saber que este asunto está a punto de ser　**334** resuelto. Las piezas que le faltaban le han sido enviadas hoy por correo aéreo, así que todo el pedido completo estará en sus manos mañana o pasado mañana.

Hemos investigado el caso y hemos descubierto que, como usted　**335** ya había supuesto, ha sido utilizado un rollo de tira de acero defectuoso, y por eso la barandilla resultante falló al ser revisada en nuestro control de calidad.

336 En realidad no podemos explicarnos cómo han podido oxidarse las barandillas y será mejor para usted que deje este inoportuno asunto bajo nuestra atención. Puede estar seguro de que lo llevaremos a manos de nuestros proveedores, mientras tanto hay un nuevo envío en camino para usted.

337 Nuestra política es devolver el dinero de la compra de una prenda de vestir que nos ha sido devuelta en buenas condiciones y antes de cinco días después de la compra, si el cliente no está satisfecho con ella por cualquier razón.

Por lo tanto, si usted nos trae el vestido, estaremos encantados de cambiárselo por otro o le devolveremos el dinero.

338 Nos sentimos muy afligidos al conocer todas las quejas que ha tenido de nuestro ...... modelo KW-52.

Desgraciadamente, hemos recibido quejas similares de otras zonas y nuestro departamento de investigación y desarrollo está analizando lo que parece ser un fallo de ....

Por favor, disculpe a sus clientes de nuestra parte y envíeles un posible sustituto. Ya hemos retirado de la circulación el KW-52 y estamos a la espera del resultado de nuestra investigación.

339 Además, le sugerimos que se apropie de cualquier *stock* que quede de este nuevo modelo hasta que el error haya sido corregido. Nuestro departamento administrativo le enviará la factura de todo el envío y, más adelante, cuando el fallo haya sido localizado y corregido nos dispondremos a cambiarle su *stock* por las nuevas unidades.

340 Para ayudarle a conseguir los resultados que usted espera por la compra de nuestra cámara ......, le adjuntamos un pequeño libro titulado *Películas caseras fáciles de hacer*. Ha sido diseñado especialmente para nuestros clientes por nuestro departamento técnico y estamos seguros de que lo va a encontrar muy útil.

341 Además, es difícil para nosotros decidir qué es lo que funciona mal sin tener más hechos con los que poder trabajar. Por favor, ¿podría ser tan amable de responder las preguntas del formulario adjunto? Con ello nos permitirá localizar el origen del problema y ayudarle a obtener mejores resultados la próxima vez.

De hecho ya le hemos enviado un juego completo de ......, esta vez **342** de la talla y el color solicitados, y le agradeceríamos si fuera tan amable de devolvernos su juego actual.

Espero que, después de los retrasos, fallos y confusiones, ahora **343** esté satisfecho con su .... Si hay algo que podamos hacer para compensar los inconvenientes que le hemos causado, por favor, háganoslo saber.

Verá que hay una pequeña palanca al lado de la batidora. Puede **344** ser conectada en cualquiera de las tres posiciones marcadas, 1, 2 y 3. Cada una de ellas es especial para un tipo de mezcla en particular, tanto si son huevos o la masa de un pastel. Con el tiempo es muy fácil recordar que 1 es para huevos y 3 para elaborar pasteles, pero hasta que no lo haya utilizado es mejor consultarlo en el libro de instrucciones que se adjunta con la batidora. Encontrará información en la página 2.

En lo que concierne a su bechamel, a veces se cuaja debido a varias razones. Quizá la leche esté demasiado fría o no hay suficiente harina para la cantidad de mantequilla de la mezcla. Sin embargo, hay una solución muy sencilla para este problema. Simplemente debe añadir a su mezcla unas pocas gotas de agua fría y continuar batiendo hasta que se ligue. Para hacer esta bechamel, la palanca de su batidora ...... debe estar en la posición «2», como indica el libro de instrucciones.

Sin embargo, a veces ocurre que la piel de algunas personas es **345** extremadamente sensible y, desgraciadamente, no pueden beneficiarse de las ventajas del champú ....

Esta es la razón por la que el folleto de instrucciones recomienda probar una muestra del champú en el antebrazo antes de proceder a su uso. Si después de 8 horas su piel tiene una pequeña tendencia a enrojecerse, no debe utilizar el champú.

Por favor, háganos saber si quiere los dos paquetes por separado **346** o si prefiere que se los añadamos a su próximo envío.

347   Por lo tanto, le adjuntamos una relación completa de todas sus facturas desde el 2 de junio de 1997 hasta ahora, así como todos sus pagos. Esto le demostrará por qué creemos que le falta por pagar el saldo total de ..... pesetas.

348   Hemos investigado este caso y parece que la dependienta que le atendió era una chica relativamente nueva y, por lo tanto, no lo suficientemente experimentada. Hemos hablado con ella y puede estar seguro de que su desafortunado percance con el departamento de trajes y abrigos no se volverá a repetir.

349   Desgraciadamente, la suya no es la primera queja que hemos tenido relacionada con estas blusas y hemos llevado el asunto al fabricante. El error es aparentemente de él, ya que las blusas no deberían estar etiquetadas con «Lavar a mano» sino con «Lavar en seco».

350   Hemos hablado del caso con nuestro departamento de embalaje y parece ser que el cristal fue empaquetado de una manera totalmente correcta. No hay razón que justifique la rotura. La única conclusión es que hubiera habido una manipulación indebida cuando estaba en ruta.
    Sin embargo, lo importante para usted es tener su pedido completo tan rápido como sea posible y hoy hemos efectuado un envío para reemplazar todas las piezas que llegaron rotas.

351   En primer lugar debería escuchar toda la grabación seguida, sin intentar entender lo que se dice, este ejercicio «educa al oído» para el sonido de la lengua italiana.
    Después lea la lección del libro, escuche la grabación una vez más y repita las frases después del locutor. A continuación, tendrá que saber lo que significan, exactamente, tanto las preguntas como las respuestas. Repita este ejercicio varias veces escuchando sólo las preguntas y dando usted mismo las respuestas; una vez terminado, compruebe si lo ha hecho bien.
    Después puede leer las preguntas en el libro, tendrá que escribir las respuestas y compararlas con el libro o la grabación.

Alternando, paulatinamente, una y otra vez este ejercicio, se irá familiarizando con las preguntas y sabrá exactamente cómo responderlas en un italiano perfecto.

Hemos contactado con nuestros transportistas e insisten en que este envío en particular debería haberle llegado ya hace días. **352**
Estamos pendientes de más investigaciones y le enviaremos un nuevo pedido por transporte aéreo para no causarle más inconvenientes.

Ya que nuestra línea de ...... es tan extensa y no puede adaptarse exclusivamente a las necesidades de un cliente, creemos que la visita de uno de nuestros representantes comerciales ayudará a su cliente a decidir qué piezas se adecuan mejor a sus necesidades en particular. **353**
La intención de nuestro representante no es, en absoluto, presionar al cliente para que compre, sino, simplemente, poner a su disposición sus conocimientos sobre nuestros productos para que pueda tomar una decisión.

Versión inglesa del parágrafo precedente

Since our line of ...... is such an extensive one and can be tailored so closely to a customer's actual needs, we find that a visit by our sales representative helps the customer decide just which pieces fit her particular requirements best. **353**
Our representative's intention is certainly not to put any pressure on the customer to buy, but simply and solely to put his knowledge of our products and of customer's needs at your disposal in making such an important decision.

Si fuera tan amable de devolvernos el pedido con las medidas equivocadas, lo cambiaremos por el correcto. Para ahorrarnos tiempo, podría, a la vez, hacernos saber cuántas medidas incorrectas llevaba el envío y así le haremos llegar un pedido inmediatamente. **354**

Realmente no podemos entender cómo ha ocurrido, ya que los precios facturados son los de nuestra última lista de precios, fechada el 6 de enero de 1998, que usted ya tiene en su poder. **355**

356
Por lo tanto, su queja queda totalmente justificada. Sin embargo, los precios aumentan muy deprisa y lo que hoy se adecua al presupuesto, mañana lo sobrepasará.

Afortunadamente existe una solución, aunque, de alguna manera, algo decepcionante; implica prescindir de alguno de los equipamientos que había solicitado. De antemano, puedo pensar en tres: las ventanas de doble cristal, un armario empotrable y el suelo de terrazo en la cocina, el baño y aseos.

357
Los precios que menciona pertenecen a un catálogo anterior, que fue reemplazado por otro el pasado 6 de enero del presente año. Le adjuntamos una copia de esta nueva lista que creemos que ya debería tener, puesto que la enviamos a todos nuestros clientes.

Conclusión

358
Esperamos tener noticias suyas muy pronto, proporcionándonos los detalles que necesitamos para poder ayudarle.

359
Sentimos mucho su insatisfacción con nuestro ...... y apreciamos enormemente la manera tan amistosa con la que nos expone su problema y permitirnos así corregirlo.

360
Esperamos sinceramente que la solución que le sugerimos merezca su aprobación y también deseamos tener muy pronto noticias suyas.

361
Creo que tanto usted como su cliente han sido excepcionalmente pacientes con este desafortunado acontecimiento. Por favor, ¿podría hacerle llegar a él este mensaje junto con nuestro agradecimiento por su colaboración?

362
Sentimos que no esté satisfecho con el traje y esperamos que le solucionen el problema cuando llame a la tienda.

Estoy trabajando para considerar sus sugerencias y espero hacerle 363
llegar los resultados en los próximos días. Mientras tanto, si pudiera
pensar en otros artículos que no le son indispensables, me ayudaría,
entre otras cosas, a reducir un poco el precio.

Esperamos tener noticias suyas muy pronto. 364

Deseamos que esta información le aclare el malentendido y espe- 365
ramos tener noticias suyas muy pronto.

Esperamos sinceramente que en el futuro tenga muchos éxitos y 366
aprovechamos esta oportunidad para ofrecerle nuestros servicios.

Se deduce que usted tiene una de esas pieles extremadamente 367
sensibles, por eso le sugerimos que pruebe nuestro champú ......, elaborado especialmente para estos casos. El folleto adjunto le dará más
detalles.
Lamentamos mucho los inconvenientes que le hemos causado y
esperamos que la caja de productos ...... que le enviamos se lo recom-
pense de alguna manera.

Apreciamos enormemente que nos haya hecho llegar este asunto 368
a nuestras manos, ya que, sólo mediante la ayuda de nuestros buenos
clientes como usted, podemos mantener nuestro servicio a la altura
que tanto nos enorgullece.

Por lo tanto, si devuelve la blusa a los grandes almacenes, nos 369
complacerá cambiársela.
Sinceramente, nos disculpamos por los inconvenientes que le
hemos causado y le agradecemos su paciencia y colaboración.

Le deseamos que pase muchas horas felices *parlando italiano.* 370

Esperamos que esta explicación le ayude a sentirse más satisfe- 371
cho con la visita de nuestro representante.

372   Por favor, mientras tanto acepte nuestras más sinceras disculpas por estos improcedentes acontecimientos y nuestro más sincero agradecimiento por la manera paciente y amable con la que nos ha hecho llegar el asunto a nuestras manos.

373   Sentimos mucho los inconvenientes que ha sufrido y esperamos que disfrute muchos años y sin problemas de su ......

374   Sentimos muy sinceramente los inconvenientes que ha sufrido y le agradecemos que nos haya hecho llegar su problema a nuestras manos. Sólo cuando nuestros clientes nos comunican los incidentes es cuando podemos corregirlos. Gracias de nuevo por escribirnos.

375   Le agradecemos que nos haya hecho llegar su caso, y nos gustaría añadir nuestros mejores deseos de un feliz y próspero Año Nuevo.

376   Gracias por escribirnos y, por favor, acepte nuestros mejores deseos para estas Navidades.

Reclamaciones

Inevitablemente, llega el día en que somos causa de quejas: un proveedor ha fracasado en una promesa, enviamos un pequeño envío y el género llega dañado, un producto no está en buen estado. Cualquiera de estas situaciones puede requerir una carta. Un servicio pobre, mercancía sucia, mala educación, comidas mal preparadas en restaurantes u hoteles, todo eso es motivo para ser comentado o para formular una queja al lugar apropiado, tanto personalmente como por escrito.

En realidad, los hoteles y los restaurantes han mejorado considerablemente en pocos años. Igualmente, el movimiento de defensa del consumidor lucha contra los abusos, pero se ha desarrollado una nueva generación de comerciantes y empresarios sin escrúpulos, capaces de todo con el objetivo de ganar una parte del mercado: mano de obra no cualificada, incumplimiento en los plazos de pago y precios desorbitantes.

Para escribir una carta de queja debemos asegurarnos de ser específicos. Hemos de exponer los hechos de un modo concreto y no mediante generalizaciones. Si es un producto que no funciona correctamente y hemos hecho algo para intentar arreglarlo, entonces debemos mencionarlo.

Una carta educada y amistosa nos proporcionará los mejores resultados. Sin embargo, desgraciadamente, este no es siempre el caso. No hay duda de que a veces los métodos más crueles son los únicos que causan algún efecto.

Algún día las cosas cambiarán y el poder recaerá fundamentalmente en el cliente.

Los siguientes ejemplos están escritos como si tal cosa ya prevaleciera. El lector es libre de confeccionar sus propias críticas devastadoras, desatar su cólera e inventar sus propios esquemas diabólicos para conseguir la reacción deseada.

Introducción

Señores,   **377**

Desde que instalamos su caldera de gas modelo ...... el pasado enero, se nos ha estropeado tres veces. Cada vez hemos telefoneado a su distribuidor local, ..., y cada vez ha enviado a alguien para que haga un pequeño reajuste y la caldera ha funcionado de nuevo. Como esto ha tenido lugar tres veces en un periodo de tiempo inferior a los tres meses, creemos que se debe tratar de un defecto de fabricación y es por ello que le enviamos esta carta, a la vez que una copia le será enviada a su distribuidor.

Señor,   **378**

Desde que apareció en el mercado su nuevo modelo de bombilla en forma de llama ......, hemos tenido tantas quejas de clientes acerca de ella que hemos decidido hacérselas llegar a usted y detener las ventas de esta bombilla hasta que el fallo se haya corregido.

Señorita,   **379**

He creído oportuno escribirle a usted personalmente acerca de la manera fortuita e insatisfactoria con que completó nuestro último pedido n.° ......

380 Señores,

Como cliente regular del Hotel ....., estoy decepcionado y siento tener que decirles que durante mi última estancia, ya finalizada, encontré que el servicio había empeorado seriamente y que había una indiferencia por parte del personal que nunca había sido característica de su empresa.

Desarrollo

381 Sencillamente, lo único que ocurre es que la caldera se apaga sin ninguna razón aparente. Nuestros empleados de mantenimiento, al principio la volvían a encender, pero cuando esto ya no funcionó nos pusimos en contacto con su distribuidor, como ya le he mencionado.

La segunda y tercera vez que esto ocurrió, ... dijo que si volvía a pasar tenían que hacer llegar el problema al fabricante.

382 Las quejas de los clientes son que la bombilla sólo les dura dos semanas, o un mes o dos.

Les cambiamos la bombilla, pero regresan de nuevo unas semanas después con la misma queja.

383 Aquí tiene una lista detallada de cómo fue recibido el envío:

Caja n.º 1 ...... Falta una docena de vinagreras.

Caja n.º 2 ...... Toda ella con tazones Regency, cuando debían ser Clarence.

Caja n.º 3 ...... Contiene dos docenas de cuchillos para el postre, cuando nosotros no los solicitamos, y sólo cuatro docenas de cuchillos y tenedores Clarence para la carne, en lugar de las seis que nosotros pedimos.

Caja n.º 4 ...... Faltan dos platos de verdura.

Caja n.º 5 ...... Falta un juego de trinchar.

Caja n.º 6 ...... Esta es la única que contiene todo lo que debe según nuestro pedido.

Cuando llegué la noche del domingo 23 de marzo tuve que esperar **384** media hora antes de que alguien me prestara atención en el comedor. Me di cuenta de que los camareros estaban ocupados, pero este tipo de servicio, o la falta de él mejor dicho, no va en consonancia con un hotel de primera clase. Cuando finalmente alguien me prestó atención, el camarero parecía no poder reprimir su descontento por no pedirle ninguna bebida alcohólica para acompañar mi comida. Me estoy recuperando de una larga enfermedad y, de momento, no debo permitirme alcohol de ningún tipo.

Sin embargo, no creo que tenga que explicar esto a ningún camarero para evitar su mal humor.

Aunque pedí el té por la mañana en dos ocasiones, las dos veces **385** tuve que irme sin él.

Aunque llegué a las 13:30, que creo que es una hora razonable **386** para comer, el recepcionista me dijo que me apresurara ya que el servicio terminaba a las 14:00.

Tuve la impresión de que era yo quien debía facilitar las cosas al personal del hotel y no al revés.

Conclusión

Hemos llegado a ese punto de no querer esperar hasta «la próxima **387** vez». Preferimos que nos envíe un ingeniero que revise la caldera y haga los ajustes necesarios y que funcione correctamente no sólo durante dos semanas, sino permanentemente.

Esperamos que su ingeniero venga sin retraso.

No podemos ayudarle, pero creemos que hay algún fallo en las **388** bombillas y le agradeceríamos enormemente que lo revisara. De momento le devolvemos el *stock* de dos docenas de bombillas y nos complacería recibir el dinero correspondiente.

Obviamente espero recibir los productos que me faltan y ya he **389** dado instrucciones para que sean devueltos los que no me corresponden. Sin embargo, escribo con la esperanza de que se esforzará para mejorar la situación en su departamento de pedidos.

Esta no es la primera vez que los pedidos han sido enviados incorrectamente y estoy seguro de que se dará cuenta de lo molesto que resulta, además de la pérdida de tiempo que supone.

Espero que no se moleste por haberle hablado con tanta claridad. Valoro mucho nuestra larga relación comercial y sé que, principalmente, lo que desea es ofrecernos un buen servicio.

390   He estado hospedándome en el Hotel ...... durante tantos años que no hay nada que desee más que continuar haciendo lo mismo, y apreciaría enormemente que me aseguraran que mi última experiencia no fue el resultado de una política nueva, sino, simplemente, un conjunto de acontecimientos desafortunados.

CAPÍTULO 8

Relaciones con el personal

Las cartas que escribimos a un aspirante a un puesto de trabajo y a los empleados nuevos de la empresa son muy importantes. En primer lugar, estas cartas son, a menudo, el primer contacto que un aspirante a un empleo tiene con la empresa y, por eso, deberá causar buena impresión. Si es buena, mala o indiferente dependerá de la apariencia y del contenido de la carta y, especialmente, de su tono y actitud. Es importante que le dé buena impresión de la empresa, incluso si el solicitante no entra a formar parte de ella. Si nos hemos dirigido a él con una carta escueta y fría o, si al hablar con él, nos mostramos fríos y distantes, él podría sentirse resentido y decidir no utilizar nuestros productos o servicios e, incluso, en un futuro, podría advertir a sus amigos y familiares en contra nuestro.

Los aspirantes que finalmente sean contratados necesitarán un tiempo de adaptación.

Será necesario conseguir que el nuevo empleado se sienta bienvenido, y ayudarlo a que se integre tan rápidamente como sea posible. Las cartas cálidas y amistosas pueden ser muy importantes en este sentido. Casi todo puede ser dicho de una manera cálida y amistosa y no existe, en absoluto, ninguna razón por la que una carta que hable de condiciones de empleo, normas de funcionamiento, etc., no deba estar escrita en ese tono.

Las cartas que establecen las condiciones del empleo, la descripción del trabajo, etc., también deben ser muy claras y completas para evitar malentendidos y posibles disputas. Las cartas de denegación de alguna solicitud de empleo deben ser corteses y diplomáticas, así como también deben serlo otras cartas que lleven noticias no gratas.

Las cartas adjuntas a los formularios de solicitud de empleo, las que piden a los candidatos que acudan a una entrevista, las que les anuncian que han tenido éxito o no a la hora de ser incluidos en la lista o las que aseguran un puesto, pueden ser seleccionadas entre los siguientes ejemplos y ser almacenadas en la memoria del procesador de textos. Después, se les puede añadir el nombre para dar a cada una de las cartas esa impresión indispensable de haber sido escrita individualmente. Los títulos y otros detalles pueden ser también incluidos utilizando los recursos del procesador.

Introducción

391   Señor,

Siento tener que informarle que su solicitud de empleo como auxiliar administrativo para nuestra empresa no ha sido seleccionada.

392   Señorita,

Me gustaría tener mejores noticias para usted, pero, desgraciadamente, le escribo para hacerle saber que su solicitud de empleo como auxiliar administrativa para nuestra empresa no ha sido seleccionada.

393   Señor,

Gracias por su carta del pasado 23 de marzo en respuesta a nuestro anuncio de oferta de empleo como ....

394   Señorita,

Secretaria de dirección bilingüe

De acuerdo con su petición, nos complace adjuntarle un formulario de solicitud para el puesto anunciado.

Señorita,   **395**

Secretaria de dirección bilingüe

Gracias por su carta fechada el pasado 22 de febrero y con el formulario relativo al puesto anunciado ya contestado.

Señor,   **396**

Hemos leído con gran interés su anuncio en la sección de demandas de *La Vanguardia*.

Señora o señor,   **397**

Su anuncio en la columna de «Colaboradores» de ...... nos ha llamado la atención.

Señorita,   **398**

Después de nuestra conversación del pasado miércoles, he tenido la oportunidad de hablar de este tema con nuestro director de marketing, el señor Ramón Gonzalvo, y me ha pedido que le conceda una entrevista con él.

Señor,   **399**

Gracias por su interesante carta del pasado 21 de mayo relacionada con el puesto vacante en nuestra empresa.

Señor,   **400**

En referencia a nuestras conversaciones relacionadas con la vacante de director de ventas, debo preguntarle si puede venir y entrevistarse con nuestro director administrativo, el señor Antonio García.

Señorita,   **401**

Me dirijo a usted en referencia a su reciente solicitud de empleo como secretaria en nuestra empresa, y siento mucho comunicarle que su nombre no ha sido seleccionado.

	Versión inglesa del parágrafo precedente
401	Dear Miss Smith,
	With reference to your recent application for the secretarial position with our company, I am very sorry to have to inform you that your name did not get through to the short list.

402 Señor,

Director de zona

Me dirijo a usted en referencia a nuestras conversaciones relacionadas con el puesto anteriormente mencionado, y siento mucho tener que comunicarle que otro candidato ha sido seleccionado.

403 Señorita,

Le gustará saber que su solicitud de empleo ha sido seleccionada y que le ofrecemos el puesto de secretaria que usted nos solicitó.

404 Señor,

Representante técnico de ventas

Le gustará saber que usted ha sido el candidato seleccionado para ocupar el puesto mencionado previamente y que estamos satisfechos de contar con usted entre nuestros candidatos.

405 Señor,

Como resultado de la entrevista que mantuvimos el pasado miércoles, me place confirmarle que usted ocupará un nuevo puesto en nuestra empresa el próximo 3 de marzo. Le espero pues en mi despacho antes de esa fecha.

406 Señor,

Ahora que ya están cumplidas todas las formalidades, me place darle la bienvenida a Spoonex y decirle cuánto nos alegra que se haya unido a nosotros.

Estimados colaboradores,

407

Deseo que en tanto que miembros de esta sociedad, sean ustedes los primeros en conocer los resultados del balance de cuentas que acabamos de realizar.

Apreciados colaboradores,

408

Ya que se acerca la Navidad y termina el año, me complace agradecerles su espléndida dedicación durante estos últimos doce meses.

A todo el personal de la empresa:

409

En esta época del año es una costumbre de todos nosotros preguntarnos cuánto aumentará nuestra prima anual, incluso sabiendo que si el beneficio es nulo la prima será inexistente.

Apreciados colaboradores,

410

Este es el tipo de cartas que más me gusta escribirles, aunque preferiría dirigirla a cada uno de ustedes en particular.

Estimada señorita,

411

Le complacerá saber que su aumento de sueldo ha sido aprobado y se le aplicará a partir del día 1 del próximo mes.

Apreciado señor,

412

Después de nuestras recientes conversaciones, le complacerá saber que he discutido el tema de su promoción con el señor ...... y hemos llegado al acuerdo de que usted debe ocupar el puesto de Director de la zona norte a partir del 1 de marzo o, si no, tan pronto como su sucesor esté dispuesto para ocupar el lugar que ahora usted ocupa.

Estimada señora,

413

Nos volvemos a encontrar en esta época del año en que dejamos, por un tiempo, nuestros puestos de trabajo para celebrar la Navidad con nuestras familias. El único objetivo de esta carta es desearle a usted y a su familia unas felices fiestas.

414   Estimado Antonio,

Unas pocas palabras para desearte a ti y a tu familia los mejores deseos para estas Navidades.

415   Estimado señor,

Como usted sabe, estamos preparando la jornada de puertas abiertas para clientes y vecinos, que tendrá lugar el próximo 23 de marzo, para que puedan ver nuestro nuevo local. No obstante, creyendo oportuno que los empleados sean los primeros en conocer las buenas noticias pero también en disfrutar de las celebraciones, he decidido organizar una fiesta de inauguración del nuevo local la semana previa, el 18 de marzo, a partir de las 17:30, o tan pronto como podamos «cerrar».

416   Estimada señorita,

Es un placer, una vez más, invitarle a la cena de gala de nuestra empresa.

417   Apreciada señorita,

Como todos saben, el señor Juan Benito se jubila al final del año. Hemos decidido organizarle una fiesta sorpresa que tendrá lugar el próximo viernes 15 de diciembre a las 6 de la tarde, en el comedor de la empresa. Es mi obligación preocuparme de que el señor Benito no sepa ni sospeche nada y espero que usted pueda colaborar conmigo.

418   Señorita,

Es un placer darle la bienvenida al equipo directivo de Zeeland.

419   Señorita,

Me complace darle la bienvenida a Smithsons & Company.

420   Apreciado Carlos,

Es un placer enviarle mis más sinceras felicitaciones por su futura boda.

Estimado Señor,　　　　　　　　　　　　　　　　　　**421**

Acabo de enterarme de su reciente compromiso y me adelanto en enviarle mis más sinceras felicitaciones y los mejores deseos para una larga y feliz vida matrimonial.

Estimado Jorge,　　　　　　　　　　　　　　　　　　**422**

¡Me acaban de decir que ha sido un precioso niño de 3 kilos! Mis más sinceras felicitaciones para ti y para Cristina por vuestro primer bebé.

Apreciado Juan,　　　　　　　　　　　　　　　　　　**423**

Acabo de enterarme por la señorita Morán que has superado con mucho éxito tu examen final de experto-contable.

Querido Guillermo,　　　　　　　　　　　　　　　　　**424**

Te complacerá saber que has sido elegido el primer vendedor de nuestra competición anual.

Apreciada señorita,　　　　　　　　　　　　　　　　　**425**

Como usted ya ha alcanzado el decimoquinto año de servicio en nuestra empresa nos sentimos dichosos de darle la bienvenida a nuestro Golden Club.

Señor,　　　　　　　　　　　　　　　　　　　　　　**426**

Revisión médica anual

Esta pequeña nota es para recordarle que puede pasar a realizar su revisión médica anual en el centro BUPA.

Desarrollo

Quizá le ayude a sentirse menos decepcionado si le digo que el número de solicitudes recibidas ha sido inusualmente grande, por lo tanto, nuestra selección ha sido especialmente restringida. Inevitablemente, muchos candidatos no han podido ser seleccionados.　**427**

428   Por favor, no permita que estos resultados le decepcionen y le desanimen a intentarlo de nuevo más adelante.

429   Nos sentimos extremadamente afortunados tanto por la calidad como por la cantidad de solicitantes y el resultado ha sido que, inevitablemente, algunos candidatos excelentes han tenido que ser descartados.

430   Le agradecería enormemente que viniera a verme para hablar del tema, el próximo lunes 30 de abril a las 14:30.

431   Por favor, rellene el formulario adjunto y tráigalo con usted cuando venga.

432   Si el día y la hora mencionados no son adecuados para usted, por favor, telefonee a mi secretaria, la señorita Rojas, y estoy seguro de que podrán convenir otro momento.

433   Por favor, rellene el formulario y devuélvanoslo tan pronto como sea posible. Esperamos confeccionar una pequeña lista para finales de este mes.

434   Confeccionaremos una pequeña lista a su debido tiempo y, por supuesto, se le notificará si su nombre ha sido incluido.

435   Si no le importa telefonear a mi secretaria, la señorita María Valle, ella le concertará una cita para que podamos hablar de alguna posible vacante para usted en nuestra empresa.

436   Normalmente disponemos de pequeños trabajos que creemos que usted podría realizar y le agradecería que telefoneara a la señorita Cuevas, mi secretaria, para que le concertara una cita para la próxima semana.

437   El próximo miércoles a las 15:00 sería una buena hora, pero si no le es posible venir, por favor, llámeme y estoy seguro de que podremos buscar otra alternativa.

Si viene cualquier tarde de la próxima semana y pregunta por mí, podremos hablar de una nueva posibilidad. **438**

Nos gustaría que empezara en febrero y espero que usted pueda hacerlo. Por favor, háganos saber cuándo podemos disponer de usted; mientras tanto, nos gustaría felicitarle por su éxito. **439**

Comprendemos perfectamente que usted debe informar de su dimisión a sus superiores, pero creemos que le será posible empezar a trabajar para nosotros el próximo 1 de marzo. **440**

Verá que Spoonex es un lugar muy agradable para trabajar. Dejamos a nuestros trabajadores explotar libremente sus competencias y sabemos apreciar y recompensar sus esfuerzos. **441**

Le complacerá saber que este ha sido un año récord. Las ventas han alcanzado un nivel de ...... pesetas por primera vez en la historia de nuestra empresa y los beneficios alcanzan la cantidad de ...... pesetas. **442**

Entiendo perfectamente que estos resultados no habrían sido posibles sin el esfuerzo y la colaboración entusiasta de cada uno de ustedes y quiero mostrar mi agradecimiento de una manera tangible, bajo la forma de una apreciable prima. **443**
La cantidad que obtendrán de estos beneficios está especificada al final de esta página y espero que estén satisfechos con ella.

Como ocurrió el pasado año, las ventas han continuado mejorando al igual que los beneficios. De hecho, las ventas han sido de un 15 % más que el año pasado y los beneficios han subido, también en proporción. **444**
Teniendo en cuenta que esperábamos que este año fuera especialmente malo, estos resultados son muy gratificantes y quiero que sepan cuánto les agradezco el duro trabajo que han hecho para que esto sea posible.

445   Ha sido un año difícil, en muchos sentidos, pero, a pesar de ello, los resultados han sido excelentes. Gracias a todos por su trabajo duro y entusiasta.

Aprovechando que se acercan las vacaciones de Navidad, les deseo lo mejor para usted y los suyos. Y espero que el Año Nuevo sea feliz y próspero.

446   Desgraciadamente, el pasado año fue un año desolador para nuestra empresa y, en lugar de beneficios, hemos tenido pérdidas.

Estoy seguro de que entenderán que esto significa que no hay ningún fondo que repartir, por lo tanto, este año, no habrá bonificaciones.

Obviamente, este estado de cuentas es igual de decepcionante para todos nosotros, pero no permitiremos que esto tenga un efecto desmoralizador. El negocio vuelve a estar en marcha y si todos nos esforzamos y trabajamos duro, estoy convencido de que el presente año terminará con unos resultados bastante diferentes.

447   ¿Podría acercarse el próximo miércoles a las 16:00 horas?

448   Quiero que sea el primero en saber que las ganancias han sido excelentes en este año fiscal que termina: las ventas y los beneficios han subido, y el futuro de nuestra empresa parece muy prometedor.

Por lo tanto ha sido posible aumentar las bonificaciones de acuerdo con ello y, además, a su próximo sobre de paga le acompañará una pequeña sorpresa.

449   Usted ha trabajado muy duro durante el pasado año y tengo el placer de informarle que sus esfuerzos serán recompensados como se merecen.

450   Ha sido un año excelente para nuestra empresa y usted tiene todo el derecho de tomarse unas pequeñas vacaciones con la satisfacción de haber realizado un buen trabajo.

Versión inglesa del parágrafo precedente

It has been an excellent year for our company and you have **450** every right to go off for the holiday break sure in the knowledge that you have done a good job and well deserve to enjoy the festivities to the hilt.

Esa velada estará marcada por un espectáculo de cabaret excep- **451** cional, sobre el cual, naturalmente, tenemos que guardar secreto.

Por tal ocasión, nosotros le daremos un regalo de despedida, que **452** pueden todos pasar a ver por mi despacho hasta el 15 de diciembre.

Un hombre de su personalidad y energía lo hará bien en nuestra **453** empresa y verá que no tardamos en reconocer el talento y el esfuerzo, ni en recompensarlo adecuadamente.

Desde que ha podido conocer nuestro pequeño equipo y nosotros **454** hemos tenido la oportunidad de conocerle a usted, confío en que po- demos trabajar juntos en armonía. Por descontado que puede contar con nuestra colaboración incondicional y sé que nosotros podemos contar con la suya.

Una persona con su encanto, carácter amistoso y buen gusto para **455** la moda llegará lejos en Smithsons y, por supuesto, comprobará que no le faltarán oportunidades de ascenso.

Creo que comprobará que este es un lugar de trabajo muy compla- **456** ciente, con colegas amistosos y colaboradores.

Nuestro sector de trabajo está en expansión y dentro de él, nuestra empresa mantiene una posición líder. Por lo tanto, esto significa que nuestro personal tiene muchas probabilidades de ascender y adquirir más responsabilidades.

Confío en que usted es una de esas personas que saben recono- cer este tipo de oportunidades tal y como se presentan, y es un placer tenerlo con nosotros.

457   Verá que pedimos a todos nuestros trabajadores dedicación y trabajo duro, pero somos generosos en el momento de recompensar estas cualidades.

458   ¡Mis más sinceras felicitaciones! Quiero que sepa que nos sentimos especialmente orgullosos de tener gente como usted entre nuestro personal y estamos particularmente impacientes de que pueda desarrollar su talento en nuestra empresa así como de asumir nuevas responsabilidades. Le aseguro que no le faltarán oportunidades.

459   Sé lo duro que ha estado trabajando para conseguir esta meta y le felicito sinceramente por su éxito.

460   Usted recibirá una prueba más tangible de nuestro reconocimiento antes de nuestra reunión el próximo mes. Mientras, desearía darle las gracias por sus esfuerzos y decirle lo muy satisfecho que me siento de contar con usted entre nuestros vendedores.

461   La notificación se hará oficial en nuestra próxima reunión comercial y una sorpresa le está reservada; mientras tanto déjeme que sea yo el primero en felicitarle por su ascenso.
   El nuestro es un excelente equipo comercial y ser el mejor dentro de él no es tarea fácil. ¡Bien hecho!

462   Por lo tanto, queda oficialmente invitada para asistir a la próxima reunión, que tendrá lugar el miércoles 15 de marzo a las 18:30. Será bienvenida al Club y, a partir de entonces, formará parte de la elite que ha estado sirviendo a nuestra empresa durante 15 años.

463   Como usted sabe, la señorita Julia Moreno, que ha estado con nosotros alrededor de 25 años, es la presidenta del Club y pronto tendrá noticias suyas.
   El único objetivo de esta es darle mis más sinceras felicitaciones y comunicarle mi placer de que usted sea uno de esos fieles trabajadores que son el orgullo de nuestra empresa.

464   Si hay algunos puntos que no los ve claros, por favor, hágamelo saber y podremos aclararlos juntos.

Cuando haya leído el folleto cuidadosamente, se dará cuenta de **465** las ventajas que ello le reporta.

Hemos concertado una cita para usted a las 15:30 el próximo miér- **466** coles 23 de marzo.

Por favor, no se sienta desilusionado con este resultado, ya que si **467** normalmente hay cuatro o cinco candidatos que superan una primera selección, sólo dos son requeridos para la entrevista, para que, al final, sólo uno de ellos sea el elegido. Por lo tanto, inevitablemente, debe haber tres o cuatro candidatos descartados por cada uno elegido. Sin embargo, esto no quiere decir que usted sea una persona menos cualificada que el candidato elegido, ya que se tienen en cuenta muchos factores en el momento de tomar la decisión.

Verá que su nueva posición alcanza una tremenda envergadura y **468** que le ofrece nuevas oportunidades de ascenso.

Conclusión

Gracias por haber aceptado venir a las entrevistas y le deseamos **469** suerte en sus intentos de conseguir un puesto consecuente a sus aspiraciones.

Gracias por venir a vernos y, por favor, no deje de intentarlo de **470** nuevo más adelante, si usted lo desea.

Agradecemos enormemente que haya asistido a las entrevistas y **471** deseamos que tenga suerte en encontrar un puesto como directivo.

Esperamos tener noticias suyas. **472**

No debe olvidar que esto no significa en ningún caso que usted **473** no tiene las cualidades ni las competencias que este puesto requiere. Solamente había una vacante y un número impresionante de aspirantes.
Gracias, a pesar de todo, por haber aceptado entrevistarse con nosotros.

474   Por favor, confírmenos este punto.

475   Esperamos que pueda empezar el 1 de febrero y requerimos su rápida confirmación.

476   Silvia Marqués preparará una lista de todos aquellos que tienen intención de asistir, así que, por favor, hágaselo saber tan pronto como sea posible.

477   Si se encuentra alguna vez con algún problema que quisiera discutir en privado, me encontrará siempre disponible y dispuesto a ofrecerle mi ayuda.
Espero que se una a nosotros.

478   Espero tener pronto noticias suyas.

479   Si trabajamos todos juntos este año tan duro como lo hicimos el pasado, los resultados serán incluso mejores, para beneficio de todos.

480   Feliz Navidad y un próspero Año Nuevo.

481   ¡Mantenga este ritmo de trabajo!

482   Le deseo que tenga mucho éxito en su nuevo puesto de trabajo y le felicito por haber ascendido tan deprisa.

483   Señale el día en su agenda y esté preparado para pasarlo bien.

484   Por favor, hágale saber a María Morán si vendrá o no.

485   Deseo que usted y su esposa disfruten muchos años de un matrimonio feliz.

486   Permítame que sea el primero en felicitarle por su puesto en este círculo de elite. Como ya sabe, valoramos mucho nuestros empleados veteranos en Longley's.

Versión inglesa del parágrafo precedente

Let me be the first to congratulate you on achieving this élite status. As you know, we value our long-service employees very highly indeed at Longley's.

486

Por favor, confirme que la cita se llevará a cabo.

487

Mientras tanto, sea bien recibido entre nosotros.

488

CAPÍTULO 9

Peticiones de información

El primer requisito para elaborar una carta de petición es que esta debe ser clara. Si no es así, entonces no producirá el efecto deseado.

Hay empresas que, para su publicidad, suelen enviar folletos, muestras, etc. Si uno de esos artículos le interesa y quiere que se lo envíen, expréselo claramente ya que el destinatario no adivina aquello que no está escrito.

Si queremos algún folleto, o que nos aclaren uno o dos puntos, es preferible listar cada uno por separado y numerarlos consecutivamente. Así ayudamos al destinatario a ver rápidamente lo que queremos o verificar que nos suministró los documentos necesarios o comprobar cada punto para poder responder.

Cuando se pregunta por precios o presupuestos, es muy importante ser específico y conciso dando al fabricante las referencias y descripciones correctas.

Cuando pedimos que se nos abra una cuenta, ahorraremos tiempo si decimos que disponemos de otras cuentas abiertas y cuáles son nuestras entidades bancarias.

Si quiere solicitar una cita de negocios, no espere al último momento para hacerlo, especialmente si se trata de hombres importantes u ocupados. Arrégleselas para darles la máxima libertad posible para elegir el día y la hora.

Introducción

Señores,   **489**

Apreciaría muchísimo que abrieran una cuenta a mi nombre en su almacén.

Señores,   **490**

Estamos preparando, para dentro de unos meses, una presentación con alrededor de 200 invitados, y nos gustaría contar con la siguiente información.

1. Tipo de salas de las que disponen.
2. Su precio.
3. Precio aproximado de un aperitivo para 200 invitados.

Estimado señor,   **491**

Nuestra empresa está considerando seriamente la posibilidad de abrir una sucursal en el norte de España y hay varios aspectos de esta operación que me gustaría discutir con usted.

Apreciada señorita,   **492**

Estaré en Barcelona el próximo lunes y martes, y me pregunto si es posible ir a verla en esos días.

Señorita,   **493**

¿Desearía reducir sus gastos de facturación en un 20 %? Nuestra empresa ha desarrollado un método especial para ello que permite, a la vez, simplificar todo el proceso de trabajo.

Señor,   **494**

¿Le gustaría reducir sus pérdidas casi al cero? Estoy seguro de que sí, y me gustaría ir y explicarle cómo puede hacerlo.

495 Señores,

Estamos pensando en modernizar nuestras oficinas de dirección y por eso hemos decidido confiar la operación a una empresa especializada como la suya.

496 Señores,

Frecuentemente necesito con urgencia algún producto de su almacén, y creo que ganaría mucho tiempo si abriera una cuenta a mi nombre. ¿Sería ello posible?

497 Señor,

Desearía renovar mi cartera de obligaciones americanas y le agradecería enormemente que me ayudara en ello.

498 Señorita,

Queremos publicar una revista sobre temas del hogar y estamos considerando la posibiliad de confiar la redacción a un equipo de colaboración externa. Usted nos ha sido recomendada por el señor Jimeno, de Magazine & Co., y le agradecería que me informara sobre la manera en que usted trabaja, así como del precio aproximado de la operación.

499 Señores,

Agradecería enormemente que me enviaran los folletos siguientes referentes a ayuda de dirección:

1. Reducción de los riesgos en el desarrollo de producción.
2. Problemas a evitar en la dirección de pequeños negocios.
3. Querer no es suficiente.

500 Apreciado señor,

Estoy preparando un pequeño discurso para el próximo congreso del partido y me gustaría hacer referencia a su excelente conferencia del mes pasado.

Señores, **501**

Agradecería muchísimo recibir una copia del folleto *Una nueva imagen para la oficina* que ha sido anunciado en el periódico local.

Señores, **502**

Les importaría hacernos llegar su presupuesto para:
1.000 tubos de cartón de 4 cm de diámetro por 20 cm de largo.

Señores, **503**

Desearíamos que nos hicieran un presupuesto para el mantenimiento del jardín de la oficina.

Señores, **504**

Por favor, nos podrían enviar el presupuesto de la pala mecánica montada para el tractor CAT-245.

Señores, **505**

Por favor, nos podrían comunicar los precios más económicos que ustedes pueden ofrecernos en relación a la exportación de la siguiente maquinaria, en vistas a un contrato con Paquistán:

— 15 excavadoras modelo 555 de Bronson.
— 25 excavadoras modelo 468.

Señores, **506**

Podrían facilitarnos el presupuesto de los siguientes lotes de corcho:

— De 25 a 35 cajas de Flor.
— De 50 a 120 cajas de Al.
— De 75 a 150 cajas de A3 o A4.

Señores, **507**

Les adjunto un boceto, dibujado a escala, de un pequeño anexo que proyectamos construir y del que ya contamos con el debido permiso. A continuación encontrará el listado de materiales que necesitamos utilizar. ¿Podría, por favor, hacernos llegar un presupuesto para la ejecución de ese trabajo?

508 Estimada señorita,

Hace ya seis meses que organizamos nuestro primer *stage* de lenguas extranjeras y ya hemos podido comprobar la calidad de los conocimientos que usted aportó a nuestro servicio de exportación.

Estamos tan satisfechos, que hemos decidido extender esta formación a otros departamentos durante un periodo de algunos meses. ¿Podría comunicarme la fecha en la que podría reemprender los cursos, que comprenderían 5 o 6 participantes por grupo?

509 Señores,

Laboratorio de productos químicos

Tenemos que elaborar el presupuesto para una fábrica de productos químicos en Brasil, incluyendo el transporte y la construcción del edificio, y le agradeceríamos que nos hiciera llegar su presupuesto más económico, incluyendo nuestra comisión del 10 %.

510 Señores,

Le enviamos una muestra del acero forjado que necesitamos en cantidades de aproximadamente 10.000 piezas al mes. Por favor, ¿podrían hacernos llegar su presupuesto?

511 Señores,

Debemos, antes de la primavera, remodelar nuestro local en Vigo y desearíamos que nos hiciera llegar el presupuesto para un techo, que mide 10 x 7 metros. El plano adjunto le dará una mejor idea del área en cuestión.

512 Señores,

A principios de año nos trasladamos al nuevo local de Torrelavega y queremos comenzar con un mobiliario nuevo. Para poder disponer del suficiente tiempo para decidirnos, les agradeceríamos enormemente que nos enviaran rápidamente los catálogos de todas sus líneas de muebles de oficina.

Señores,   513

Me he estado informando interesadamente sobre sus teléfonos celulares y me gustaría muchísimo que me hicieran una demostración de este equipo.

Señores,   514

Por favor, podrían enviarme una copia de su folleto *Diez fallos caros a evitar antes de construir,* anunciado en el periódico XXX.

Señores,   515

Hemos quedado expectantes acerca de su sugerencia de que podemos reducir nuestros gastos de explotación instalando su sistema de bombeo. Es cierto que la consistencia de su producto no es muy distinta a la del pegamento o la cola, y les agradeceríamos mucho que llevaran a cabo un test con nuestro producto.

Señorita,   516

Estuve presente en su presentación del pasado miércoles y me quedé muy impresionado de las posibilidades que ofrece su servicio «El tenedor de plata». Me gustaría que viniera a hablar sobre este servicio más detalladamente con el director de personal y conmigo.

Versión inglesa del parágrafo precedente

Dear Ms Richards,   516

I attended your preview on Wednesday and was much impressed by the possibilities offered by your Silver Fork service. I wonder if you would care to come and discuss this service with my Personnel Manager and me in greater detail?

Señores,   517

Deseamos informatizar nuestro departamento administrativo y les agradeceríamos enormemente que nos enviaran alguna información preliminar sobre su serie de ordenadores 200, junto con los detalles de su plan de financiación.

518 Señores,

Le pido que me envíe la más amplia información de su estudio sobre el comportamiento y, si es posible, una pequeña lista de empresas que hayan recurrido a sus servicios.

519 Señores,

Hemos creído comprender que les es posible realizar estudios históricos en distintos ámbitos y nos preguntamos si podrían enviarnos un presupuesto para un trabajo sobre la evolución de los cosméticos a través de los años. Sabemos que se trata de un campo muy amplio y por ello les pedimos que nos informen del presupuesto de un estudio en detalle y de otro más breve, que podría comprender unas 50 páginas.

520 Señores,

Nuestra compañía está intentado buscar información para un cliente y creemos que su archivo de recortes de prensa podría sernos de gran utilidad.

521 Señores,

Por favor, ¿podría elaborarnos un presupuesto, según los precios de Madrid, para las siguientes mesas de mármol?:

— 100 mesas para café que midan, aproximadamente, 1 m x 80 cm.
— 100 mesas redondas para café, con un diámetro aproximado de 1 m.
— 50 mesas para comidas, aproximadamente de 1,5 x 1 m.

Desarrollo

522 Mi banco es Barclays Bank, la sucursal del centro, y tengo una cuenta abierta a nombre de...

523 No puedo ofrecerle ninguna referencia relacionada con otros grandes almacenes ya que no tengo costumbre de abrir múltiples cuentas pero puede pedir referencias en Caja Madrid, en su sucursal de La Castellana, o en el Banco Central, en su sucursal de Moncloa.

¿Sería posible ir a visitarle el próximo jueves? Llegaré a la ciudad a las 21:00 horas y mi primera llamada sería para usted. Sin embargo, si no le va bien, hágamelo saber y así podré reorganizar mi jornada e ir más tarde.

524

¿Sería tan amable de dedicarme un poco de su tiempo libre el próximo miércoles por la tarde o a la mañana siguiente? Llegaré a Madrid hacia el mediodía y espero irme el jueves tan pronto como sea posible.

525

Si me dijera qué hora le es más conveniente, organizaré mi jornada de acuerdo con ello.

526

¿Podría acercarme para explicarle más detalles sobre nuestro sistema y como este podría ayudarle?

527

Estaré por su zona el próximo miércoles por la tarde y podría acercarme a la hora que a usted le convenga más.

528

Suelo estar por su zona los jueves y espero que pueda dedicarme un poco de su tiempo el próximo jueves 25 de marzo. Estoy seguro de que comprobará que habrá sido un tiempo bien empleado.

529

Para ayudarnos a tomar una decisión, nos gustaría tener información de cómo operan, el coste de la operación, etc.
Si disponen de algún folleto, nos gustaría mucho poder estudiarlo, o si no, quizá podrían mandarnos a alguien para que nos informe.

530

Algunos de nuestros ejecutivos tienen ideas muy concretas de cómo quieren que estén decorados sus despachos y necesitamos un poco de diplomacia para conciliar sus gustos con el proyecto en su conjunto.

531

532   La sala tendrá que ser lo suficientemente grande como para acomodar a 200 invitados, más una docena de miembros de nuestro personal, así como cinco vitrinas y cinco *stands*. También necesitamos bastantes tomas de luz para poder conectar los monitores.

533   Quizá podría enseñarme dos o tres posibles menús con sus precios correspondientes.

534   Tal vez la mejor solución sería organizar un *buffet*, pero le dejo decidir lo que crea más conveniente de acuerdo con el número de asistentes.

535   Tenemos una revista para el hogar proyectada y necesitaríamos mil copias de cada edición. No hemos decidido todavía si será distribuida mensualmente o semanalmente, ni tampoco hemos pensado demasiado en el formato. De hecho, nuestros planes todavía están en la primera fase.

536   Nos gustaría realizar dos ediciones, una interna y otra externa, con material común para las dos, incluyendo algunas de las páginas actuales.

537   En el análisis final, los costes influirán en nuestra decisión, y nos gustaría que nos diera una idea aproximada.

538   Supongo que esos folletos son gratuitos pero, en el caso contrario, infórmeme para que pueda enviarle un cheque lo más pronto posible.

539   Tal vez tenga su discurso escrito; si es así, ¿podría prestármelo? Puede estar seguro de que lo cuidaré muchísimo.

540   Sería tan amable de enviármelo a mí personalmente para evitar que se extravíe.

541   Los tubos deberán estar sellados por un extremo y tener el otro libre.

El terreno cubre una superficie de 2.500 m² y está formado por dos **542** pequeñas parcelas delante del edificio, dos extensas en la parte trasera, adornadas con arbustos y dos rosaledas; está rodeado por una llanura.

Si quieren ver el terreno, acérquense cuando lo deseen y pregunten por mí. **543**

Por favor, háganos llegar también la fecha de entrega más rápida **544** para usted. Necesitamos este equipo urgentemente.

El precio debe incluir las tasas del puerto, incluyendo el embalaje **545** de exportación. Esperamos otros posibles presupuestos para este contrato; por eso, le pedimos que calcule su presupuesto de la manera más ajustada posible, incluyendo nuestra comisión del 3 %.

Los precios deben ser francos. **546**

Un precio franco de cualquier puerto español nos interesaría igualmente. **547**

Esperamos poder mudarnos al nuevo anexo la próxima primavera **548** y por eso esperamos su respuesta lo más pronto posible.

Si desea venir para inspeccionar el lugar, por favor, háganoslo **549** saber.

Creemos que el modelo «K» sería el más adecuado para esta fábrica, ya que nuestros clientes esperan una producción diaria de .... **550** kilos de gránulos al día.

En el presupuesto también debe incluirse el coste de un ingeniero **551** que irá a Bahía a supervisar la construcción, enseñar a los operarios y poner en funcionamiento la planta.

552   Por favor, separe claramente cada punto del presupuesto, así podremos saber la cantidad exacta de cada uno de ellos. Nuestro cliente podría decidir construir la planta y ponerla en funcionamiento él mismo, aunque intentaremos disuadirlo para que no lo haga.

553   Si resulta ser tan útil como parece, decidiremos equipar a todos nuestros ejecutivos con uno.

554   Estaré en la oficina la próxima semana, excepto el jueves, así pues, podría llamar a mi secretaria, la Srta. Valverde, para concertar una cita conmigo.

555   Por favor, hágame saber lo que necesita para poder llevar a cabo su prueba. Le podemos enviar una muestra de nuestro producto o si prefiere, puede visitar nuestra planta y estudiar el funcionamiento.

Versión inglesa del parágrafo precedente

555   Please let me know what you need in order to carry out such a test. Do we send you a sample of our product, or would you need to visit our plant and see how our present operation works?

---

556   Si me llama, quizá podamos arreglar una cita para la próxima semana.

557   También estaría interesado en conocer cómo llevan a cabo sus inspecciones, si es necesario que el personal se mantenga fuera de su puesto y, si es así, durante cuánto tiempo.

558   Me gustaría saber, también, cuál es el coste de estas inspecciones, teniendo en cuenta que nuestra compañía tiene alrededor de 500 empleados, repartidos en tres sucursales.

559   Nos gustaría tener los nombres de dos o tres empresas españolas o americanas que ya hayan disfrutado de sus servicios.

¿Serían tan amables de hacernos llegar también una guía de cómo utilizar el material para las relaciones públicas?

560

Creemos que las informaciones que podrían obtener serían útiles para otros ámbitos y no exclusivamente para aquel inicialmente previsto. ¿Sería posible, sin dañar con ello la confianza de sus clientes, que nos dijera ...?

561

El cliente en cuestión, el señor Juan A. Fernández, puso en funcionamiento una empresa llamada Sánchez & Sánchez, en Sevilla, entre 1980 y 1984. Nos gustaría conocer alguna noticia de periódico que hablara de esta empresa o del señor Fernández.

562

Estamos buscando alguna información referente al matrimonio entre el señor Juan Casado Robledo y la señora Antonia Martín Gama, o cualquier otra noticia relacionada con ellos. Las referencias que buscamos deben referirse a los años 60 y 70.

Debe ser una tarea difícil encontrar algo, pero les estaremos muy agradecidos por cualquier información que nos puedan facilitar. Parece ser que estos acontecimientos fueron noticia en los periódicos canadienses, sudafricanos y europeos.

563

Por favor, infórmenos de la fecha de entrega más adecuada para usted.

564

Desde luego, sabrá que esta búsqueda es de naturaleza muy confidencial y estamos seguros de que podemos confiar en usted para que así la mantenga.

565

Aprovecho para adjuntarle varios testimonios de distintas compañías que han adoptado nuestro sistema. Notará que una de las más entusiastas pertenece al mismo ámbito que el suyo.

566

Conclusión

567   Espero tener noticias suyas.

568   Espero que me lo pueda solucionar.

569   Si hay alguna otra información que necesite, por favor, hágamelo saber.

570   Espero poder verle pronto (o, al menos, tener noticias suyas).

571   Le llamaré tan pronto como llegue.

572   Telefonearé a su secretaria dentro de dos días para concertar una cita.

573   Esperamos su pronta respuesta.

574   Si necesita alguna información adicional antes de llevar a cabo nuestro presupuesto sobre la planta adecuada, por favor, háganoslo saber.

575   Este parece ser un pedido muy interesante para ambas empresas y esperamos tener pronto noticias suyas.

576   Si telefonea a mi secretaria, la Srta. Guadalupe, ella concertará una cita para los dos. Esperamos probar este equipo.

577   Espero, con gran interés, tener noticias suyas.

578   Por favor, ¿podría informarnos sobre cuándo podría iniciar este proyecto y cuáles son sus honorarios?
Esperamos tener noticias suyas.

CAPÍTULO 10

Pedidos

Este tipo de cartas es sin duda el más simple de toda la correspondencia comercial.

El único requisito que tienen que cumplir es que deben ser claras, explícitas y completas.

En otras palabras, deben contener detalles completos de la mercancía solicitada, como el número o el nombre del fabricante, la talla, el color, el voltaje, la potencia en caballos, o lo que sea.

Por otra parte, también deberán indicar el precio que deseamos pagar o que ya hayamos acordado previamente, la fecha e instrucciones de distribución.

En muchos casos, será suficiente confirmar un presupuesto, una estimación o una factura *proforma*.

En otros casos, será preciso rellenar una hoja de pedido, a menudo proporcionada por el mismo fabricante, que en algunas ocasiones irá acompañada y en otras no de una carta, dependiendo de si se trata de un pedido especial.

Los ejemplos siguientes corresponden a los pedidos formulados mediante una carta.

El número de modelos que se facilita en este capítulo es menor que el de otros capítulos, ya que efectuar pedidos no presenta demasiadas particularidades.

Introducción

579   Señores,

Camiones de cuatro ruedas Pearson para Paraguay

En referencia a la transacción especificada anteriormente, les complacerá saber que hemos podido completar este interesante pedido y, consecuentemente, aceptamos su factura proforma n.º 4.761 fechada el 26 de julio de 1997.

580   Apreciado señor,

Hemos estudiado detalladamente su presupuesto para la construcción del anexo en nuestra fábrica y hemos decidido pedirle que siga adelante con el proyecto.

581   Señores,

Gracias por su presupuesto de tubos de cartón fechado el 25 de septiembre. Lo encontramos bastante satisfactorio y le adjuntamos nuestro formulario oficial de pedido para los tubos mencionados.

Versión inglesa del parágrafo precedente

581   Dear Sirs,

Thank you for your quotation for the cardboard tubes dated September 25. We find this quite satisfactory and are enclosing our official order form for the tubes as quoted.

---

582   Apreciada señorita,

Le confirmo nuestra conversación telefónica de esta mañana cuando le dije que habíamos decidido continuar adelante con la decoración de la sala de madera, de acuerdo con sus recomendaciones y estimaciones.

583   Estimada señorita,

Hemos tenido la oportunidad de estudiar detalladamente su propuesta para perfeccionar nuestro trabajo administrativo y hemos decidido seguir con el programa que usted perfila.

Estimado señor,

584

Muchas gracias por su concepción clara y precisa del trabajo que usted podría hacer para nosotros y sus dos posibles alternativas. Nosotros hemos decidido llevar a cabo la versión corta, «Plan B», cuyo presupuesto es de 840.000 ptas.

Estimado señor,

585

Plan de descentralización

Hemos considerado ampliamente su propuesta de plan de descentralizar nuestra operación y al final hemos decidido seguirlo exactamente tal y como usted lo ha perfilado.

Apreciada señorita,

586

Gracias por su detallada carta del pasado 24 de marzo. Sus servicios concuerdan exactamente con lo que estábamos buscando; le pedimos que proceda lo más pronto posible a realizar esa encuesta sobre M. F. Sander, tal como se lo habíamos indicado en nuestra última carta.

Estimada señorita,

587

Como consecuencia de las conversaciones que hemos mantenido verbalmente y por carta, en relación a su entidad Silver Fork, hemos optado por un periodo de prueba de seis meses para los empleados de nuestra fábrica, según las condiciones mencionadas en su carta del 21 de marzo.

Estimado señor,

588

Ordenador serie 200

Como consecuencia del intercambio de cartas que hemos mantenido y de su visita del pasado mes, hemos decidido instalar el ordenador que se menciona en la referencia, según el plan de financiación propuesto.

Apreciado señor,

589

Proyecto n.° 25.689

Nuestros planes para decorar el salón de madera han sido autorizados y hemos decidido llevarlo a cabo e instalar el techo Akusticon, como indica su presupuesto n.° 56, fechado el 1 de julio.

590 Estimada señorita,

Le complacerá saber que hemos decidido amueblar nuestro nuevo local con su serie «K» y le adjuntamos la hoja de pedido n.º 147 que incluye todos los artículos escogidos.

591 Apreciado señor,

Después de haber considerado la posibilidad de equipar los coches de cada representante comercial con su teléfono celular para coches, hemos decidido, en un principio, instalar este equipo sólo en nuestra zona sur. Si en unos meses nos convencemos de que es una inversión útil, entonces, solicitaremos teléfonos para las dos zonas restantes.

Por lo tanto, podría, por favor, enviarnos nuestro pedido de:

12 teléfonos celulares XYZ para coches a razón de ...... pesetas cada uno, incluyendo los gastos de instalación.

592 Señores,

Por favor, podrían tomar nota del siguiente pedido:

1. 10 contraventanas acabadas, n.º 27 (blancas), de 60 cm de ancho por 75 cm de altura, a 1.500 ptas. c/u : 15.000 ptas.

2. 10 contraventanas acabadas, n.º 4 (azul Capri), de 38 cm de ancho por 50 cm de altura, a 900 ptas. c/u: 9.000 ptas.

3. 10 contraventanas realizadas en madera blanca, de 30 cm de ancho por 60 cm de altura a 500 ptas. c/u: 5.000 ptas.

Total: 29.000 ptas.

593 Señores,

Carretilla elevadora de horquilla

Le complacerá saber que hemos cumplido con éxito el contrato mencionado y nos satisface poder incluir nuestro pedido n.º Ex 5.758, de acuerdo con su factura proforma n.º 7.383, con fecha del 21 de enero de 1997.

594 Señores,

¿Podrían, por favor, proporcionarme tres ejemplares de *Las mejores cartas de empresa* de J. W. Steward, a 3.000 ptas. cada una, contra reembolso?

Desarrollo

Le adjuntamos nuestro pedido. Como ya habíamos establecido anteriormente, los camiones tienen que estar en Paraguay a finales de
marzo; por lo tanto, queda el tiempo justo para prepararlo.

La empresa de transportes Estrella Polar partirá de Cádiz hacia
Buenos Aires el 1 de febrero y confiamos en que usted los tendrá listos para embarcarlos.

595

No tenemos ningún inconveniente en que usted empiece lo más
pronto posible y esperamos que fije una fecha para iniciar los trabajos.
Como lo habíamos indicado, desearíamos integrar nuestro nuevo local
a principios de abril lo más tardar.

596

Nos gustaría tener los tubos el 20 de abril, y esperamos que hagan
lo posible para que se realice la entrega en esa fecha.

597

Por favor, hágame saber, tan pronto como sea posible, cuándo
piensa comenzar el proyecto. Es necesario, en efecto, que la sala del
consejo esté lista para la primera asamblea, que se celebrará después
de las vacaciones.

598

Creemos que sería preferible que el señor Gonzalo comenzara su
trabajo durante el verano, cuando las cosas están más relajadas, y esperamos que no tendrá ninguna dificultad en solucionarlo para que
pueda venir el lunes 31 de julio, o el lunes siguiente.

599

La semana del 21 de mayo sería perfecta para la primera sesión y
podríamos organizar las siguientes, dos semanas más tarde.

600

Por favor, hágame saber si puede trasladar el equipo el 1 de junio,
así podré avisar al personal.

601

Sé que puede comenzar el servicio en cualquier momento, por eso,
me gustaría que lo iniciara el 2 de mayo.

602

603   Deduzco que podría haber un retraso de 2 o 3 meses con el reparto de su equipo, pero le agradecería que lo redujera tanto como le sea posible.

Versión inglesa del parágrafo precedente

603   I gather there is a delivery delay of 2 to 3 months on the equipment, but would appreciate your doing what you can to reduce it as much as possible.

---

604   Ya que preferiríamos instalar el sistema durante las semanas más tranquilas del verano, esperaremos el equipo, como último recurso, a finales del mes de julio, pero le agradeceríamos que nos hiciera saber una fecha de reparto definitiva.

605   Estamos impacientes por tener todo el mobiliario en su lugar hacia el 31 de marzo, así podremos hacer los últimos retoques durante el fin de semana.

606   Sabemos que las contraventanas están disponibles y por tanto esperamos recibirlas muy pronto.

607   Por favor, háganos llegar la fecha más temprana del reparto de este material.

608   Necesitamos esta mercancía urgentemente y les pedimos que hagan un esfuerzo especial por hacérnosla llegar lo antes posible.

609   Esperamos saber cuándo podrán realizar el reparto.

610   El contrato establece que el pedido sea repartido el 15 de diciembre de 1999, lo que significa que los camiones tendrán que partir de su almacén a finales de noviembre. No podemos demostrarles, con suficiente intensidad, la importancia que tiene esta cláusula de reparto, ya que el gobierno indio tiene todos los derechos para rechazar el envío de las máquinas si no llegan en la fecha establecida.

Adjuntamos nuestro cheque por valor de 240.000 pesetas para cubrir todo el coste. 611

Por favor, envíenos la factura correspondiente. 612

Por favor, envíen el paquete contra reembolso. 613

Conclusión

Por favor, háganos saber cuándo estarán listos los camiones y les daremos las pautas para el transporte y más instrucciones. 614

Por favor, háganos llegar pronto noticias suyas. 615

Por favor, confirmen la fecha de reparto. 616

Por favor, háganos saber si están de acuerdo. 617

Quizá podría telefonearme y así fijaríamos las fechas definitivas para las sesiones. 618

Espero tener noticias suyas sobre el tema. 619

Esperamos que no surja ninguna dificultad y estamos a la espera de su confirmación. 620

Pronto recibirán las pautas e instrucciones para el transporte. 621

CAPÍTULO 11

Comunicación interna

Cuando hay notificaciones que comunicar, especialmente al propio personal, muchas empresas adoptan un tono autoritario y, a veces, incluso rozan el sarcasmo y la intimidación. En el mejor de los casos, tales notificaciones están redactadas de un modo incomprensible. El ejemplo típico a no seguir cuando se decide redactar este tipo de notas, es el mensaje que un fabricante cuyo nombre no queremos revelar, adhirió orgullosamente a los cubos de plástico incombustibles que comercializaba.

«ESTOS CUBOS NO HAN SIDO FABRICADOS
PARA ECHAR LAS COLILLAS DE CIGARRILLO»

Obviamente, cualquier persona con un poco de espíritu de rebeldía reaccionaría echando en su interior tantas colillas como le fuera posible. En realidad, el autor de esta nota no tenía ni idea de psicología humana. Pertenecía a una era felizmente pasada en la que se pensaba que la gente podía ser instruida, si no a latigazos, sí mediante sarcasmos.

Por lo tanto, la regla a seguir es que para que nuestras instrucciones sean seguidas, las reglas obedecidas, los consejos atendidos, consiste en evitar el estilo dictatorial, la tentación del sarcasmo; muy al contrario, debemos utilizar un estilo directo y cortés y, si es posible, explicando el porqué de cada decisión.

Desde luego, no todas las notificaciones tienen que ver con reglas y normas, y no siempre van dirigidas al personal. Algunas son enviadas en forma de carta a los clientes o mayoristas. Otras están colgadas en el panel de información y están relacionadas con el cambio de horarios de trabajo, nuevas prestaciones sociales, etc.

Cualquiera que sea el tema que tratan o a quienes vayan dirigidas, las notificaciones deben ser escritas de manera agradable e inteligible y no deben parecer «órdenes divinas».

Ya que muchas no se escriben a modo de carta, los siguientes ejemplos no están clasificados de la misma manera que el resto del libro, pero sí agrupados según el tema. Cada párrafo está numerado para poder ser adjuntado a cualquier otro párrafo. Cuando sea necesario podemos añadir nuestro propio encabezamiento: «A nuestros clientes», «A todo el personal», «Apreciados colegas», o lo que requiera la situación. De la misma manera, no hay nada que nos prohíba terminar algunas de ellas como si fueran una carta, si la situación lo precisa.

Horarios de trabajo, vacaciones y prestaciones sociales

Les complacerá saber que desde el pasado 23 de junio de 1999, **622**
los horarios de trabajo han sido modificados de la siguiente manera:

— Fábrica: De lunes a viernes de 8:30 a 17:00.
— Oficina: De lunes a viernes de 9:00 a 17:30.

Les complacerá saber que comenzamos el nuevo año con una se- **623**
mana algo más corta. Los nuevos horarios serán los siguientes:

— Fábrica: De lunes a jueves de 8:30 a 17:00; viernes de 8:00 a 14:00.
— Oficina: De lunes a viernes de 9:30 a 17:30.

El nuevo horario comenzará a ponerse en práctica a partir del jueves 2 de enero de 1999.

624   Todo empleado por horas que siga trabajando después de las 17:00 de lunes a jueves o después de las 16:00 del viernes, cobrará estas horas como extraordinarias. Sin embargo, nadie trabajará horas extraordinarias sin que el encargado se lo haya solicitado expresamente.

625   Como ustedes habrán comprobado, los horarios nuevos implican que la semana laboral ha sido reducida a ...... horas para el personal de oficina y a ...... para los empleados de la fábrica.

626   Cuando sea aplicado el nuevo horario, las horas extraordinarias quedarán reducidas a dos por día, de las 17:00 a las 19:00, y nadie será requerido para trabajar estas horas los viernes.

627   A partir de la misma fecha, las horas extraordinarias sólo serán necesarias para casos excepcionales.

628   Estamos seguros de que todos darán la bienvenida al tiempo libre extra, incluso aunque sólo sea de media hora.

629   <u>Vacaciones anuales</u>

Este año nuestra empresa permanecerá cerrada durante las semanas del 24 y el 31 de julio.

Por lo tanto, si tienen algún pedido urgente, les advertimos que nos lo hagan llegar tan pronto como sea posible para que podamos llevarlo a cabo antes de las vacaciones.

Versión inglesa del parágrafo precedente

629   <u>Annual close-down</u>

This year or works will close down for the two weeks beginning July 24 and 31.

If you have any urgent orders, therefore, we urge you to let us have them at the earliest possible moment to enable us to put them through before the holiday.

Vacaciones anuales

630

A continuación les ofrecemos una lista de las fechas de las vacaciones anuales de nuestros principales proveedores para que tomen las medidas necesarias en relación a futuros pedidos:

— Empresa «A» ...... las semanas que comienzan el 1 y el 8 de agosto.
— Empresa «B» ...... las semanas que comienzan el 8 y el 15 de agosto.
— Empresa «C» ...... la semana que comienza el 1 de agosto.
— Empresa «D» ...... las semanas que comienzan el 15 de julio y el 1 de agosto.

Nuestra producción permanecerá abierta todo el verano, como siempre, pero, ya que muchos de nuestros proveedores cerrarán, como mínimo, parte del mes de agosto, sería útil que nos pudieran dar a conocer de antemano si piensan realizar algún pedido grande a finales de verano.

Vacaciones de verano

631

Por favor, ¿podrían informarnos, tan pronto como sea posible, sobre cuándo les gustaría tomarse las vacaciones este año?
El periodo vacacional comprende desde ...... hasta ..... y sólo en ocasiones excepcionales sería posible después de ....

Vacaciones de verano

632

El esquema adjunto cubre todas las semanas del periodo de vacaciones, que va desde el 1 de mayo hasta el 31 de agosto. Por favor, ¿podría señalar las semanas en las que le gustaría realizar sus vacaciones y devolverme la cuadrícula tan pronto como sea posible?

Mientras sea compatible con las opciones de cada departamento, intentaremos concederles a todos sus fechas preferentes.

633

Derecho a vacaciones

634

Todos los empleados que hayan estado en plantilla un año completo o más tienen derecho, este año, a cinco semanas de vacaciones. Los demás tienen derecho a una semana.

635 Derecho a vacaciones

Les complacerá saber que, al empezar este año, todos los empleados que hayan estado dos o más años en plantilla tendrán derecho a otra semana de vacaciones. Cualquiera que se haya unido a nosotros entre ...... y ..... tendrá derecho a dos semanas, y cualquiera que lo haya hecho desde hace seis meses tendrá derecho a una semana.

636 A su debido tiempo recibirán un formulario del jefe de su departamento en el cual deberán indicar las fechas preferidas.

637 Le adjuntamos el nuevo folleto explicativo del régimen de jubilación de la empresa. Ha sido actualizado y reelaborado para que se entienda mejor y sea más comprensible.

Verá que contiene una información muy importante para usted y su familia.

638 Hemos pasado bastante tiempo ideando un plan de jubilación para darle la mejor protección posible que la empresa pueda abarcar y el folleto adjunto se lo explica en detalle.

639 Desde el 2 de enero la empresa está llevando a cabo una póliza de seguro de vida que cubra a todos los empleados que lleven en plantilla seis meses o más. Por favor, asegúrese de telefonear al despacho de la señorita ...... para completar el formulario adecuado.

Organización interna

640 Se ha desarrollado un programa para todo el personal empleado que realice su almuerzo en la cantina de nuestra empresa vecina .... Las comidas se servirán de las 12:00 a las 14:00 y todo aquel que quiera beneficiarse de estas facilidades podrá hacerlo sin necesidad de llevar a cabo ninguna formalidad.

641 Les complacerá saber que nuestra empresa ha estado proyectando un acuerdo con ......, que se encuentra justo al lado nuestro, para que todo el personal empleado pueda beneficiarse de su comedor.

Si quiere aprovechar esta ventaja, por favor, pase a recoger una tarjeta para las comidas en la oficina de personal.

Les complacerá saber que hemos decido abrir nuestra propia cantina en el último piso del edificio.

El café de la mañana y de la tarde serán servidos allí, así como el almuerzo.

Esperamos que todos disfruten de esta nueva ventaja.

642

Debido al crecimiento gradual del número de empleados y la multiplicación de las horas extras hemos decidido que, a partir del próximo lunes 2 de marzo, el almuerzo y las comidas calientes sean servidos en la cantina, en lugar de servir sólo cafés y comidas frías.

Por eso, no dudarán en pensar que la ampliación de la cantina ha sido una ventaja.

643

Hemos decidido instalar dos máquinas de bebidas en cada planta y eliminar los carritos del café. Esto significa que podrán acceder a la máquina siempre que quieran y tomarse una taza de café, té o chocolate, en vez de esperar que el carrito del café llegue hasta donde están ustedes.

644

Para evitar la congestión de siempre y la pérdida de tiempo en la cafetería, hemos decidido que por la mañana y por la tarde los descansos para el café se hagan en dos sesiones, durante las horas siguientes:

— Descanso de la mañana: de 10:00 a 10:10.
— Descanso de la tarde: de 16:00 a 16:10.

Si su apellido empieza por una letra que se encuentra en la primera mitad del alfabeto (A-L), por favor, haga el descanso en la primera sesión. Si pertenece al grupo de la segunda mitad (M-Z), entonces, por favor, hágalo en la segunda sesión.

Esperamos no parecer dogmáticos con esto ni que queramos impedir que dos personas que quieran tomarse un café juntos, puedan hacerlo. Simplemente les pedimos un poco de esfuerzo para ganar en flexibilidad; así pues, si ve aglomeración, espere a la sesión siguiente.

645

Bata de trabajo

A cualquier miembro del personal que le gustara llevar bata en la oficina para proteger su ropa de calle, se le suministrará una a cargo de la empresa. Por favor, diríjanse a la oficina de personal.

646

647 Guantes protectores

Todos sabemos que podemos utilizar los guantes de goma distribuidos por la empresa cuando hay que realizar alguna de las operaciones más sucias en el departamento de reprografía.

Si desea cambiar estos guantes protectores, simplemente, debe dejar su solicitud en la oficina de material.

648 Servicio de peluquería

Les complacerá saber que ...... nuestro vecino, nos ha ofrecido amablemente los servicios de peluquería de su empresa para todas las empleadas.

Si desean arreglarse el pelo, todo lo que tienen que hacer es ir al salón de peluquería de la primera planta y pedir hora. Los precios son muy accesibles.

649 Pago de salarios

Después de la encuesta realizada a todos los empleados de la empresa, hemos decidido realizar el pago de los salarios mediante cheques, que comenzarán a ser distribuidos el 1 de enero para los empleados temporales y el 31 para los fijos.

650 Pago de salarios

Por razones de seguridad y de acuerdo con todo el personal en nómina, hemos decidido efectuar todos los pagos de salarios mediante transferencia bancaria, empezando el 1 de junio.

Esto significa que sus salarios serán depositados en su cuenta bancaria por nuestro contable. Por supuesto, seguirán disponiendo de sus hojas de nómina con los detalles pertinentes de deducciones y demás.

Por favor, rellenen con su nombre y la dirección de su banco el formulario adjunto y háganselo llegar sin retraso a la oficina del señor....... El empleado que no disponga de cuenta bancaria debe ir a ver al señor ...... inmediatamente.

651 Departamento de material

Dentro de pocos días, a cada departamento le será suministrado el nuevo material de oficina, que ha sido diseñado especialmente con un estilo personal.

El material consistirá en:

1. Hojas de carta formato A4, para cartas estándar.
2. Hojas suplementarias, también en formato A4.
3. Hojas para cartas formato A5, para cartas cortas. Este tamaño es exactamente la mitad del formato A4.
4. Circulares formato A4.
5. Circulares formato A5.
6. Facturas formato A4.
7. Facturas formato A5.
8. Cartas de acuse de recibo.
9. Formularios de pedido formato A4
10. Formularios de pedido formato A5.
11. Sobres.

Por favor, ¿podrían devolver el material actual para poder cambiarlo por el nuevo?

El nuevo material se pondrá en uso en toda la empresa a partir del lunes 2 de julio.

Compras   652

Desde el 2 de junio, el señor Pedro Alsina será el responsable de compras de nuestra empresa. Consecuentemente deberá hacerle llegar a él todos sus pedidos en lugar de dirigirse directamente a nuestros proveedores, como se había hecho hasta ahora.

Compras   653

Como todos sabemos, nuestro departamento de compras ha estado operativo desde hace casi un año. Sin embargo, desgraciadamente, muchos de nosotros todavía seguimos realizando ocasionalmente pedidos directos a algún proveedor.

Sé lo difícil que resulta cambiar un hábito que hace tiempo que está en práctica, pero estoy seguro de que estarán de acuerdo en que una de las razones de tener un departamento de compras es que la empresa pueda obtener el género al mejor precio posible. El trabajo de los compradores es negociar con la mercancía que entra en la empresa. Si hacemos un pedido directo, quizás estemos pagando más de lo necesario y quitándonos tiempo para realizar nuestro propio trabajo.

Por lo tanto, cuento con que ustedes evitarán efectuar pedidos directos y permitirán que sean realizados por la oficina encargada de tal tarea.

654   Adjuntamos una copia revisada de ......, en la que se incluyen las partes nuevas. Como habrá comprobado, este diseño mejorado elimina otras partes; por lo tanto, les agradeceríamos que siguieran con el nuevo diseño y utilizaran los nuevos puntos al efectuar los pedidos.

655   Para mejorar el reparto del género, hemos decidido obtener directamente de nuestro proveedor italiano el ...... que usted nos solicita. Desde luego, el resto de componentes los seguirá recibiendo desde España.

Creemos que esas modificaciones harán que nuestro servicio resulte más rápido.

656   Le complacerá saber que a partir del 11 de enero de 1998, le haremos llegar sus pedidos mediante nuestra propia flota de camiones. Esto acelerará muchísimo el servicio de entrega, ya que los pedidos no tendrán que esperar a ser repartidos por un transportista.

Nos sentimos muy complacidos de poder ofrecerle esta mejora en el servicio.

657   Para ofrecerle un servicio más rápido, hemos decidido repartir todos los pedidos que provengan del norte de España desde nuestra sucursal en Bilbao.

Por lo tanto, agradeceríamos que dirigiera directamente sus futuros pedidos a nuestra oficina de Bilbao, en la calle San Fausto n.º 55.

Medidas de seguridad e higiene

Aunque en el mercado es posible encontrar muchos rótulos referidos a este ámbito, a menudo es necesario componer los propios carteles.

658   A favor de su propia seguridad, la empresa ha decidido suministrar a cada empleado una pequeña botella que contiene un líquido especial para limpiar las gafas. Deben guardar este material de limpieza en su bolsillo, para poder tenerlo a mano cuando las gafas estén sucias.

Estas medidas de seguridad son tomadas porque muchos empleados están trabajando sin gafas, bajo el pretexto de que las tienen sucias y «todavía no han podido ir a limpiárselas».

Tengan en cuenta que nuestros ojos son nuestra posesión más preciada. Nunca deben olvidarse de esto ya que pueden dañárselos.

UTILICE SUS GAFAS Y MANTÉNGALAS LIMPIAS.

Por favor, recuerden que la reglamentación antiincendios obliga a **659** que las cuatro puertas de esta planta se mantengan siempre despejadas y accesibles.

Si se produjera un incendio, no tendrían tiempo de sacar el montón de cajas de archivos viejos que han estado amontonando, desde hace algún tiempo, delante de una de las puertas.

Recuerden: ¡LOS INCENDIOS PUEDEN OCURRIR! Depende de ustedes hacer cuanto puedan para mantener su propia seguridad y la de sus colegas según el reglamento antes citado.

Se han encontrado una o dos personas fumando en la planta de **660** pinturas. Obviamente, son tan irresponsables que no les importa arriesgar la seguridad de sus colegas para llevar a cabo su irresistible deseo de fumar.

Fumar en la sección de pintura es muy peligroso y nunca se debe hacer.

Por favor, recuerden que, en beneficio de su propia seguridad, sólo **661** se permite fumar fuera de los laboratorios. Deben apagar sus cigarrillos antes de volver a entrar al laboratorio.

Sabemos que es agradable poder fumar mientras se llevan a cabo experimentos, pero también puede provocar resultados desastrosos, como todos ustedes saben muy bien.

<u>Vacunación contra la gripe</u> **662**

Este año la empresa vuelve a llevar a cabo su campaña de vacunación contra la gripe para todo empleado que lo desee.

Si quieren tomar esta medida preventiva, por favor, háganselo saber inmediatamente a la señorita Caballero.

<u>Epidemia de gripe</u> **663**

Todo empleado que desee beneficiarse de la vacuna preventiva contra la gripe debe anunciarlo inmediatamente en enfermería.

<u>Médico de la empresa</u> **664**

Por favor, recuerden que el doctor Millán estará atendiendo en la enfermería todos los miércoles por la tarde, entre las 2 y las 4. Si necesitan verle, simplemente acérquense. No es necesario concertar cita.

Este nuevo horario será efectivo a partir del 1 de junio.

665 Enfermería

A partir del 1 de julio, la enfermería será trasladada a un local más grande de la cuarta planta; la señorita Nieves les atenderá allí, en el horario habitual.

666 Curso de primeros auxilios

Para mantener un cierto número de empleados capacitados para desarrollar ayudas de primeros auxilios, hemos decidido ofrecer más oportunidades a cualquier miembro del personal que se ofrezca como voluntario para asistir a un curso de primeros auxilios.

El curso tiene lugar en la unidad de primeros auxilios del hospital María Auxiliadora de Jaén, y dura una semana.

Cualquiera que quiera ser voluntario para el curso debe notificárselo a la señora Ana Romero tan pronto como sea posible.

667 Primeros auxilios

Informamos a aquellos que aún no lo saben, que el puesto de la Cruz Roja del centro comercial está abierto a todos los dueños de los comercios y a sus empleados. Si alguna vez necesita su ayuda, sólo tiene que acercase allí. El puesto está abierto cada día de 9:30 a 12:00 y de 14:30 a 16:00.

Otras reglas y regulaciones

668 Un miembro del personal, entusiasta, decidió trabajar hasta tarde un día de la semana pasada, pero cuando se dispuso a salir de la oficina, justo antes de las 20:00, se encontró que se había quedado encerrado.

Lo último que querríamos hacer es impedir que alguien se quede para finalizar un trabajo urgente si lo desea, pero les pedimos que si tienen intención de hacerlo se lo comuniquen al señor .... Él es la última persona en salir y cierra todas las puertas a las 19:30, hora en la que todo el personal ya tiene que haber marchado.

669 En ocasiones, paso por su departamento durante la hora del almuerzo y veo que no hay nadie en sus despachos. Incluso una vez tuve que responder una llamada no atendida.

Obviamente esto no es bueno para la empresa y agradecería a todos los jefes de departamento que se aseguraran de que el personal administrativo y oficinista hicieran turnos para comer, para que quede siempre una persona en el departamento.

Horario de almuerzo

670

Nuestro director se ha quejado de que las oficinas están vacías durante la hora de la comida.

Como todos ya saben, el almuerzo debe realizarse entre las 13:00 y las 14:00 o entre las 14:00 y las 15:00. Por favor, escriban su nombre en la lista colgada según el horario preferido y devuélvanmela a mí. La lista definitiva se colocará en el panel de información y todo aquel que quiera cambiar el horario de su almuerzo, por la razón que sea, debe resolverlo con otro compañero que esté de acuerdo.

Por favor, ¿podrían asegurarse, antes de dejar la oficina por la noche, de que sus ventanas están correctamente cerradas? Es incluso más importante que lo hagan si se quedan hasta más tarde.

671

Por favor, recuerden que la oficina distribuidora de material permanece abierta los lunes y los miércoles. Sólo en casos de emergencia, pueden esperar excepciones.

672

Nombramientos, promociones y jubilaciones

Les complacerá saber que el señor Antonio Gutiérrez fue nombrado director general de la empresa el pasado 2 de enero de 1998. Estoy seguro de que le ofrecerán al señor Gutiérrez el mismo soporte leal y cooperación que le ofrecieron al señor Díaz.

673

Estoy seguro de que a todos les complacerá saber que, a partir del 2 de enero de 1999, el señor José A. Garrido ocupará el puesto de director general, mientras que el señor Eduardo Celdrán ocupará el puesto de director de marketing que ocupaba el señor Garrido.

674

Se producirán otros cambios y pueden estar seguros de que serán los primeros en conocerlos.

675   La promoción del señor David Jimeno como director de marketing va acompañada de un cierto número de otras promociones, como:
El señor Roberto Lanuza pasará a ser director comercial del área de Valencia.
El señor Sebastián Zuelgaray pasará a ser director de área de la zona sur.
La señorita Eva M. González pasará a ser supervisora de ventas del área de Valencia.

676   Les complacerá saber que el señor Arturo J. Asensio ha sido nombrado secretario de la empresa. Serán proclamados otros nombramientos como anticipo de la expansión planeada.

677   Esta nota es para hacerle saber que el próximo 1 de septiembre la señorita Elena Cabeza se unirá a nosotros como oficial de relaciones públicas. Ella misma les hablará sobre su nombramiento explicándoles cuáles son sus planes. Las relaciones públicas son una función relativamente poco conocida, pero, sin ninguna duda, extremadamente importante. La propia señorita Elena se lo hará conocer.

678   Les complacerá saber que, siguiendo mi nombramiento como director general de ventas, el puesto de director de exportación ha sido retomado por la señorita Roldán, mi primera asistente, como ustedes ya saben.
Por lo tanto no deben temer que sus pedidos no sean tratados con el mismo cuidado que antes. Además, si les puedo ser de alguna ayuda en mi nuevo puesto, estaré encantado de hacerlo.

679   Me gustaría que todos ustedes supieran que la señorita Elisa Cardona, que ha sido mi secretaria personal más eficiente y paciente durante los últimos 15 años, se va a jubilar el 30 de junio.
Sé que no seré el único en echarla de menos: su eficiencia y espíritu alegre y de colaboración ya es conocido por todos.

680   Mi inminente jubilación ha sido siempre mantenida en secreto. Ahora quiero decirles que me jubilaré oficialmente a finales de año, dejando las riendas de la empresa en manos del señor Juan Esteban.

Esta nota es para informarles que me voy a jubilar a finales de junio y que el nuevo director de este departamento será el señor Ricardo Castro.
681

Me gustaría que supieran cuánto he disfrutado de nuestra amistosa colaboración durante todos estos años.

Me gustaría que supieran que voy a jubilarme a finales de este año. Durante este intervalo les presentaré a mi sucesora, la señorita Julia Martín, de quien, estoy seguro, pronto conocerán sus cualidades.
682

Actividades sociales

Viaje en barco
683

Con motivo de nuestra excursión anual, los autocares saldrán de la empresa el próximo domingo 2 de agosto, a las 8:00.

Por favor, hagan todo lo posible por llegar puntuales ya que los autocares deben salir a las 8:00 si queremos llegar antes de que partan los barcos de vapor.

¡Nos veremos a bordo con nuestras cámaras y lociones bronceadoras!

Excursión anual
684

Como cada año, debemos, debido a los problemas de transporte, preparar con tiempo nuestra excursión anual.

Todo el personal que necesite transporte debe escribir su nombre en la columna de la izquierda y con letra clara. Y todos aquellos a los que les sobre alguna plaza en sus coches deben escribir sus nombres y las plazas disponibles en la columna de la derecha.

Así, podremos comparar las dos columnas y alquilar algún medio de transporte adicional según el número de plazas necesarias.

Excursión anual
685

Este año hemos decidido alquilar medios de transporte para que podamos ir todos juntos, ya que muchos de los propietarios de los coches prefieren no conducir en un día libre.

Todos aquellos que planeen venir a la excursión deben escribir sus nombres más abajo (en mayúsculas, por favor).

686   Salida anual

Pensamos, desde hace ya uno o dos años, que deberíamos cambiar nuestra excursión habitual a la playa por una cena con baile.

Obviamente, es casi imposible satisfacer a todos, pero ya que la costumbre de ir a la playa empieza a aburrir a muchos, este año hemos decidido dar una oportunidad a los amantes de las cenas con baile.

Así que haremos una cena con baile. Tendrá lugar en el restaurante que está al lado del río, el sábado 20 de agosto, y los autocares se encargarán de llevarnos allí y recogernos al final.

Todos aquellos que decidan venir, por favor, háganselo saber a la señorita Sara Gómez.

687   Fiesta de Navidad

Como ya es habitual, les pedimos que dejen el coche en casa y se unan al resto en los autocares que nos llevarán y vendrán a recoger de la fiesta de Navidad.

Este año tendrá lugar en el restaurante Caballo Blanco y los dos autocares efectuarán las siguientes paradas:

— Salida de la fábrica: 19:30 horas.
— Salida de la esquina de la calle San Anselmo: 19:40 horas.
— Salida del cruce de la Trinidad: 19:45 horas.
— Llegada al restaurante Caballo Blanco: 20:00 horas.

Habrá un autocar que saldrá de la fiesta a las 23:30 horas para todos aquellos que deseen volver pronto y a la 1:00 para los que deseen quedarse hasta el final.

Los autocares de vuelta también efectuarán paradas en la esquina de la calle San Anselmo y en el cruce de la Trinidad.

688   Cena y baile de Navidad

Como todos saben, esa noche tendrá lugar la cena y baile de Navidad, en el Salón de las Palmeras del hotel Waldorf, el próximo miércoles 21 de diciembre a las 19:45 horas.

Todo aquel que quiera ir antes a casa para cambiarse puede salir de la oficina a las 17:00 horas.

Navidad 1999   **689**

Tanto la fábrica como la oficina se cerrarán a las 13:00 horas el viernes 24 de diciembre y se volverán a abrir el martes 2 de enero por la mañana. Por favor, pásense por mi despacho, antes de irse el viernes, para recoger el aguinaldo.

Comida de Navidad   **690**

El próximo jueves, 23 de diciembre, se servirá en la cantina una comida de Navidad. Las personas que deseen participar deben escribir su nombre en la parte inferior de esta nota. Si hay algún grupo de personas que deseen sentarse juntas, por favor, indíquenlo claramente y se les proporcionará una mesa adecuada.

Informaciones generales

Centro de tratamiento de textos   **691**

El nuevo centro de tratamiento de textos será operativo a partir del próximo martes 23 de marzo. Su tarea es muy simple. Si desea dictar una carta todo lo que tiene que hacer es descolgar el teléfono y marcar el número 41. A continuación será conectado al sistema de grabación y podrá comenzar a dictar su correspondencia sin necesidad de detenerse.

La primera operadora disponible la escribirá y se la presentará para que la firme.

Algunos de los operadores pueden haber estado trabajando anteriormente en su departamento o directamente bajo sus órdenes, pero deberá recordar que ahora no están solamente a su disposición. No se les puede solicitar otras tareas que no sean exclusivamente la escritura de las cartas.

Sin duda, algunos ejecutivos sentirán que han perdido un poco de prestigio al no tener una secretaria, pero creo que se darán cuenta de que el nuevo sistema permitirá una mejor utilización y reparto de las competencias.

Como todos sabemos, si España tiene éxito al competir en el mer-   **692**
cado mundial es debido a que cada vez es más eficiente. Todo lo inútil debe ser eliminado, las operaciones deben ser perfeccionadas, debemos ser rápidos, flexibles y modernos.

Todo esto debe ser aplicable también a las empresas de exportación, como la nuestra, si no queremos perder el tren.

En consecuencia, el próximo lunes recibiremos la visita de algunos directivos de la empresa que nos aporta el capital W. S. Blanco. Visitarán todos los departamentos, hablarán brevemente con algunos de ustedes y, más tarde, uno o dos de ellos pasarán algún tiempo en cada departamento que esté de turno.

Me gustaría que les ofrecieran a estos señores una cálida bienvenida y que les proporcionaran una total colaboración. No se trata de espías, sino que están aquí por invitación de la dirección y para ayudarnos. Por lo tanto, sólo podrán hacerlo si cada uno de nosotros, desde el director general hasta el último empleado, les ofrecemos toda la cooperación que podamos.

Les mantendré informados de las distintas fases del trabajo y, a su debido tiempo, de cualquier cambio que se haya decidido llevar a cabo.

693   Nuevo emplazamiento

Les complacerá saber que el director ha estado considerando, durante algún tiempo, la posibilidad de construir una nueva fábrica y oficinas. El hecho de encontrar un emplazamiento adecuado nos ha llevado unos cuantos meses, pero ahora hemos podido adquirir uno en el lugar idóneo sólo a 6 kilómetros de aquí, en el lado sur de la ciudad.

Todavía no se han proyectado los planos. Pueden estar seguros de que seguiremos manteniéndoles informados de todo el proceso.

694   Nuevo emplazamiento

El mapa adjunto es el proyecto de nuestro nuevo edificio, que pronto empezará a construirse en la calle Libertad, entre la calle Mayor y el parque posterior.

Todavía es demasiado pronto para hablar del traslado, pero como el edificio nuevo estará muy cerca de aquí, no hay necesidad de que se preocupen por la mudanza.

695   Nuevo emplazamiento

La obra de nuestro nuevo edificio comenzó esta semana y nos han prometido que estará finalizada hacia finales de abril, si no surge ningún problema.

Nuevo emplazamiento **696**

Ya hemos decidido las fechas para el traslado al nuevo edificio.
La fábrica debe estar lista para ser trasladada hacia finales de marzo y las oficinas lo harán paulatinamente, empezando a finales de abril.
Los jefes de departamento les mantendrán informados.

Inauguración del nuevo emplazamiento **697**

Ahora que ya estamos tan confortablemente instalados en nuestro maravilloso edificio nuevo, es el momento de pensar en una fiesta oficial de inauguración.

Esta fiesta se celebrará en dos tiempos. Primero habrá una fiesta para el personal, el viernes 11 de septiembre, en la cantina, a partir de las 17:00.

Luego se hará una jornada de «puertas abiertas» para la prensa, nuestros clientes y los proveedores, que será el miércoles 16 de septiembre. Como habrá mucha gente, ustedes no podrán trabajar; contamos con ustedes para atender a nuestros invitados.

APÉNDICE

Formas de dirigirse al destinatario

El cuerpo diplomático

Para dirigirse a un embajador se utiliza el trato «Señor Embajador».

Los representantes del Estado

Conviene dirigirse a los miembros del gobierno mencionando siempre su título. Así, deberá escribirse «Señor Presidente del Gobierno», «Señor Primer Ministro», «Señor Ministro», «Señor Senador», «Señor Diputado», «Señor Alcalde», etc.

Para dirigirse a jueces y procuradores, el trato será: «Señor Procurador» y «Señor Juez».

Para todos los demás cargos funcionariales, convendrá dirigirse a ellos precediendo su título o función de «Señora o Señor ...».

Hay muchos libros, redactados por expertos, abordando el problema del protocolo pero es necesario señalar que no siempre coinciden unos autores con otros. Conviene por tanto dejarse guiar por un solo libro y seguir sus pautas tal como allí se proponen.

ingramcontent.com/pod-product-compliance
ing Source LLC
rsburg PA
1117200326
300016B/2539

Jean-Paul Ehrhardt

LA SALUD
EN SUS VIAJES
EN 200 PREGUNTAS

dve
PUBLISHING

© Editorial De Vecchi, S. A. 2018
© [2018] Confidential Concepts International Ltd., Ireland
Subsidiary company of Confidential Concepts Inc, USA
ISBN: 978-1-64461-001-5

Índice

Introducción

Viajar es abandonar el país en el que se vive en equilibrio con el propio medio socioprofesional y familiar; es perder las referencias habituales para descubrir lo desconocido y afrontarlo. Es vivir experiencias inolvidables, descubrir nuevos paisajes, otras formas de vivir, pero también es afrontar los mosquitos susceptibles de inocular el paludismo, los gérmenes y virus contenidos en el agua impura o unos alimentos que no siempre son objeto de un control riguroso...

El viaje es, asimismo, una fuente de estrés, en primer lugar fisiológico, pero también puede llegar a ser patológico cuando se acompaña de toda una retahíla de trastornos psicosomáticos, como palpitaciones, náuseas, diarreas, espasmofilia o insomnio.

Todo esto puede llevar a que la persona se encierre en sí misma y, también a la depresión.

Para afrontar mejor lo desconocido, la práctica de una lengua como el inglés o el francés es una ventaja adicional. En caso contrario, el lenguaje de los signos y la mímica también podrán ayudarle bastante. Por último, no olvide respetar los usos y costumbres de los habitantes autóctonos y no provoque la codicia de los más pobres en el país que visite.

La suscripción de un contrato de asistencia es un inteligente acto de prudencia elemental antes de viajar hacia lo que aún nos resulta desconocido. En efecto, las causas principales de repatriación son los accidentes de tráfico, los traumatismos, las afecciones cardiovasculares y la descompensación de trastornos físicos o psíquicos.

Estudios sobre las patologías que sufren los viajeros que han pasado un mes en un ambiente tropical han demostrado que:

— el 40 % tuvo una diarrea;
— el 4 % contrajo el paludismo;
— el 1 % tuvo una infección respiratoria;
— el 0,5 % contrajo una hepatitis A;
— el 0,4 %, una ETS (enfermedad de transmisión sexual);
— el 0,003 % contrajo la fiebre tifoidea;
— el 0,0003 %, el cólera;
— el 0,008 % murió.

Este libro ha sido concebido para evitarle todos estos sinsabores.

LA PREPARACIÓN DEL VIAJE

Los trámites

¿A quién hay que dirigirse antes de salir de viaje?

AL MÉDICO DE CABECERA

Su médico de cabecera le informará sobre los riesgos sanitarios del país o la región a donde piensa viajar y sobre las enfermedades que puede encontrar. A su vez, podrá indicarle dónde puede vacunarse, en caso de que ello sea necesario, y aconsejarle sobre los medicamentos que debe llevarse.

AL DENTISTA

Para poder disfrutar mejor del viaje planeado, deberá terminar los tratamientos que esté realizando y tendrá en cuenta:

— un eventual viaje a gran altitud (las caries dentales provocan serios dolores);
— su deseo de practicar el submarinismo (la presión dilata la burbuja de gas situada entre la pulpa y la amalgama).

A UN CENTRO DE VACUNACIÓN

En los centros de vacunación situados en las grandes ciudades y en los grandes aeropuertos pueden vacunarle contra el cólera. La vacuna contra la fiebre amarilla se administra de forma exclusiva en centros autorizados, que son los únicos que pueden expedir los certificados de esta vacunación. La lista de centros de vacunación a los que puede asistir figura en la sección de anexos, al final de esta obra.

A LA AGENCIA DE VIAJES

La agencia de viajes está obligada a informar a sus clientes sobre los riesgos sanitarios de los países visitados, así como sobre las vacunas obligatorias y recomendadas.

Si lo desea puede suscribir a través de la agencia un contrato de asistencia sanitaria que le garantice ayuda material en caso de accidente o enfermedad grave. En algunos países del tercer mundo los centros hospitalarios dejan mucho que desear y es preferible pasar en ellos el menor tiempo posible. Por otra parte, en los países con un buen nivel de higiene una hospitalización de varios días puede costarle una fortuna.

Los contratos de asistencia en viaje ofrecen principalmente dos tipos de garantías:

— ayuda médica, en caso de accidente o enfermedad, y jurídica;
— asistencia al vehículo en caso de avería o accidente.

A LA COMPAÑÍA ASEGURADORA

La tendencia actual de las compañías aseguradoras consiste en ofrecer, en muchos contratos de seguros de viajes, además de las garantías habituales, ciertas garantías de asistencia sanitaria: consejos sobre qué medicamentos adquirir en el país en el que se encuentre en caso de enfermedad; repatriación en caso de grave enfermedad o accidente...

A LA SEGURIDAD SOCIAL

Si tiene previsto visitar uno de los países de la CEE (Comunidad Económica Europea), debe solicitar en su centro de seguridad social el formulario E 111, válido durante un año, que se corresponde con un certificado de inscripción en la Seguridad Social. Ello le permitirá recibir tratamiento gratuito o el reembolso del mismo en el país que esté visitando. Por supuesto, debe llevar también su cartilla de la Seguridad Social, ya que si no la lleva podría tener problemas (tenga en cuenta que los acuerdos sanitarios difieren según los países). La Seguridad Social tiene, a su vez, una serie de convenios internacionales y bilaterales con países no pertenecientes a la Unión Europea, con el fin de proteger y asistir a los turistas españoles.

Para más información al respecto, infórmese en:

— su centro de la Seguridad Social;
— la página web www.seg-social.es/publica.

A LA EMBAJADA O AL CONSULADO DEL PAÍS QUE SE VA A VISITAR

En algunos países (Estados Unidos, Australia, etc.) el turismo está sujeto a la expedición de un visado, que requiere cierto plazo de tiempo para adquirirlo. Por ello, y para evitar contratiempos de última hora, hay que iniciar los trámites con dos o tres meses de antelación. Además de expedirle el visado, la embajada le informará sobre las normativas vigentes en el país. Al final del libro, en el apartado de anexos, encontrará un listado de embajadas.

También puede informarse en el Ministerio de Asuntos Exteriores.

¿Qué posibilidades ofrece internet?

Actualmente existen numerosos sitios de internet que permiten preparar desde casa el viaje que desea realizar. Conviene consultar de forma prioritaria la página web que informe sobre el estado sanitario de la mayoría de los destinos extranjeros, los riesgos y los trámites necesarios.

Los foros de discusión son un buen método para beneficiarse de la experiencia de otros turistas, ya que permiten conversar con personas que han visitado el país, conocer ciertas costumbres, interesantes lugares que visitar... Internet, además de buenas direcciones, ofrece un foro en el que los viajeros pueden intercambiar informes.

Internet también ofrece la posibilidad de concretar y cerrar la planificación del viaje, porque permite, entre otras posibilidades, la compra de los billetes y recibir toda la información necesaria en casa, sin necesidad de acudir físicamente a una agencia de viajes.

Las vacunas

¿Por qué son necesarias las vacunas?

Con la multiplicación de los transportes aéreos y el aumento del número de viajeros, se han incrementado los riesgos de epidemia, aunque difieren en función del país visitado, así como de la duración y las condiciones de la estancia.

¿Cuáles son las vacunas internacionales u obligatorias?

Las que protegen de las enfermedades cuarentenarias, como la fiebre amarilla, el cólera y la viruela. La OMS ha establecido una normativa sanitaria internacional que hace obligatorias estas vacunaciones para determinados países. La decisión de exigirlas le corresponde a cada país y puede modificarse de un año a otro. Su objetivo es proteger a los viajeros, al país de acogida y al de regreso.

LA VACUNA CONTRA EL CÓLERA

Desde 1974, la OMS ya no recomienda esta vacunación. Si la exigen autoridades gubernamentales, una sola inyección es «legalmente suficiente».

LA VACUNA CONTRA LA FIEBRE AMARILLA

Es obligatoria en los países donde el virus está activo (África, Sudamérica) y en estado endémico. Por ello, el certificado de vacunación contra esta enfermedad es reclamado por ciertos países de África a los viajeros que entran en su territorio, aunque otros sólo se lo exigen a los viajeros procedentes de una región afectada.

LA VACUNA CONTRA LA VIRUELA

No se exige desde la erradicación de esta afección, proclamada por la OMS en 1980. En cambio, desde 1987, se exige la vacuna meningocócica a quienes acuden a La Meca. Debe datar de al menos tres semanas y menos de dos años.

¿Qué se debe hacer en caso de contraindicación para una vacunación obligatoria?

No está prevista contraindicación alguna para los viajes internacionales. El médico de cabecera expide un certificado redactado en el idioma del país de destino, o al menos en inglés, en el que precisa las razones de la no vacunación. Las autoridades sanitarias del país destinatario pueden rechazar este certificado y someter al viajero a una vacunación forzosa o a medidas de aislamiento o vigilancia, durante el plazo de incubación de la enfermedad, una especie de cuarentena durante la cual el viajero no podrá desplazarse.

¿Qué contraindicaciones tiene la vacunación?

Puede ser:

— un proceso febril;
— una enfermedad infecciosa aguda o subaguda evolutiva;
— una deficiencia inmunitaria congénita;
— una leucemia, un linfoma, una afección neoplásica maligna, un tratamiento inmunodepresor (corticoterapia, radioterapia);
— un embarazo;
— una inyección reciente de gammaglobulinas y, antiguamente, para la vacunación contra la viruela, la existencia de un eccema o una afección dermatológica extensa y evolutiva.

¿Cuáles son las vacunas recomendadas?

La vacuna de la fiebre tifoidea

ASOCIACIONES Y COMBINACIONES VACUNALES POSIBLES CON LA VACUNA DE LA FIEBRE TIFOIDEA					
Typhim Vi	A	CE-A	A-(CE)	CE-A	A
	Genevac B	A	A	(A)	A
		Vacuna fiebre amarilla	A	A	A
			Meningocócica	A	A
			A + C		
				Antirrábica	A
					Tétanos polio

A: asociación vacunal posible: las dos vacunas pueden inyectarse en la misma sesión en dos lugares diferentes.
(A): asociación prevista o en fase de estudio.
CE: combinación extemporánea posible. La vacuna líquida sirve de disolvente para la vacuna liofilizada.
(CE): combinación extemporánea prevista o en fase de estudio.

LA VACUNA CONTRA LA HEPATITIS A

La hepatitis A es la segunda causa de enfermedad del viajero tras el paludismo. Resulta muy endémica en los trópicos y se contagia a través del agua, los alimentos y las manos sucias. Afecta a uno de cada mil viajeros en los países tropicales (40 veces más que la fiebre tifoidea, 800 veces más que el cólera). La vacuna utiliza un virus desactivado, bien tolerado.

Una sola inyección intramuscular y una dosis de refuerzo de seis meses a un año más tarde ofrecen protección para diez años. En lo sucesivo se requiere una revacunación cada diez años. Se puede vacunar al niño a partir de la edad de un año. La protección se obtiene 15 días después de la vacunación para el 90 % de los individuos y 30 días después para el 99 % de los individuos.

Esta vacuna puede asociarse durante la misma sesión con otras vacunas recomendadas, pero la inyección debe efectuarse con una jeringuilla distinta en otro lugar del cuerpo.

Se han manifestado en algunos casos reacciones locales y alergias. La alergia que aparece tras la primera vacunación puede ser una contraindicación para la vacunación siguiente.

LA VACUNA CONTRA LA HEPATITIS B

La hepatitis B afecta de forma crónica a unos 200-300 millones de personas en todo el mundo. La contaminación tiene lugar a través de las secreciones sexuales, la sangre y las agujas sucias (toxicómanos). Esta enfermedad es endémica en el sur de Asia, Nepal y el norte de la India, y bastante frecuente en África. Uno de cada 4.000 viajeros presenta una hepatitis B a su regreso de África.

Se recomienda la vacuna si se viaja a las zonas endémicas con intención de tener una estancia larga y a los viajeros con múltiples relaciones sexuales. Se creó en 1975. La asociación con otras vacunas ha resultado ser compatible (Engerix-B, Recombivax HB, DTP, fiebre amarilla, sarampión, antituberculosis o BCG).

Después de diez años de ensayos clínicos y la inyección de ocho millones de dosis en todo el mundo, la vacuna ha demostrado una eficacia y una inocuidad totales.

LA VACUNA CONTRA LA POLIOMIELITIS

El virus de la poliomielitis está aún muy difundido en ciertos países cálidos donde el riesgo de contaminación aumenta debido al escaso porcentaje de personas vacunadas. Existen dos vacunas: la oral trivalente (Sabin) y la de Salk inyectable.

En España, la vacunación es obligatoria antes de uno, dos y doce meses de edad y las dosis de refuerzo deben aplicarse cada cinco años. La vacunación y las dosis de recuerdo se practican en un plazo de cinco años. Existe contraindicación en personas alérgicas a la penicilina y a la estreptomicina por riesgo de reacción anafiláctica. Hay que vacunarse, a ser posible, tres meses antes de que se inicie el viaje, sobre todo si hay que asociar varias vacunaciones. El médico de cabecera dará todas las explicaciones complementarias.

La vacunación resulta indicada para las estancias de media y larga duración en los lugares donde existen epidemias.

LA VACUNA CONTRA EL TÉTANOS

El bacilo del tétanos *(Clostridium tetani)* vive en el suelo. Por ello, es imposible erradicarlo. La vacunación se practica ya en la infancia con dosis de recuerdo regulares en periodos escolares. Dado que los adultos no están obligados, es frecuente tener que vacunarles antes de salir de viaje.

Si la última vacunación se remonta a más de diez años, dos inyecciones subcutáneas con un mes de intervalo aseguran una buena inmunidad durante diez años. Si es muy antigua, es necesaria una dosis de recuerdo adicional un año después.

La protección aparece en los días que siguen a la inyección de recuerdo.

No existe ningún plazo respecto a otra vacuna, a excepción de la fiebre amarilla. La vacuna antitetánica puede asociarse durante la misma sesión con otras vacunas. Se vacuna preferentemente tres meses antes de la salida. Los efectos secundarios son muy poco frecuentes, sólo locales. No existen contraindicaciones.

LAS VACUNAS CONTRA LAS MENINGITIS

Las epidemias de meningitis tienen un ritmo estacional, en particular en el África subsahariana (donde hacen estragos durante la estación seca), Oriente Medio y Sureste asiático. En otras zonas, pueden declararse epidemias locales, regionales o nacionales.

La vacunación resulta indicada para las estancias de media y larga duración, en la estación seca en las zonas africanas de riesgo y en los lugares donde persiste la epidemia. Sobre todo se recomienda a personas de más de un año y menos de 30; pero para los peregrinos que acuden a La Meca es obligatoria.

Basta con una sola inyección. La inmunidad aparece en un plazo de diez días. Se requiere una dosis de recuerdo cada cuatro años. Esta vacunación no impone ningún plazo con respecto a otra vacunación. Por lo general está contraindicada para los niños menores de 18 meses, aunque en periodo de epidemia puede administrarse a partir de los tres meses.

La protección contra las meningitis por *Hemophilus influenzae* queda garantizada con la vacuna combinada Tetract-HiB, cuya primera vacunación, que comporta tres inyecciones, se recomienda el segundo, el tercero y el cuarto mes. La dosis de recuerdo se administra en el 16.° mes.

OTRAS VACUNAS RECOMENDADAS

Para algunos países, resulta prudente prever la vacuna TAB (contra la tifoidea y la paratifoidea).

En ciertos casos, afortunadamente poco frecuentes, pueden recomendarse, asimismo, las vacunaciones contra la peste, la rabia y el tifus exantemático.

¿Qué vacunas se recomiendan para los niños?

Lo primero que debe hacerse es poner al día las vacunaciones básicas: tos ferina, difteria, poliomielitis y tétanos. Hay vacunas que reúnen todas estas vacunas con la prevista contra las infecciones por *Hemophilus influenzae*, germen frecuente en las bronquitis agudas y las sobreinfecciones bronquiales. Este es el caso del DTC-P-HIB. La primera vacunación para estas vacunas pentavalentes comporta tres inyecciones con un mes de intervalo y la dosis de recuerdo al año siguiente.

Las vacunaciones contra el sarampión y la tuberculosis son imprescindibles. El BCG se administra en el mes que sigue al nacimiento. Antes de salir de viaje, se comprobará la positividad de la reacción intradérmica tuberculínica y, en caso de negatividad, se vacunará al niño. La vacunación contra el sarampión, que puede realizarse en el noveno mes, irá seguida de una revacunación seis meses más tarde en asociación con las paperas y la rubéola (vacuna triple vírica).

Las demás vacunaciones se realizarán teniendo en cuenta el destino, el tipo de viaje y las condiciones de vida.

La vacuna contra la fiebre amarilla se administra sin riesgos a partir del sexto mes.

No es necesaria la vacunación contra el cólera. La vacunación contra la meningitis por meningococo debe realizarse si se viaja a una zona de riesgo. La vacunación contra la fiebre tifoidea es ineficaz antes de los dos años de edad; a partir de entonces, las indicaciones son casi sistemáticas. La vacunación contra la hepatitis A es discutible hasta la edad de doce años, ya que la enfermedad contraída en la infancia es asintomática y proporciona una protección definitiva. Después de los doce años, la inmunidad posvacunal debe mantenerse mediante dosis de recuerdo cada diez años. Asimismo, la vacunación antirrábica dependerá del país, de las condiciones de estancia y de la disponibilidad local de vacunas y sueros humanos.

¿Cómo se organiza un calendario de vacunaciones?

Una vez fijada la fecha del viaje, debe establecerse un calendario con el médico. Hay que tener en cuenta que, en algunos casos, la asociación de vacunas he llevado a una competencia antigénica con fracaso de la vacunación. Se desaconseja la asociación de una vacuna contra el cólera o del TAB por un lado, y las vacunas víricas por otro. El intervalo entre las vacunas contra la fiebre amarilla, el cólera o el TAB debe ser superior a 15 días. Si un individuo se vacuna contra la fiebre amarilla, no podrá recibir una vacuna contra el cólera hasta que no hayan transcurrido 30 días. Las demás vacunaciones requieren tres meses para obtener una vacunación completa.

EJEMPLO DE CALENDARIO DE VACUNACIONES DISTRIBUIDAS EN TRES MESES	
J. 1	Fiebre amarilla + DTP
J. 30	DTP (2.ª iny.) + Tifoidea Vi
J. 60	DTP (3.ª iny.)
J. 90	Cólera

El botiquín de primeros auxilios

¿Por qué se debe hacer una provisión de medicamentos habituales?

Si tiene usted una enfermedad crónica (hipertensión arterial, diabetes, asma, alergias, etc.), en primer lugar tiene que llevarse su tratamiento habitual. Debe calcular con su médico de cabecera la cantidad necesaria para «cubrir» la duración del viaje, si se marcha al extranjero. No piense que hay farmacias en todos los países del mundo: las hay en las ciudades, pero no en ciertas poblaciones alejadas. Además, tampoco es seguro que vaya a encontrar algún médico que hable español o inglés y que conozca el equivalente exacto de su medicamento. Hay que tener en cuenta las dificultades de diálogo con el médico y el farmacéutico, de lectura de la receta y, más tarde, de reembolso por parte de la Seguridad Social (véase pág. 20).

Las personas sin pareja se llevarán preservativos, única seguridad contra las ETS, además de método anticonceptivo. Las mujeres que toman anticonceptivos se proveerán de un número suficiente de píldoras para cubrir el periodo del viaje.

¿Cómo se constituye el botiquín?

Su farmacéutico le ayudará a prepararlo. Hay que prever:

• Apósitos: individuales, almohadillas hemostáticas, compresas estériles, vendas de gasa, algodón estéril, tiritas, faja pequeña y grande.

• Material: tijeras, pinzas, imperdibles, jeringuilla y aguja estéril, termómetro, bisturí estéril.

• Un antiséptico: alcohol de 90°, tintura de yodo o Betadine, Topionic, Mercromina, Cristalmina, (todos en frascos de plástico), antibióticos locales y fungicidas en polvo o en pulverizador.

• Productos de uso externo: hemostáticos, antihistamínicos, analgésicos, antiinflamatorios, loción o crema antiactínica, loción repelente de insectos y crema contra los picores.

• Fármacos: aspirina o Efferalgan®, antihistamínicos, antidiarreicos, medicamentos contra el dolor de estómago y contra los mareos en los viajes. Podrán añadirse antibióticos, sedantes, somníferos o tranquilizantes.

• Varios: comprimidos para esterilizar el agua y jeringuillas autoinyectables de anatoxina tetánica. Si viaja a regiones infestadas de animales venenosos, lleve sueros contra el veneno de las serpientes y los escorpiones, así como un aspirador de veneno.

Nunca deje el botiquín de viaje al alcance de sus hijos (riesgo de intoxicación grave). Por último, tenga en cuenta que el material estéril deja de serlo una vez abierto, puede ser una fuente de infección y debe sustituirse.

¿Qué medicamentos hay que llevarse de vacaciones?

Para cualquier medicamento, hay que consultar al médico de cabecera para limitar los riesgos de la automedicación (efectos secundarios, posología diaria, ritmo de administración, duración del tratamiento, criterios de eficacia, etc.).

• Entre los medicamentos que pueden bajar la fiebre o aliviar el dolor, cabe citar:

— el paracetamol (Gelocatil®, Efferalgan®, Termalgin®);
— el ácido acetilsalicílico (la aspirina, AAS®);
— el ibuprofeno (Nurofen®, Espidifen®).

Cuando la fiebre en el niño supera los 38 °C, para evitar el síndrome de deshidratación, e incluso convulsiones, hay que destaparle, darle de beber a menudo y bañarle en agua tibia (dos grados por debajo de la temperatura del niño).

• Contra la diarrea, conviene llevar un medicamento que frene el tránsito intestinal, como Imodium®, Fortasec®, Tanagel®, y un antiséptico intestinal como Mycostantin®, Sulfintestin neomicina®. Las personas con tendencia a sufrir espasmos digestivos, generadores de dolores intestinales, deben incluir Buscapina® en su botiquín de viaje.

• El estreñimiento se combate con medicamentos como el Evacuol®, el Duphalac® o el Emportal®. Evite los laxantes, beba mucho y coma alimentos ricos en fibra (hortalizas, pan con salvado, ciruelas, etc.).

• Por si se producen cardenales y contusiones, resulta útil llevar un tubo de Thrombocid®. El dolor se mitiga con la aplicación de un cubito de hielo, que reduce el tamaño del bulto muy deprisa y minimiza la formación del hematoma.

• Las quemaduras superficiales se alivian con Silvederma® aplicada en capa gruesa, después de poner la zona afectada en agua fría durante 15 minutos. Nunca hay que aplicar alcohol, mantequilla ni vendajes.

• Los cortes y las llagas se tienen que desinfecta con Topionic®, Cristalmina® o Betadine® (los cortes leves deben lavarse con agua). Los cortes más profundos tienen que suturarse dos horas después de haber sido desinfectados. Una vez curada la herida, resulta muy beneficiosa la aplicación de Cicapost®.

• Hay que llevar unas pinzas de depilar para retirar las espinas de erizo de mar antes de que se realice la desinfección correspondiente. La zona que ha entrado en contacto con un tentáculo de medusa debe aclararse con agua de mar pero con agua dulce, que favorece la contracción de las células urticantes con veneno y la difusión del mismo.

• Si la región escogida está infestada de mosquitos, resulta prudente llevar una mosquitera para la cama, así como difusores eléctricos de insecticidas. Los productos repelentes como Autan® protegen de seis a ocho horas y no son irritantes para los ojos ni producen fotosensibilidad. Pueden utilizarse en adultos y en niños. En caso de picadura, puede aplicarse una crema contra los picores como Polaramine crema®.

• Hay que llevar siempre un buen desinfectante de tipo Topionic® y un antiinflamatorio como el Voltarán® (frasco presurizado), o un gel antihistamínico como el Polaramine®, por si se sufren picaduras de abeja, avispa o abejón. Un procedimiento para destruir el veneno consiste en acercar un cigarrillo encendido a 2 mm de distancia. A continuación se apoya un cubito de hielo en la región de la picadura para limitar la hinchazón. En caso de reacción alérgica importante, hay que consultar a un médico.

• Las ampollas deben protegerse lo antes posible para evitar que se infecten. Hay que prever un apósito estéril y antibacteriano y llevar un aceite emoliente que suavice la piel y calme el dolor.

¿Qué precauciones hay que adoptar con el botiquín?

Los medicamentos que resulten imprescindibles se llevarán a mano y no junto con todo el equipaje que irá colocado en los lugares destinados para el mismo (por riesgo de extravío de este). Se evitarán en la medida de lo posible los jarabes, las suspensiones bebibles y los supositorios. Son preferibles las presentaciones en sobre (en particular los medicamentos pediátricos), si se podrá disponer de agua potable.

Las formas líquidas, colirios, gotas y soluciones cutáneas, no pueden conservarse más de una semana en caso de temperatura ambiental elevada. Se debe guardar el envase del medicamento a lo largo de todo el viaje hasta su total utilización o hasta su fecha de caducidad.

Por último, hay que tener en cuenta la estabilidad de los medicamentos en las condiciones del viaje. Los sueros y vacunas deben mantenerse entre 2 y –8 °C para no reducir su duración, hay que prever un recipiente isotérmico para su conservación durante el transporte.

¿Hay que prever un par de gafas de repuesto?

Para las personas que tienen que usar gafas de corrección, resulta prudente llevar en el equipaje un segundo par de gafas. El simple hecho de viajar en la parte trasera de un vehículo y volver inopinadamente la cabeza basta para que las arranque un golpe de viento; lo mismo puede ocurrir en un barco al asomarse por encima de la borda. Sujéteselas a la nuca con un cordón. También es aconsejable conocer la graduación de los cristales, cosa que ayudará al óptico local en la sustitución de los vidrios en caso de rotura.

El botiquín de los viajes lejanos

¿Qué hay que llevar en caso de viaje lejano?

El botiquín se compondrá con la ayuda del médico de cabecera. Este le informará sobre las vacunas que debe ponerse y le prescribirá los medicamentos y sueros que tiene que llevar según su destino, así como la posología.

• Los antipalúdicos serán necesarios si se viaja a zonas intertropicales.

• Los antidiarreicos: antibióticos para el cólera o la disentería bacteriana, metronidazol (Flagyl®) para la amebiasis y biltricida para la bilharziosis.

• Las heparinas de bajo peso molecular deben inyectarse a los viajeros que presentan riesgo de sufrir una tromboembolia y que efectúan un viaje de más de ocho horas de duración, sin mover las piernas y en un avión. Este riesgo aumenta en caso de insuficiencia cardiaca, estrés venoso en los miembros inferiores, episodio de infección aguda o afección reumatológica. Es necesario consultar a un médico.

• Los antiespasmódicos. Al hablar del botiquín de vacaciones, hemos aludido a la Buscapina®. El trimebutina (Polibutin®) alivia los dolores relacionados con los trastornos funcionales del tubo digestivo.

• Los antihistamínicos. En caso de picaduras de insecto o alergia, se recurre al Polaramine® en comprimidos, aunque también se puede recurrir, según la importancia de las molestias, a un corticoide: Hidro C Isdin® o al Adventan®.

• El aspirador de veneno, clasificado entre los pequeños instrumentos, es una especie de jeringuilla que permite aspirar el veneno tras una mordedura de serpiente o picadura de escorpión.

• El suero contra los venenos. Conviene comprobar si existe un suero específico para cada una de las especies que se pueden hallar. Esto ocurre para la mayoría de serpientes y escorpiones norteafricanos. Hay sueros polivalentes.

• La anatoxina antitetánica. En caso de caída o de que entre tierra en una llaga, es forzoso recurrir al suero anatoxina.

• Debe preverse un colirio antiséptico, de tipo Tobrex®, para todo tipo de congestiones conjuntivales, alérgicas o estacionales, la irritación ocular debida al viento, al polvo, a la luz natural y artificial y a otros factores irritantes presentes en el ambiente.

• Gotas auriculares, de tipo Baycip ótico®, calman la inflamación y erradican las bacterias y los hongos en caso de otitis externa con tímpano cerrado.

• Siempre resulta deseable un producto para esterilizar el agua de beber. Un comprimido basta para esterilizar un litro de agua.

Este botiquín se completará con el pequeño material imprescindible: tijeras de punta fina, pinzas de depilar, jeringuillas y agujas esterilizadas, termómetro, imperdibles, cortaúñas, Betadine® en tubo, esparadrapo hipoalergénico, puntos adhesivos, tiritas, redecillas, vendas, repelente antimosquitos, pantalla solar, antisépticos cutáneos, hemostáticos locales, preservativos y píldoras anticonceptivas.

Los antipalúdicos

¿Qué es el paludismo?

El paludismo, o malaria, es una enfermedad transmitida por los mosquitos en las zonas cálidas y húmedas. El acceso de paludismo suele ser característico: tras una fase de escalofríos, el enfermo entra en una fase de hipertermia con abundante sudoración y luego cae en el sopor.

El paludismo es una importante causa de mortalidad en el viajero. Los principales factores de mortalidad son el retraso en el diagnóstico y tratamiento en los ancianos. Por ello, si viaja a una zona tropical, es imprescindible llevar siempre antipalúdicos.

¿Es cierto que los antipalúdicos difieren según el destino?

Sí, es cierto. En efecto, cuatro son las especies de plasmodium responsables del paludismo; la forma más temible es el *Plasmodium falciparum*, cuya resistencia a los antipalúdicos difiere según los países. Habida cuenta de la quimiorresistencia del plasmodium, cabe definir tres zonas endémicas:

• La zona I, caracterizada generalmente por una endemia por *P. Vivax* o por *P. falciparum* aún sensible a la cloroquina. Se aconseja la toma de Paludrine® proguanil a razón de 200 mg/día o 1,5 mg/kg, asociada con la Resochin® (100 mg/día o 1,5 mg/kg). Se debe tomar el día de la salida de la metrópoli, todos los días de estancia y las cuatro primeras semanas después de regresar del viaje.

• La zona II, donde se observa una frecuencia moderada de la resistencia a la cloroquina. El antipalúdico prescrito para los países de esta zona es el Lariam® (mefloquina), a razón de 250 mg una vez por semana (o 4 mg/kg). También en este caso la prevención se inicia al salir de viaje, prosigue durante la estancia y las cuatro primeras semanas después de regresar del mismo.

• La zona III se distingue fundamentalmente por la elevada frecuencia de la resistencia a la cloroquina y una multirresistencia del plasmodium a los medicamentos. En general se prescribe doxiciclina (200 mg al día en una sola toma) o bien halofantrina, a razón de seis comprimidos al día en tres tomas (24 mg/kg).

La situación epidemiológica de esta quimiorresistencia es evolutiva y debe revisarse cada año. Sólo el médico podrá prescribir los medicamentos adecuados.

¿Cuáles son los países pertenecientes a las zonas I, II y III?

CLASIFICACIÓN DE LOS PAÍSES EN FUNCIÓN DE LA SENSIBILIDAD DEL PLASMODIUM FALCIPARUM A LA CLOROQUINA (EN 1995)	
Países de zona I	*No se indica* Plasmodium falciparum *o resistencia a la cloroquina*
África	Egipto, Marruecos, Túnez, Argelia, Isla Mauricio, Cabo Verde, Libia.
América	Argentina (norte), Belice, Bolivia (sur), Brasil (costa este y sur), Costa Rica, Guatemala, Haití, Honduras, México (Chiapas), Nicaragua, Paraguay (este), Perú (oeste), República Dominicana, El Salvador, Panamá (norte).
Asia	Azerbaiyán (sur), Tayikistán (sur), China (nordeste).
Oriente Medio	Irán (salvo sureste), Irak, Siria, Turquía.
Países de zona II	*Resistencia a la cloroquina presente*
África	República de Sudáfrica (Transvaal, Natal), Benin, Botswana, Burkina Faso, Costa de Marfil, Gambia, Ghana, Guinea Bissau, Liberia, Madagascar, Malí, Mauritania, Namibia, Níger, Senegal, Sierra Leona, Somalia, Chad, Togo.
Asia	Afganistán, Bután, India, Indonesia (salvo Irian Jaya), Malasia, Nepal, Paquistán, Filipinas, Sri Lanka.
Oriente Medio	Arabia Saudí (oeste), Emiratos Árabes, Irán (sureste), Omán, Yemen.
Países de zona III	*Presencia elevada de resistencia a la cloroquina y multirresistencia*
África	Angola, Burundi, Camerún, Comores, Congo, Yibuti, Eritrea, Etiopía, Gabón, Guinea ecuatorial, Kenia, Malawi, Mozambique, Nigeria, Uganda, República Centroafricana, Ruanda, Sao Tomé y Príncipe, Sudán, Swazilandia, Tanzania, Zaire, Zambia, Zimbabwe.

América	Bolivia (norte), Brasil (Amazonia), Colombia, Ecuador, Guayana, Guayana francesa (ríos), Panamá (sur), Perú (este), Surinam, Venezuela (ríos).
Asia	Bangladesh, Camboya, China (estados del sur y Hainan), Indonesia (Irian Jaya), Laos, Myanmar (antigua Birmania), Tailandia (zonas fronterizas), Vietnam.
Oceanía	Islas Salomón, Papuasia-Nueva Guinea, Vanuatu, Micronesia, Seychelles.

¿Qué precauciones deben adoptar las mujeres en edad fértil, las mujeres embarazadas y los niños?

Las estancias en los países de zona III (resistencia elevada del *Plasmodium falciparum*) se desaconsejan vivamente a las mujeres embarazadas, a causa de la contraindicación de la mefloquina (Lariam®). Este medicamento ha causado malformaciones en el feto durante la experimentación en animales. Por ello, se aconseja a la mujer en edad fértil la toma de anticonceptivos durante el tratamiento y en los dos meses siguientes a la última toma.

Por otra parte, el paludismo es «más severo» en la mujer embarazada. Por fortuna, la farmacopea dispone, además de la cloroquina (Resochin®), el proguanil (Paludrine®) y la quinina.

La asociación cloroquina (600 mg por semana) y proguanil (200 mg al día) es normalmente un 54 % más eficaz que la cloroquina sola.

En África occidental, la mefloquina (250 mg por semana) es un 94 % más eficaz que la asociación cloroquina-proguanil (aunque la dosis de cloroquina es de 300 mg/semana y no de 600 mg/semana). La quinina es el tratamiento de reserva.

Dentro de lo posible, las mujeres embarazadas evitarán los viajes a las zonas con una gran presencia del paludismo y los países donde la infraestructura sea muy insuficiente.

Para el niño, la profilaxis química a base de cloroquina no superará una dosis de 1,5 mg por kg y día; a base de proguanil, una dosis de 3 mg por kg y día; a base de mefloquina, una dosis de 4 mg por kg y semana para el niño de más de 15 kg.

¿Qué es un tratamiento de presunción?

Tanto en caso de larga estancia o de breve estancia en zona II, o incluso III, cuando la profilaxis con mefloquina es imposible, se aconseja, en caso de aislamiento médico, el autotratamiento rápido de las fiebres con quinina, halofantrina o mefloquina. Pero hay que prestar mucha atención, ya que estos medicamentos sólo deben tomarse en las siguientes condiciones: una fiebre que sobrevenga al menos siete días después de la llegada a una zona de endemia y la imposibilidad de consultar a un médico en un plazo de doce horas.

¿Hay otros medios de lucha?

Al margen de la toma de medicamentos, es imprescindible luchar contra los mosquitos. Los mosquitos responsables de la transmisión del paludismo sólo pican entre el ocaso y el amanecer: en caso de salida o paseo al crepúsculo o de noche, conviene aplicarse en las partes descubiertas del cuerpo un repelente de insectos y utilizar prendas de vestir de color claro que cubran las extremidades. Siempre que sea posible hay que dormir bajo una mosquitera impregnada de insecticida o en una habitación climatizada correctamente (véase pág. 93).

¿Qué se debe hacer en caso de fiebre?

Si, pese a todas estas precauciones, se presenta más allá de siete días de estancia en el país visitado una fiebre de al menos 38 °C, intensos dolores de cabeza y dolores abdominales, existen muchas posibilidades de que haya contraído el paludismo. En tal caso se aconseja consultar rápidamente a un médico. Si resulta difícil, tome un tratamiento de presunción a base de halofrantina, si ya toma cloroquina y proguanol.

Los antidiarreicos

¿A qué se debe la diarrea del viajero?

La diarrea del viajero puede sobrevenir tras la ingestión de ciertos alimentos más o menos especiados o de agua no controlada, a causa de una falta de higiene de las manos y de los alimentos, etc.

La provocan numerosos agentes patógenos, en particular bacterias y parásitos, que dependen no sólo del lugar de estancia sino también de la estación del año.

Dada la frecuencia de la diarrea del viajero, antes de salir de viaje este debe solicitar a su médico toda la información disponible sobre el tratamiento contra la diarrea, así como los posibles efectos de algunos medicamentos, en particular antipalúdicos (la diarrea disminuye la absorción del proguanil, aunque no la de la cloroquina).

¿Hay que llevar medicamentos para prevenir la diarrea del viajero?

Se lucha contra la diarrea del viajero sobre todo siguiendo ciertas normas de higiene alimentaria y personal, como el control del agua que se bebe, la abstención de ciertos alimentos (irritantes o de dudosa higiene) y una estricta higiene de las manos.

La profilaxis con subnitrato de bismuto puede resultar eficaz, ya que reduce la incidencia de la diarrea entre un 62 y un 65 %.

No obstante, son frecuentes algunos efectos secundarios (acúfenos, náuseas, lengua negra, estreñimiento, etc.). Cierto número de antibióticos también puede prevenir la diarrea del viajero, aunque se desarrollan resistencias, sobre todo contra los antibióticos más antiguos.

Hay que tener en cuenta que, aunque estos antibióticos disminuyen el riesgo de diarrea del viajero entre un 75 y un 100 %, tienen efectos indeseables, en especial un riesgo de fotosensibilización, y toda una serie de efectos secundarios (hematotoxicidad, hepatitis medicamentosa) que podrían anular los beneficios esperados. Por lo tanto, la prevención de la diarrea con antibióticos no resulta del todo recomendable. Se reserva para aquellos pacientes en los que la aparición de una diarrea del viajero resultaría desastrosa (inmunodeprimidos, por ejemplo).

¿Conviene llevar medicamentos para frenar el tránsito intestinal?

La farmacopea dispone de medicamentos para frenar el tránsito intestinal, como la loperamida (Imodium®, Fortasec®). La loperamida puede prescribirse en las diarreas líquidas con una posología inicial de 4 mg y luego 2 mg después de cada deposición blanda, sin superar 16 mg (8 cápsulas) al día. Este tratamiento normalmente reduce la frecuencia y duración de la diarrea más o menos en un 80 % y actúa en menos de 24 horas. No obstante, hay que interrumpirlo si la diarrea persiste al cabo de 48 horas. En efecto, estos medicamentos se desaconsejan en las diarreas graves enteroinvasivas, caracterizadas por un número diario de deposiciones de entre 10 y 20 y materias fecales líquidas de olor fétido, acompañadas de una importante fatiga (salmonelosis), y están contraindicadas en las que comportan 20 deposiciones diarias viscosas, sanguinolentas y sin materia, que provocan una fatiga muy intensa (shigelosis), ya que al frenar la excreción fecal de gérmenes enteropatógenos prolongan la evolución de la diarrea y originan dilatación y cólicos.

Si los síntomas persisten más de 48 horas a pesar de este tratamiento o en caso de diarrea severa (más de seis deposiciones al día, o bien deposiciones viscosas, sangrantes o febriles), o bien aparece en la infancia o la vejez o en una persona portadora de prótesis, es necesario un tratamiento con antibióticos. La eficacia de dicho tratamiento depende sobre todo de su precocidad.

¿Hay que llevar medicamentos para reducir las secreciones?

La hinchazón abdominal mejora más deprisa que con la loperamida, y el estreñimiento de reacción es menos frecuente.

¿Qué se debe hacer si existe amenaza de cólera?

El cólera, enfermedad muy contagiosa, está presente sobre todo en las regiones pobres, donde la higiene es defectuosa. Se caracteriza por unos accesos sucesivos que cada vez provocan miles de muertos en los países donde el equipamiento sanitario es insuficiente. La última pandemia estalló en la India (el reservorio natural) en 1992 y alcanzó el resto de Asia y Sudamérica en 1993. En fechas más recientes, en julio de 1994, el cólera se manifestó en los campos de refugiados de Ruanda, donde acabó con la vida de 15.000 personas.

El germen es un bacilo de la familia de los vibriones. El contagio se produce a través del agua que se ingiere, de lavado o riego de los alimentos, o bien por contacto directo con un enfermo.

La diarrea, muy aguda, provoca varias decenas de deposiciones al día, acompañadas de vómitos, aunque sin fiebre elevada. El aspecto de las deposiciones suele ser muy líquido, blanquecino y con pequeñas acumulaciones parecidas a granos de arroz.

Se evita el cólera siguiendo las reglas higiénico-dietéticas elementales. Para la OMS (Organización Mundial de la Salud), sólo resulta indicada una quimioprofilaxis en caso de epidemia (cuando se ve afectado más del 5 % de la población) que surge en un lugar cerrado (campo de refugiados, barco, etc.).

¿Qué hay que prever si se viaja a un país en el que está presente la amebiasis?

En primer lugar, hay que respetar los principios básicos para evitar contraer la amebiasis:

— higiene corporal rigurosa, en particular el lavado de las manos antes de las comidas;
— higiene alimentaria estricta evitando comer fruta sin pelar, bebiendo sólo líquidos embotellados, hirviendo el agua o bien desinfectándola, y por último, evitando los productos lácteos sin pasteurizar, las cremas y los helados proporcionados por vendedores ambulantes.

En caso de epidemia, el viajero puede seguir una quimioprofilaxis que sólo puede realizarse en casos particulares y durante periodos muy breves.

Los antipiréticos

¿Cuáles son los medicamentos que disminuyen la fiebre?

Los fármacos a base de aspirina o paracetamol citados al hablar del botiquín son conocidos por disminuir la fiebre, aunque esta vuelve si no se trata la causa. Nada equivale al tratamiento de la afección causal. Así, el tratamiento específico de una fiebre tifoidea es el cloranfenicol (Dermisone®), el de la leptospirosis icterohemorrágica es la penicilina y la amebiasis se trata con amebicidas como el metronidazol (Flagyl®).

¿Cuáles son las ventajas y los riesgos de la utilización de la aspirina?

El ácido acetilsalicílico, o aspirina, es un analgésico antipirético y un antiinflamatorio no esteroide (AINE). Disminuye la fiebre (acción antipirética), mitiga el dolor (acción analgésica) en caso de cefaleas sin migraña, artralgias y mialgias. En cambio, no actúa sobre los dolores viscerales y espasmódicos.

La eliminación es total en 48 horas y se efectúa por vía renal.

Los inconvenientes o riesgos pueden ser muy numerosos. En primer lugar, en dosis altas (la dosis tóxica es de 20 g en el adulto y de 4 a 5 g en el niño) es tóxica y provoca náuseas, vómitos, convulsiones e incluso puede llegar a provocar el coma (acción central). Actúa, entre otros aspectos, en el plano metabólico (aumentando el consumo de oxígeno), provoca una caída del volumen sanguíneo y deshidratación. Su acción renal, en algunos casos, puede llevar a una oliguria (disminución de la orina) con una insuficiencia renal funcional y como resultado de ello puede llevar a una acidosis metabólica. Por su acción digestiva y hematológica, su uso puede provocar la aparición de una gastritis hemorrágica o el despertar de úlceras preexistentes. En el plano sanguíneo, disminuye la agregación de las plaquetas, lo cual conlleva una prolongación del tiempo de sangrado, provoca una disminución del índice de protrombina y una disminución del índice de fibrina en la sangre. Estas acciones sanguíneas son bastante más evidentes cuanto más elevada es la temperatura del individuo.

Por último, algunas personas son alérgicas a la aspirina. Esta alergia se traduce en erupciones cutáneas, edemas que pueden llegar hasta el edema de Quincke y asma.

¿Cuáles son los riesgos y las ventajas del uso del paracetamol?

El paracetamol es un derivado de la anilina, dotado de propiedades analgésicas y antipiréticas.

Este producto, absorbido por vía intestinal alta, se elimina por completo por vía renal después de que el hígado elimine su toxicidad. Se utiliza sobre todo en los dolores no viscerales y en todos los estados febriles.

La dosis eficaz va de 0,150 g a 2 g al día, repartida a lo largo del día, cada cuatro o cinco horas. En el niño, la dosis máxima es de 400 mg al día. La dosis tóxica es de 2,4 g en 24 horas.

Su uso puede provocar accidentes alérgicos y hematológicos, y a largo plazo una insuficiencia hepática. No debe utilizarse en caso de insuficiencia renal, hepática o respiratoria, embarazo, lactancia ni en el niño menor de siete años (salvo para las formas pediátricas).

Entre los posibles efectos secundarios, cabe citar una respiración sibilante, erupciones cutáneas e ictericia.

¿Cuándo es necesario el consumo de antibióticos?

Cuando el uso de la aspirina o del paracetamol no hace sino suspender momentáneamente la fiebre, cuando se concreta la etiología infecciosa, con mayor motivo si lo confirman unos exámenes biológicos, la toma de antibióticos se convierte en una necesidad. En tal caso hay que consultar siempre a un médico, y, por supuesto, lo antes posible.

Los analgésicos

¿Qué medicamentos se cuentan entre los analgésicos?

Los analgésicos calman el dolor.

Al margen de los morfínicos, analgésicos narcóticos o centrales, reservados para los dolores neoplásticos o para manifestaciones muy dolorosas como las ciáticas, cervicobraquialgias, los medicamentos analgésicos se reparten en grandes categorías:

— los antiinflamatorios no esteroides;
— los analgésicos antipiréticos no inflamatorios;
— los corticoides;
— los antiespasmódicos.

¿Qué son los antiinflamatorios no esteroides (AINE)?

Se clasifican entre los AINE medicamentos como la aspirina, el acetilsalicilato de lisina (Inyesprin®) y el ketoprofeno (Orudis®). Forman parte de los analgésicos no narcóticos llamados periféricos. Se absorben rápidamente en el estómago o el intestino y pasan enseguida a la sangre, donde se alcanza la máxima concentración en un plazo de entre una y varias horas. Su acción analgésica es menos potente que la de los morfínicos, pero tienen la ventaja de que no deprimen la respiración, mantienen la vigilancia y no inducen toxicomanía. Calman bien los dolores de mediana intensidad pero no tan bien los dolores grandes. Ejercen una acción antipirética (contra la fiebre).

¿Cuáles son sus contraindicaciones?

Los AINE alteran la mucosa gástrica.

Al margen de los accidentes digestivos, son capaces de provocar:

— accidentes sanguíneos (muy poco frecuentes);
— accidentes hepáticos (excepcionales);
— accidentes neurológicos, sobre todo con la indometacina: cefaleas y vértigos; con la aspirina en dosis altas: acúfenos y sordera;
— accidentes cutáneos (frecuentes);
— accidentes de sensibilización: urticaria, edema de Quincke y asma.

Son peligrosos de prescribir durante el embarazo, pues:

— prolongan el embarazo y el parto;
— agravan las hemorragias del posparto.

Por último, modifican las acciones de algunos medicamentos. Así, la aspirina, la fenilbutazona y la indometacina aumentan los efectos de las vitaminas del grupo K. La aspirina y la fenilbutazona potencian el efecto de los antidiabéticos orales y pueden provocar así coma hipoglucémico.

¿Qué son los analgésicos antipiréticos no inflamatorios?

El paracetamol y sus derivados (Ternalgin®, Efferalgan®, Gelocatil®...). En el plano analgésico, 1 g de paracetamol equivale a 0,50 g de aspirina y es ligeramente superior a 65 mg de dextropropoxifeno (Deprancol®). La asociación paracetamol-dextropropoxifeno (Propofan®) es más analgésica que el paracetamol.

El efecto antipirético del paracetamol es comparable al de la aspirina y dura entre tres y seis horas. Su difusión es general y homogénea; se metaboliza en el hígado y pasa a la orina. La vida media de eliminación es de dos a tres horas a las dosis habituales. Su acción periférica y central armoniza bien con su difusión tisular homogénea.

En el adulto, la posología del paracetamol es de 1 g a 1,50 g al día con un máximo de 3 g al día y 1 g por toma.

¿Cómo actúan los corticoides?

Se comportan como excelentes analgésicos y tienen unos efectos espectaculares en los dolores reumáticos.

Esta acción analgésica se debe sobre todo a sus efectos antiinflamatorios.

En dosis elevadas, y en tratamiento prolongado, pueden provocar accidentes metabólicos (retención de sal, pérdida de potasio, obesidad), óseos (osteoporosis, osteonecrosis), endocrinos, digestivos (úlcera gastroduodenal) y otros (accidentes infecciosos sobre todo) a menudo muy graves.

¿De qué forma actúan los antiespasmódicos?

Algunos antiespasmódicos actúan directamente en las fibras musculares lisas. Se utilizan en el tratamiento de los espasmos dolorosos del tubo digestivo, las vías biliares y la esfera genitourinaria. Entre ellos cabe citar: Duspatdin®, Polibutin®, Spasmoctyl®.

Al utilizarlos se respetará siempre la dosis prescrita para no sufrir efectos secundarios como:

— sofocos, pérdida del apetito, náuseas, estreñimiento, somnolencia o aceleración del pulso;
— coloración amarilla de los ojos y la piel (ictericia);
— erupción cutánea (reacción alérgica que obliga a interrumpir el tratamiento);
— disminución de la tensión arterial (en caso de sobredosis).

Otros antiespasmódicos actúan en el sistema nervioso vegetativo provocando un relajamiento de las fibras musculares, del tubo digestivo y de las vías abdominales. Entre ellos cabe citar: Buscapina®, Uraplex®, Eldicet®.

Hay que tener muy en cuenta que al utilizarlos no se deben superar nunca las dosis prescritas. La toma demasiado frecuente expone a los siguientes riesgos:

— sequedad de la boca, la nariz y la garganta (a veces incluso dificultad en el momento de tragar);
— trastornos visuales, dolores en los ojos (en caso de glaucoma) y disminución de las lágrimas (ojo seco);
— dificultad para poder orinar, sobre todo en los enfermos de la próstata, estreñimiento;
— palpitaciones, aceleración del pulso;
— vértigos, aturdimiento y desmayos al levantarse (hipotensión ortostática);
— irritabilidad, confusión mental en los ancianos.

¿Los medicamentos para reducir las secreciones gástricas son analgésicos?

Los antiulcerosos inhiben la secreción gástrica, favorecen la cicatrización de las úlceras gastroduodenales y previenen las recaídas (Zantac® o Alquen®, Coralen®, Cronol® o Confobos®, Toriol® o Tairal®). Estos medicamentos «antisecretores» merecen de verdad el título de analgésicos.

La prevención de las molestias debidas al transporte

¿A qué se debe el mareo durante los viajes?

Uno de cada cinco españoles se ve afectado por el mareo durante los viajes, que también se denomina «cinetosis». Las mujeres se ven el doble de afectadas que los hombres.

El origen del mareo durante los viajes proviene de una estimulación excesiva del mecanismo del equilibrio del oído interno. El líquido que se encuentra en esta parte del oído se precipita simultáneamente por los tres canales semicirculares y transmite influjos nerviosos contradictorios al cerebro.

El umbral de sensibilidad al mareo durante los viajes varía según las personas. Es muy elevado en los niños y en algunos adultos, y también en caso de sufrir ansiedad. En cambio, a medida que el viajero se hace mayor, supera este problema.

Los síntomas son: transpiración, vértigos, náuseas y vómitos. Aparece con mayor facilidad en las personas que están cansadas, han comido en exceso o bebido alcohol y en ciertos ambientes: atmósfera cerrada, olor de gasóleo, visión de objeto que se balancea, etc.

¿Cómo se puede remediar este mareo?

Algunos medicamentos, como los antihistamínicos y los fármacos contra las náuseas (Arcasin, Motilium, Kytril, Navoban, Yatrox), resultan eficaces, aunque suelen tener efectos secundarios como la somnolencia.

Un conductor de vehículos no debe tomarlos o, si lo hace, tendrá que dejar el volante a otros.

Un enfermo de glaucoma deberá pedir consejo a su médico para la elección de un fármaco contra las náuseas, ya que algunos contienen atropina, que está contraindicada para el glaucoma.

Un remedio homeopático, la Cocculina, ofrece una alternativa interesante, dado que no tiene ningún efecto secundario. Puede tomarlo todo el mundo, en particular los niños pequeños a título preventivo o curativo. Se presenta en comprimidos para chupar o en gránulos que se dejan fundir bajo la lengua.

Para minimizar los riesgos de sufrir mareo durante los viajes, conviene descansar bien antes de salir, comer ligero antes y durante el viaje, no beber alcohol y mantener la atmósfera del vehículo lo más fresca posible.

¿Cuáles son las molestias susceptibles de ser causadas por el viaje en avión?

El mal del aire

Es un malestar general, acompañado de náuseas y vómitos, que sufren algunas personas a bordo de un avión. Es provocado por las excitaciones anómalas a las que se ven sometidos los órganos del equilibrio situados en el oído interno. A bordo de los aviones presurizados, este fenómeno es menos frecuente, ya que los aviones vuelan bastante alto para evitar las turbulencias.

Para atenuar este mal del aire, el viajero puede tomar uno de los medicamentos citados. Si el vuelo dura varias horas, puede tomar un tranquilizante (benzodiazepina de tipo Valium® o Trankimazin®) o medio comprimido (de tipo Stilnox®).

Siguen siendo aplicables los consejos que hemos dado antes (comidas ligeras, supresión de las bebidas alcohólicas).

Las otalgias

El viajero en avión también puede sufrir de los oídos, sobre todo si está resfriado, a causa de las variaciones de presión. En caso de inflamación (rinofaringitis), las paredes de la trompa de Eustaquio se inflaman y engrosan; la luz del canal, reducida, se opone a la igualación de las presiones entre la del medio ambiental (cabina) y la del oído medio. Hay que tragar o bostezar para ayudar a la trompa de Eustaquio a abrirse. En caso de resfriado o rinofaringitis, el viajero podrá pedirle a su médico que le prescriba un vasoconstrictor (gotas o pulverizador nasal) y un antiinflamatorio faríngeo.

Las tromboembolias

Los viajes aéreos, sobre todo si son transoceánicos, obligan a los viajeros a permanecer mucho tiempo sentados, sin posibilidad de mover los miembros inferiores. Ello predispone a una enfermedad tromboembólica a cierto número de personas de riesgo:

— las mujeres embarazadas (sobre todo las multíparas);
— las mujeres sometidas a dosis masivas de estrógenos;
— las personas de más de 40 años;
— los obesos;
— las personas que sufren una enfermedad varicosa o que han tenido antecedentes de trombosis venosa.

Algunas situaciones agudas también pueden generar un episodio embólico:

— una fractura o una intervención de cirugía ortopédica de riesgo (como la de la pelvis);

— un fallo cardiaco;
— una parálisis del miembro inferior;
— una infección;
— una enfermedad inflamatoria del intestino.

Para estas personas, puede resultar indicado un tratamiento anticoagulante de prevención con heparina de bajo peso molecular (Clexane®, Fraxiparina®) cuando el viaje dura más de seis u ocho horas.

El médico de cabecera juzgará la oportunidad de esta prevención. A estas personas de riesgo se les aconseja durante el viaje:

— levantar las piernas todo lo que puedan;
— movilizar las articulaciones de los miembros inferiores y caminar un poco cuando sea posible.

EL *JET LAG*

Las funciones fisiológicas del cuerpo (su temperatura, las secreciones hormonales, el sueño) están programadas con una duración de 24 horas. Más allá de cinco husos de *jet lag*, estas funciones fisiológicas, así como la vigilancia, se ven perturbadas. Los trastornos son de varios tipos: fatiga, insomnio (adormecimiento difícil, despertar precoz), digestivos, cefaleas, mal humor, etc. Estos efectos varían de forma considerable según los individuos.

Los ancianos son más sensibles a este desfase. Los efectos del mismo dependen por completo de la capacidad de cada uno para recuperarse, es decir, para sincronizar los diferentes relojes internos de su organismo con el nuevo ambiente. Esta sincronización varía entre 3 y 15 días.

Se calcula que, aproximadamente, se necesita un día de adaptación por cada franja de 90 minutos de desfase hacia el oeste y un día por cada franja de 60 minutos de desfase hacia el este.

¿Qué se debe hacer en caso de *jet lag* importante?

Para una mejor adaptación y una sincronización más rápida, se aconseja:

— comer en el avión sólo a la hora local del destino (difícil de llevar a la práctica pues el viajero está sujeto a los horarios de a bordo);
— eliminar los excitantes (café, alcohol, tabaco);
— adelantar o retrasar el momento de acostarse una hora según nos desplacemos hacia el este o hacia el oeste;
— exponerse al sol al alcanzar el destino, ya que sus rayos favorecen la sincronización. Para una buena recuperación, es preferible llegar de día que de noche, pues el iris de los ojos cumple una función importante;
— ejercer ya al llegar una actividad física o intelectual;
— adaptarse a los horarios locales de sueño y de comidas.

¿Existe algún medicamento para minimizar los trastornos del *jet lag*?

Los estudios sobre la melatonina, hormona segregada por la epífisis (glándula del tamaño de un guisante, situada en el centro del cerebro), demuestran que cumple una función determinante en el funcionamiento de nuestros ritmos biológicos.

Se ha creado un tratamiento para las personas que son particularmente sensibles al *jet lag*.

La melatonina se ha utilizado con éxito como somnífero o como medio para devolver a la normalidad los ciclos de sueño perturbados por el *jet lag*. Actúa en los insomnios con retraso de fase, cuando la hora del adormecimiento y de secreción de la melatonina se ve muy forzada. En cambio, parece tener pocos efectos en los insomnes que se duermen con normalidad pero se despiertan en mitad de la noche. Es el único medicamento cuya eficacia se ha demostrado como sincronizador de los ritmos biológicos y en particular del ciclo vigilia-sueño.

¿Cuáles son los inconvenientes de los viajes en automóvil?

Muchas personas se marean en autocar o automóvil. Resultan aplicables los remedios citados.

Si un conductor de automóvil sufre este problema, no debe tomar fármacos contra las náuseas para evitar la somnolencia. Ante los primeros síntomas de mareo, tiene que detenerse y confiarle el volante a una de las personas a las que transporta.

Recordemos que, cuando un automovilista recorre largas distancias, debe hacer pausas (cada dos horas, por ejemplo) para evitar la fatiga y la somnolencia, que altera la vigilancia y los reflejos (incremento del tiempo de reacción).

¿Es cierto que los accidentes de circulación son la primera causa de repatriación sanitaria?

Los riesgos de accidente de circulación deben estar presentes en nuestra mente. En los países en vías de desarrollo, la frecuencia y gravedad de los accidentes en la vía pública los convierten en la primera causa de repatriación sanitaria.

¿Qué consejos prácticos conviene seguir si se utilizan los transportes públicos?

Evite los autobuses deteriorados con neumáticos desgastados.

Prefiera los autobuses más nuevos, aunque la tarifa sea más elevada.

Escoja, en la medida de lo posible, un asiento cerca de una puerta o de una salida de socorro.

En los viajes organizados, la selección de los autocares la realizan los tour-operadores y los conductores son, en principio, profesionales.

¿Cuáles son los inconvenientes y las ventajas de los transportes ferroviarios?

El tren es un medio de desplazamiento práctico y mucho más seguro que el transporte por carretera, con un riesgo de accidente muy bajo. Por ejemplo, el tren puede ser muy conveniente en la India, donde el tráfico ferroviario es el primero del mundo por el número de personas transportadas a diario, en Malasia y en Tailandia. Pero también en este caso algunas personas pueden marearse. Las cinetosis vinculadas a los transportes ferroviarios provocan náuseas e incluso vómitos. Los distintos consejos higiénicos (vientre vacío o lleno, comida caliente o fría, café o no) no cambian nada. En algunas mujeres, ni el Arcasin® ni la Navoban® atenúan las molestias. Sólo la atropina, tomada una hora antes de salir, mejora notablemente esas náuseas, aunque al día siguiente puede sobrevenir una migraña.

El número de personas que enferman en tren parece ser poco elevado pero difícil de reducir.

¿Cuáles son las ventajas y los inconvenientes de los transportes marítimos?

Los desplazamientos por mar suelen llevarse a cabo con una gran comodidad, a veces incluso con lujo. Sin embargo, para las personas que sufren anetosis, el crucero puede transformarse en un calvario. El mareo se manifiesta de forma muy variable, del simple malestar con sensación de frío y algunas náuseas, a los vómitos incoercibles, que te dejan debilitado en la litera.

La intensidad no es proporcional al estado del mar. Esta naupatía aparece de forma insidiosa y con mayor frecuencia con «buen mar», cuando un oleaje residual hace cabecear al barco. La fatiga, el hambre y el frío la agravan.

A bordo de los barcos de crucero se halla un médico que prescribirá de inmediato Biodramina® o Navoban®. Estos medicamentos son eficaces, pero suelen acompañarse de un estado de somnolencia desagradable y persistente.

Otro inconveniente de los viajes por el mar: un buen número de pasajeros va estreñido. La posición acostada en el mar frena de forma considerable la motricidad cólica; además, las vibraciones del barco son conocidas por «dormir» por los intestinos. Atención, el abuso de laxantes incrementa de forma paradójica el estreñimiento: irritan los intestinos y aceleran el tránsito de los alimentos, que se digieren mal. Como reacción, el colon retrasa la evacuación de estos residuos mal degradados, lo cual agrava el estreñimiento. Entonces el usuario aumenta la dosis. Se establece un círculo vicioso: es la clásica enfermedad de los laxantes.

Las escalas permiten tanto a los naupáticos como a los estreñidos recuperar la salud. Podrán volver a caminar mientras descubren las riquezas culturales y turísticas del país. En efecto, el abandono de los fármacos contra las náuseas, asociado con el ejercicio físico, favorece la exoneración natural.

LESIONES Y ENFERMEDADES DEBIDAS AL AMBIENTE

El sol

¿Cuáles son los daños que el sol puede producir a corto plazo?

LAS QUEMADURAS PRODUCIDAS POR EL SOL

En las clásicas quemaduras del sol, los rayos UV dañan las células epidérmicas, que liberan unas sustancias que dilatan los vasos sanguíneos, lo cual explica el color rojo y el calor de la piel. Tras varias horas de exposición, las células de la dermis, subyacentes a las de la epidermis, se destruyen; el organismo las repara, acelerando la producción de nuevas capas celulares, en un número tan grande que rechazan en jirones las células quemadas. Las células productoras de melanina se multiplican más deprisa liberando más pigmentos destinados a las nuevas células de la piel, lo cual broncea la piel.

Es cierto que hay productos solares que protegen de los rayos UV existentes. Pero, ¿no es preferible disminuir el tiempo de exposición al sol y escoger los momentos adecuados? Por ejemplo, a las personas con la piel clara se les recomienda tomar el baño de sol al principio de la mañana o al final de la tarde. Incluso al abrigo de una sombrilla, es posible broncearse debido a la reverberación por parte de la arena y el mar.

LA INSOLACIÓN

Se manifiesta en forma de dolores de cabeza, acompañados de vómitos, rigidez en la nuca y a veces convulsiones, derivadas de la hipertermia. Es posible evitar o minimizar la insolación mojándose la cabeza y bebiendo mucho, lo cual evita la deshidratación.

LA DESHIDRATACIÓN

También denominada *heat exhaustion*, la deshidratación se produce después de una sudación excesiva, ya que el cuerpo pierde demasiadas sales y agua. Los síntomas se declaran en un plazo de entre 24 y 48 horas después de la sudación. El individuo siente fatiga y vértigos, sus movimientos son torpes, su temperatura se eleva y sobre todo experimenta una sed intensa. En este caso conviene beber en abundancia y tomar unos comprimidos de sal.

¿Qué daños puede producir el sol a medio plazo?

LA FATIGA

Sabiendo que una hora de «bronceado» equivale a 8 km de caminata, es fácil calcular la fatiga generada por seis horas de exposición diaria. Corresponde a 48 km de caminata al día, una cifra enorme, sin tener en cuenta que otras actividades pueden incrementar esta fatiga.

Es importante saber que una sesión de exposición al sol que conlleve de forma indirecta una deshidratación representa un suplemento de esfuerzo para el corazón y provoca perturbaciones iónicas de la sangre y de las células que irriga. El resultado es que los latidos cardiacos aumentan mientras que el caudal urinario se reduce y las enzimas que participan en los diversos metabolismos se alteran. De ahí una fatiga intensa que se acompaña de astenia, anorexia, inestabilidad e insomnio. Para luchar contra este agotamiento, hay que incrementar la ingestión de agua y comprimidos de sal (cloruro sódico o potásico), y sobre todo interrumpir las exposiciones solares.

LOS CALAMBRES

Los calambres, otra consecuencia de una gran pérdida de sales, pueden ser muy dolorosos. Para reducirlos, hay que añadir al tratamiento de la fatiga vitamina C y bicarbonatos que neutralicen la acidez de la sangre y de los músculos. Debe respetarse el equilibrio entre estos elementos, pues los calambres aparecen tanto por insuficiencia como por exceso de bebida, sin compensación de las pérdidas salinas.

¿Cuáles son los daños producidos por el sol a largo plazo?

EL ENVEJECIMIENTO CUTÁNEO

Tres factores participan en el envejecimiento de la piel. El primero está vinculado con la alteración de las fibras elásticas de la dermis. A continuación, la pérdida de elasticidad va seguida de una deshidratación del colágeno, una sustancia que constituye el 33 % de las proteínas del cuerpo. Por último, el tejido subcutáneo pierde su grasa. La piel se hunde y se arruga.

EL CÁNCER

Los riesgos de cáncer de piel son favorecidos por toda exposición prolongada a las radiaciones solares.

• El epitelioma basocelular ataca a las capas más profundas de la epidermis.

• El epitelioma espinocelular aparece en las capas córneas o superficiales de la epidermis.

Estos tumores malignos son bastante fáciles de tratar con bisturí manual, eléctrico o láser.

No obstante, existe una tercera forma de cáncer de pronóstico mucho más temible: es el melanoma maligno, que afecta con mayor facilidad al individuo de piel clara que se expone con regularidad. Es el resultado de la alteración de un nevus pigmentario rico en melanocitos. Se vuelve negruzco y doloroso. Un melanoma, incluso tratado (cirugía y radioterapia postoperatoria), puede dar metástasis y, como los anteriores, se desarrolla en las partes del cuerpo expuestas al sol.

¿Cómo hay que exponerse al sol sin riesgo?

En los momentos de fuerte insolación, hay que limitar a dos horas como máximo la exposición, protegerse la cabeza y las partes sensibles del cuerpo y beber líquidos en abundancia. En las partes no cubiertas se aplicará crema solar.

El agua

El ahogamiento

¿Cómo sobreviene el ahogamiento por hidrocución?

El baño tras una exposición solar más o menos prolongada puede llevar al ahogamiento por hidrocución. Este suele producirse tras una inmersión demasiado rápida. El individuo pierde el conocimiento, a causa de una reacción refleja de la piel y de las mucosas de la nariz y la garganta.

El caso típico es el de una persona que se ha expuesto más de una hora al sol y que se sumerge en un agua fresca o fría. Una comida rica (en grasas) y en la que se ha bebido alcohol, así como un esfuerzo prolongado, son factores agravantes.

En la mayoría de los casos, el ahogamiento se debe a una inundación de los pulmones. La prudencia obliga a meterse en el agua de forma progresiva mojándose el torso y la nuca…

¿Cuáles son los otros tipos de ahogamiento?

El verdadero ahogamiento o ahogamiento asfíxico sobreviene en un individuo que no sabe nadar o que sufre agotamiento o calambres.

Otro tipo de ahogamiento es el causado por una inmersión en apnea. De forma progresiva el contenido de oxígeno del aire almacenado en los pulmones pasa del 21 % al 10 %, límite del síncope por insuficiencia de oxígeno. Si la inmersión dura más tiempo, el submarinista pierde el conocimiento y se ahoga.

¿Cómo se puede evitar el ahogamiento?

Las normas de prudencia son evidentes.

• No hay que presumir de las propias fuerzas, ni bañarse ni bucear solo.

• Debe informarse sobre la presencia de corrientes, resaca o barras que, una vez cruzadas, impidan el regreso.

• Si tiene dificultades, ¡no se deje llevar por el pánico! Nade sin precipitación para ahorrar fuerzas.

El agua contaminada

El agua no suele ser vector para las bacterias, pero en cambio se ve implicada a menudo para la giardiasis y las infecciones víricas. Su consumo es peligroso sobre todo en las zonas rurales, y en particular tras las lluvias abundantes. El agua debe esterilizarse por ebullición o incorporación de antisépticos (clorados o yodados).

¿Cómo hay que protegerse de las hepatitis víricas?

El agua es un reservorio de gérmenes y virus. El hombre se contamina a menudo después de beber. La prevención de las hepatitis orofecales A, E y F pasa forzosamente por una higiene alimentaria e hídrica (aunque la transmisión directa entre individuos también es posible). Para protegerse contra las hepatitis, hay que tener cuidado con el agua que se bebe y lavarse las manos cada vez que sea necesario, así como evitar comer verduras sin lavar y sin cocer. Hay que desconfiar del agua del grifo si se sabe que no es potable. No hay que comer la fruta simplemente lavada con dicha agua, sino que hay que pelarla.

¿Cómo se evita la fiebre tifoidea, la leptospirosis icterohemorrágica?

El agua también puede transmitir bacterias y parásitos; el control del agua es una de las medidas fundamentales de higiene y prevención.

En las zonas endémicas de fiebre tifoidea, el viajero se abstendrá de consumir verdura cruda y marisco no controlado.

Las medidas de prevención contra la leptospirosis icterohemorrágica comienzan con la lucha contra la rata, que es un reservorio de leptospiras (bacterias) que elimina con sus deposiciones y con la orina, y el desagüe de las acumulaciones de agua tan frecuentes en la época de las lluvias (es lo que ocurre en Asia y Oceanía). También habría que impedir a los niños jugar en los pantanos y charcos de agua, y a los adultos atravesarlos sin botas, lo cual resulta difícil en el ambiente tropical.

¿Cómo puede evitarse la amebiasis?

En las zonas endémicas (norte de Australia, Nueva Guinea, Marruecos, Sáhara, casi toda el África central, Angola, Botswana, Madagascar, Mozambique, Centroamérica y Sudamérica, Asia), el viajero sólo consumirá agua potable y si no hervida, o filtrada, y luego tratada con compuestos que destruyen las formas vegetativas de la ameba. Deben evitarse las ensaladas y la fruta sólo se consumirá pelada. También en este caso, la higiene de las manos será rigurosa. La quimioprofilaxis sólo puede practicarse en casos particulares y durante periodos limitados.

¿Cómo se evita la distomiasis?

La duela de los félidos (una lombriz parásita) es cosmopolita como la gran duela del hígado. Vive en los canales biliares y pancreáticos del ser humano, del perro y también del gato. El primer huésped es un molusco; el segundo huésped intermedio es un pez (tenca, brema o gobio). La prevención consiste en no beber el agua de los estanques o pantanos, ni comer alguno de los peces citados sin cocerlo. También hay que evitar comer berros o diente de león que crezca cerca de prados donde paste ganado vacuno, a veces afectado.

La duela de Asia es el agente de la distomiasis en Extremo Oriente. Vive en los canales biliares y el páncreas del ser humano y de diversos animales (perros, gatos, cerdos, carnívoros salvajes), que cumplen una función de reservorio de duelas. En su ciclo evolutivo intervienen dos huéspedes intermedios: un molusco y un pez de agua dulce. El hombre se contamina al comer pescado parasitado crudo o poco hecho. Ello plantea graves problemas de salud pública, alcanzando en algunas regiones a casi la totalidad de la población. En efecto, las duelas son responsables de crisis de cólico hepático, ataques de angiocolitis (inflamación de las vías biliares) o coleocistitis (inflamación de la vesícula biliar), así como de ictericia por retención. En algunos casos, puede darse una evolución hacia la cirrosis o el cáncer primitivo de hígado.

¿Cómo se puede evitar la bilharziosis?

La bilharziosis se contrae por la inmersión total o parcial del cuerpo en un agua que contiene larvas de bilharzias (una lombriz parásita). Diversos factores favorecen la infestación transcutánea.

La prevención de la bilharziosis pasa por prohibir el baño o los juegos en un medio acuático contaminado por estas larvas, y evitar caminar descalzos por terrenos inundados o pantanosos.

Los alimentos

¿El cambio de alimentación puede perturbar la digestión?

Sí, el cambio de alimentación puede perturbar la digestión. Probablemente pueda por alteración de la flora intestinal y de las secreciones digestivas del viajero que aún no ha compensado su *jet lag*. Además, los platos propuestos en el país de acogida pueden ser más o menos especiados o estar poco cocidos. El resultado puede ser una diarrea denominada diarrea del viajero.

¿Cuáles son las características de la diarrea del viajero?

La diarrea del viajero se caracteriza por la aparición de más de tres deposiciones al día, blandas, en un viajero que pasa un periodo, más o menos largo, en un país poco desarrollado o que tiene un bajo nivel de higiene. La habitual benignidad de la diarrea del viajero contrasta con su gran frecuencia, pero incluso sin gravedad resulta muy molesta.

El riesgo es máximo para un viajero originario de una zona de bajo riesgo endémico y alto nivel de higiene, como América del Norte, que viaja a una zona con fuerte endemia.

Las personas que están más expuestas a esta diarrea son las que viven en contacto con la población (estudiantes, mochileros, viajeros que quieren vivir al estilo local); vienen a continuación los turistas y luego los hombres de negocios. La diarrea del viajero sería de origen infeccioso en el 90 % de los casos, siendo sus vectores el agua y los alimentos. Las comidas tomadas en el restaurante o en los puestos ambulantes aumentan bastante el riesgo, así como también lo aumentan los viajes de múltiples etapas.

¿Qué alimentos conviene evitar?

Las verduras crudas, las carnes y pescados crudos, los mariscos, los alimentos refrigerados de manera incorrecta, a veces después de conservarlos varias horas a temperatura ambiente e insuficientemente cocidos y los alimentos consumidos en los puestos ambulantes hay que evitarlos. Siempre se recomienda una buena higiene de las manos.

¿Cuáles son los alimentos alérgenos?

Algunos alimentos pueden no ser tolerados por las personas alérgicas. El cacahuete y el huevo a menudo están ocultos en la alimentación, el primero mediante decoraciones de helado o polvos de «avellana» o mezclado con frutos secos, el segundo en los helados y la bollería. Debido a su ingestión se puede presentar una urticaria, que es una patología frecuente, pero también un edema de Quincke o angioedema, que es la forma profunda de la urticaria, en el que las vías respiratorias quedan obstruidas; en tal caso suele ser necesaria la hospitalización con transporte en ambulancia.

¿Qué alimentos pueden generar una intoxicación?

Los alimentos pueden ser portadores de toxinas. Algunas son elaboradas por las bacterias cuando dichos alimentos están contaminados. Así, los colibacilos pueden segregar enterotoxinas. Es el caso de *Escherichia coli* enterotoxinógeno.

Otras toxinas pueden no ser de origen bacteriano. Es el caso de la ciguatera. Hay que desconfiar de los grandes peces carnívoros, como los meros y las carangas, ya que almacenan las toxinas de los peces que han ingerido. En estos grandes peces, se evita consumir las vísceras, las huevas y la cabeza. Tampoco hay que comer pez cirujano. No hay que vacilar en preguntarles a los habitantes autóctonos sobre la toxicidad de los pescados.

No coma una sola clase de pescado durante una misma comida y evite consumir la misma especie en comidas sucesivas, para evitar un efecto acumulativo.

¿Qué es la ciguatera?

La ciguatera es una intoxicación derivada de la ingestión de pescado o marisco de corales en los que se desarrolla un alga microscópica tropical, *Gambierdiscus toxicus*. Esta alga produce unas toxinas que se acumulan a lo largo de la cadena alimentaria. Más de 400 especies de peces de laguna, entre ellos los peces cirujano, los meros, los peces loro, las percas de mar y las carangas pueden ser sus vectores.

Los síntomas se declaran entre la 3.ª y la 30.ª hora (por lo tanto, a veces en el camino de regreso). Cuanto más breve es el plazo de aparición, más grave es el caso. Comienza con un malestar general con sensación de debilidad, comezón en la lengua y los labios, y trastornos digestivos (diarreas, náuseas, vómitos). A continuación, sobrevienen trastornos sensoriales cutáneos: todo frotamiento quema, mientras que el contacto con el metal da una sensación de hielo seco. El menor contacto da una impresión de descarga eléctrica con un fondo permanente de picores («sarna»).

Por último, tras una importante astenia, aparecen fatigabilidad de los miembros inferiores y trastornos motores. Pueden evolucionar hacia una descoordinación motora generalizada con artromialgias. Los casos mortales por parálisis respiratoria son raros (del 2 al 3 %).

A veces, se observa un choque hemodinámico con anitemia cardiaca, trastornos de la hemostasia y convulsiones con afectación de los nervios craneales.

En los casos benignos, el tratamiento es sintomático: vitaminas B, B6, analgésicos, antidiarreicos y medicamentos contra los picores. Para los casos graves, se aconseja una perfusión en una hora de manitol al 20 % (de 200 a 400 ml) que se renovará al día siguiente. El resultado será más beneficioso si el enfermo se somete a un régimen hipoproteico exento de pescado o marisco, así como de bebidas alcohólicas, para paliar las recaídas y un paso a la cronicidad.

En caso de que haya deshidratación con amenaza de choque, se impone la hospitalización.

Después de una ciguatera, la persona intoxicada deberá esperar varias semanas, e incluso de dos a tres meses, antes de consumir pescado, sea el que sea.

¿Existen otras intoxicaciones?

• El consumo de ciertas especies de tiburones o rayas asocia tres síndromes: digestivo, neurológico y cardiaco. Esta intoxicación puede ser grave, como ocurrió en Madagascar en 1993.

• La carne de las morenas puede ocasionar una intoxicación muy rápida. Unos minutos después de la comida sobrevienen espasmo laríngeo, taquicardia, descoordinación motora, hipersecreción mucosa, convulsiones y parálisis con arreflexia, que pueden durar más de una semana. En algunos casos, la intoxicación evoluciona hacia el coma y la muerte.

• Los atunes, bonitos y caballas ocasionan una intoxicación debido a una conservación imperfecta (pescado no vaciado de la sangre, exposición al sol, congelación insuficiente) y una fermentación microbiana que transforma la histidina de la carne del pescado en histamina. Los síntomas se declaran muy pronto: urticaria generalizada, prurito y lipotimia. Los pacientes afectados reaccionan enseguida al antibiótico si se administra al principio de la enfermedad, antes de la aparición de las lesiones tisulares.

En general, este cuadro no dura más de un día. La afección simultánea de varios comensales permite distinguir esta intoxicación de un accidente alérgico. El tratamiento se basa en ambos casos en antihistamínicos; lo habitual es una curación sin secuelas.

• La ingestión de mujólidos (mújoles) en los trópicos puede ocasionar un síndrome alucinatorio. Esta afección en general benigna se cura en 24 horas. La toxicidad de los pescados, episódica y estival, no sobreviene todos los años. Menos de dos horas después de la ingestión, el individuo sufre ardores de garganta, sensaciones de descargas eléctricas, vértigos acompañados de una impresión de inclinación vertical de la cabeza, angustia, alucinaciones auditivas o visuales y pesadillas.

• Otras familias de pescados pueden causar una sintomatología idéntica: espáridos (dorada), serránidos (mero), ostraceónidos (peces cofre) y acantúridos (peces cirujano). Esta intoxicación a veces voluntaria (por las sensaciones generadas) no requiere tratamiento particular.

• Por último, la intoxicación por clupeidos (arenques y sardinas del Caribe, del océano Índico y del Pacífico) se debe a una toxina desconocida termoestable. Por su acción rápida, puede llevar en el 10 % de los casos a la muerte después de unos dolores abdominales con vómitos y convulsiones. Las formas que evolucionan favorablemente terminan con una ictericia precedida o no de un periodo subcomatoso.

Fauna y flora terrestres

Los mosquitos

¿Qué enfermedades transmiten los mosquitos?

ENFERMEDADES CAUSADAS POR LOS MOSQUITOS			
Anófeles	*Aedes*	*Culex*	*Mansonia*
Paludismo	Arbovirosis	Arbovirosis	Arbovirosis
Filariasis	Filariasis	Filariasis	Filariasis
Linfática	Linfática	Linfática	Linfática

El paludismo es una importante causa de mortalidad en el viajero. Es aconsejable protegerse de él (véase pág. 34).

¿Qué es una arbovirosis?

La arbovirosis (del inglés *arthropod born virus*) designa las virosis transmitidas por artrópodos hematófagos, que comprenden los mosquitos, las moscas y las garrapatas.

¿Qué virus transmiten los mosquitos?

LA FIEBRE AMARILLA

Es una virasis tropical, urbana y rural, transmitida por los mosquitos *Aedes* (*Aedes aegypti*) y *Haemagogues*. Los reservorios de virus son el mono y el ser humano. La fiebre amarilla afecta al hígado y a los riñones.

Se opone la fiebre amarilla de la selva contraída por el hombre que se aventura en la selva y la fiebre amarilla urbana. En la primera, el hombre es picado por un mosquito que se abastece en el mono. Los casos son esporádicos y sin gravedad. En la forma urbana, el virus se transmite al hombre a través de otro mosquito (*Aedes aegypti*), provocando epidemias que causan la muerte en el 50 % de los casos.

Después de una incubación de seis días, el hombre pasa por una fase roja en la que presenta una temperatura elevada, cefaleas, dolores generalizados y congestión del rostro. Esta fase dura entre tres y cuatro días y, a continuación, el enfermo entra en una breve fase durante la que se encuentra mejor («la mejoría de la muerte»). Aborda entonces una fase amarilla, marcada por una icteria que se acentúa de forma progresiva y se acompaña de hemorragias cutáneas, mucosas y digestivas. Entonces sufre vómitos de sangre negra.

La evolución se produce o bien hacia la curación completa entre el quinto y el séptimo día, o bien hacia la muerte entre el sexto y el décimo día, con un choque hemorrágico o cayendo en un coma hepático.

La enfermedad sólo está presente en África y en la América intertropical. Las zonas endémicas de la fiebre amarilla cubren una superficie mayor que las zonas oficialmente «infectadas» (zonas donde se han declarado casos a la OMS y cuyos países exigen el certificado de vacunación contra la fiebre amarilla). No hay fiebre amarilla en el Asia tropical, pero la presencia del vector (*Aedes aegypti*) y del reservorio animal (primate) explica que ciertos países asiáticos exijan un certificado de vacunación de los viajeros procedentes de zonas infectadas o de zonas endémicas de fiebre amarilla, incluso en caso de simple tránsito.

EL DENGUE

El dengue es otra virasis tropical, urbana y rural, transmitida por los mosquitos del género *Aedes*. Este mosquito pica durante las primeras horas después del alba y a última hora de la tarde. Su picadura es indolora pero produce prurito. Al parecer, hay cuatro tipos diferentes de virus.

Es posible la contaminación sucesiva por los distintos tipos de virus, lo cual explicaría la aparición de dengue hemorrágico, presente sobre todo en el sureste asiático, Oceanía, el Caribe y Sudamérica. Las formas hemorrágicas se observan de forma excepcional en los turistas, que suelen ser víctimas del dengue clásico.

El periodo de incubación es de unos cinco días. El comienzo es muy brusco, con una fiebre elevada asociada normalmente con dolores difusos (cefaleas, mialgias, artralgias, etc.) y trastornos digestivos. En los días tercero y cuarto, aproximadamente, la fiebre cae antes de volver a subir, seguida de una erupción eritematosa efímera. Es bastante frecuente el prurito.

Al cabo de una semana de incomodidad viene una convalecencia marcada por una intensa astenia.

Las formas severas hemorrágicas se observan en los niños autóctonos del sureste asiático. Tras un comienzo brusco, aparecen signos hemorrágicos cutáneos y viscerales al tercer día, a veces seguidos del fallecimiento.

El tratamiento que se debe aplicar es puramente sintomático: se imponen, habitualmente, los analgésicos y antipiréticos, evitando los derivados de los salicilatos en los casos hemorrágicos.

La encefalitis japonesa es también una virasis tropical, rural, transmitida por los mosquitos del género *Culex*, que abundan sobre todo en las regiones donde se cultiva el arroz. Estos mosquitos pican desde el ocaso y su picadura es muy dolorosa.

Esta encefalitis se presenta sólo en Asia, en las zonas rurales (arrozales donde coexisten el vector y el cerdo, reservorio animal), Bangladesh, India (este del país), Sri Lanka (norte de la isla), Nigeria, Birmania, Tailandia, Laos, Camboya, China, Indonesia (Java), Brunei, Borneo, Hong-Kong, Filipinas, Corea y Japón.

La incidencia es máxima durante el monzón. La infección se manifiesta de forma clásica en uno de cada 200 casos, aproximadamente.

La evolución de la enfermedad es severa: seis fallecimientos, cinco secuelas. El riesgo se elevaría a un caso mensual por cada 5.000 viajeros expuestos en los países endémicos, en el periodo del monzón.

Se aconseja la vacunación a los viajeros que efectúan largos circuitos alejándose de las ciudades en las regiones endémicas. La vacuna está disponible en las zonas endémicas. Se administra tres veces, la segunda transcurridos siete días de la primera y la tercera a los treinta. La inmunidad se obtiene tres semanas después de la última inyección. Es necesaria una revacunación un año más tarde, y luego cada tres años.

Esta vacuna presenta mala tolerancia con bastante frecuencia, con manifestación de fiebre, fatiga y dolores musculares. Debe administrarse al llegar, en la consulta de un médico o en un hospital.

Cuando no se está vacunado, se muestra eficaz la «protección mecánica» contra los mosquitos. No existe tratamiento farmacológico preventivo.

¿Cuáles son los síntomas de las arbovirosis?

La mayoría de las arbovirosis son asintomáticas. Las que se manifiestan con signos clínicos acostumbran a asociarse por lo menos con alguno de los siguientes cinco grandes síndromes:

— síndrome febril;
— fiebre con erupción cutánea y/o artritis;
— afección pulmonar;
— encefalitis;
— fiebre hemorrágica.

¿Cómo se tratan las arbovirosis?

El tratamiento es sintomático y asocia descanso, antipirético y analgésicos. La Ribavirine® (antivírica) ha demostrado su eficacia contra ciertos virus, pero no se ha realizado ningún ensayo clínico controlado.

¿Hay vacunas disponibles contra las arbovirosis?

Hay vacunas disponibles o en fase de desarrollo para algunos virus, como el de la fiebre del valle del Rift, el de la encefalitis venezolana que se manifiesta en Florida, Centroamérica y Sudamérica, el de la fiebre amarilla, el de la encefalitis japonesa y el del dengue.

¿Cómo hay que protegerse de los mosquitos?

Los mosquitos que transmiten el paludismo pican después del anochecer. Así pues, por la noche hay que llevar prendas de vestir claras y cubrientes (no demasiado finas para no dejar pasar el aguijón de los mosquitos), y aplicar repelentes en las superficies descubiertas. Actualmente se venden numerosos repelentes sintéticos. Los más eficaces son los que contienen dietiltoluamida (DEET) en concentraciones superiores al 35 %. Se toleran bien, aunque en algunos casos se han manifestado encefalopatías en niños, tras aplicaciones reiteradas de esta sustancia en una gran superficie de concentración elevada (75-100 %), aunque también baja (10-15 %). Este efecto negativo se debe a una penetración percutánea del producto. En los niños menores de seis años, hay que evitar la renovación de esta sustancia, que se aplica en bajas concentraciones (menos del 20 %) en pequeñas superficies, evitando los pliegues y lavando al niño en cuanto vuelve a casa.

El inconveniente del DEET es su breve periodo de acción (de cuatro a ocho horas) y la disminución de la eficacia en caso de sudación. El etilhexanediol es preferible al DEET en los niños pequeños, aunque su duración media de protección es de dos horas para una concentración eficaz del orden del 30 al 50 %.

El uso de los repelentes (disponibles en farmacias, grandes superficies o droguerías) obedece a ciertas reglas:

1. La aplicación en las partes descubiertas (las prendas de vestir pueden impregnarse de insecticidas).
2. Su no aplicación en las mucosas o llagas.
3. La limitación de su empleo en las mujeres embarazadas o que amamantan y en los niños.

Los repelentes resultan eficaces contra diversos mosquitos (anófeles, *Aedes*, *Culex*), y también contra los piojos, garrapatas, moscas tsé-tsé, tábanos, hormigas y algunos arácnidos.

Las prendas de vestir, en particular las de algodón, pueden impregnarse de insecticidas a base de piretrinoides. La pulverización del insecticida sobre una prenda tiene una duración eficaz de seis semanas. El insecticida resiste cinco lavados en algodón. Es preferible no llevar el tejido impregnado en contacto directo con la piel. Su utilización se recomienda de forma especial a los profesionales expuestos a las picaduras de artrópodos, como cazadores y botánicos.

Durante la noche, la presencia de mosquitos es limitada por la climatización y las mosquiteras en las ventanas. El método más eficaz consiste en dormir bajo una mosquitera y utilizar los insecticidas en el momento oportuno. Estos pueden difundirse en una habitación mediante espirales fumígenas (periodo de acción de seis a ocho horas) en ausencia de corriente de aire, difusores eléctricos (periodo de acción de ocho a diez horas) y bombas de insecticidas (eficacia ilimitada). Sobre todo, permiten impregnar las mosquiteras, lo cual refuerza su eficacia. La mosquitera puede adquirirse lista para su uso o impregnarse individualmente. El periodo de acción es de seis a ocho meses y permite reducir la transmisión del paludismo casi en un 90 % y la morbilidad casi en un 60 %. Se recomienda en particular para las mujeres embarazadas, los residentes en zonas endémicas y los viajeros.

Las moscas

¿Qué enfermedades orofecales transmiten las moscas?

Las moscas desempeñan un papel importante en la transmisión orofecal al transportar virus, gérmenes microbianos o parásitos a partir de materias fecales hacia los alimentos.

Las principales enfermedades son las siguientes:

Amebiasis; ascaridiasis; cólera; criptosporidiasis; cisticercosis; diarrea del viajero; equinococosis hidatídica y alveolar; hepatitis víricas (A, E); isosporiasis; lambliasis; miasis; oncocercosis; oxienimia; poliomielitis (virasis); salmonelosis (entre ellas la tifoidea); shigelosis (disentería); toxocariasis; toxoplasmosis; tripanosomiasis; fiebre tifoidea.

¿Qué es una tripanosomiasis?

Esta enfermedad, más conocida con el nombre de enfermedad del sueño, es inoculada por un parásito transmitido por una mosca, la mosca tsé-tsé. La picadura es diurna y dolorosa en la inoculación, pero no produce prurito.

Esta enfermedad, excepcional en los viajeros y turistas (salvo en caso de safari), localizada en algunos focos de África occidental y oriental, comporta una primera fase linfaticosanguínea caracterizada clínicamente por una fiebre moderada, irregular, adenopatías y manifestaciones cutáneas seudoalérgicas engañosas; luego sigue una encefalomeníngea con trastornos neurosíquicos, entre ellos el insomnio.

¿Qué es la oncocercosis?

Es una enfermedad parasitaria causada por una filaria, la oncocerca, y transmitida por el simúlido.

Se manifiesta en África (sobre todo ecuatorial), Centroamérica, Sudamérica y al este del océano Índico. Tras la contaminación aparecen pequeños nódulos subcutáneos que contienen las lombrices parásitas, una erupción que produce mucho picor (se habla de «sarna filárica»), padecida sobre todo por los habitantes autóctonos, y lesiones oculares que causan la ceguera.

Como los simúlidos dependen de los cursos de agua para la puesta de los huevos y la reproducción, se concentran en torno a los ríos. El resultado es que el contagio y la enfermedad en las poblaciones humanas tienden a repartirse de la misma manera, de ahí el término de «ceguera de los ríos».

Hace poco tiempo, la oncocercosis era la cuarta causa de ceguera en el mundo. En algunas zonas hiperendémicas, más de la mitad de los adultos se quedan ciegos.

¿Qué es una miasis?

La miasis es la afección producida por moscas o larvas de moscas en el cuerpo, casi siempre, en el viajero, la larva de Cayor y la lombriz macaco.

La lombriz de Cayor se contamina en África en contacto con sábanas o con el suelo caliente y húmedo, en el que las moscas han depositado sus huevos.

En la transmisión de la lombriz macado (gusano de *Dermatobia hominis*) interviene en las regiones endémicas (Sudamérica) un insecto picador al que transmite (a veces incluso en pleno vuelo) sus huevos. Cuando el insecto picador ataque a un animal de sangre caliente depositará los huevos de *Dermatobia hominis*.

Un buen medio de prevención es el planchado caliente de las sábanas, con esto se destruyen los huevos puestos por la mosca. Por lo que se refiere a la larva instalada en la piel o el cuero cabelludo, la única forma de librarse de ella es la extracción con unas pinzas.

Las garrapatas

¿Qué enfermedades transmiten las garrapatas?

Las garrapatas son unos artrópodos ácaros susceptibles de transmitir afecciones bacterianas (borreliosis, rickettsiosis), una parasitosis (babesiosis) y virasis (encefalitis vernoestival, fiebres hemorrágicas).

¿Qué caracteriza a las fiebres hemorrágicas por garrapatas?

Las fiebres hemorrágicas por garrapatas, debidas a flavivirus transmitidos por garrapatas, se caracterizan por un síndrome hemorrágico y/o una encefalitis.

• Forman parte de ellas la enfermedad de la selva de Kyasanur (ESK), en la India, y la de Omsk (FHO), que se observa en las estepas de la región de los lagos, en Siberia occidental.

• El periodo de incubación es de tres a ocho días. El comienzo es brusco, y asocia fiebre a 40 °C, cefaleas, erupción palatina papulovesicular, mialgias y postración que dura de una a dos semanas. Pueden surgir complicaciones; el índice de mortalidad de la ESK es del 5 al 10 %, el de la FHO es del 0,4 al 2,5 %.

La evolución suele cursar sin secuelas. Las lesiones histológicas son menores, comparadas con la gravedad de los síntomas clínicos. El diagnóstico se efectúa por análisis biológicos.

• La fiebre hemorrágica del Congo y de Crimea (FHCC) se observa en Asia (Irak, Irán, Paquistán, Afganistán, China occidental, Oriente Medio), Europa (antigua URSS, Balcanes) y en el África subsahariana. Su mortalidad es bastante elevada y son muy frecuentes las epidemias hospitalarias (militares, campistas, pastores de ovejas o de ganado, etc.). Los profesionales sanitarios tienen un elevado riesgo debido a frecuentes contaminaciones a partir de la sangre y de los tejidos infectados.

El periodo de incubación dura de dos a nueve días. El comienzo, brusco, asocia cefaleas intensas, escalofríos, mialgias, faringitis, dolor abdominal, náuseas, vómitos, diarreas, fotofobia e infección conjuntival. El enfermo se muestra a menudo confuso o agresivo, de humor cambiante. Pueden aparecer hemorragias y una erupción. En las formas graves, un fallo hepatorrenal o multivisceral conduce al fallecimiento entre los días 6.º y 14.º de evolución. De lo contrario, el estado de los enfermos mejora de forma progresiva a partir del décimo día cuando desaparece la erupción. Hay que aislar a los pacientes sospechosos de FHCC y tomar precauciones acerca de la sangre y las agujas.

¿Cómo se presenta la encefalitis por garrapatas?

Es una parasitisis de los países templados transmitida durante una mordedura de garrapata del género *Ixodes*. La encefalitis por garrapatas está presente en los núcleos rurales, aunque se han observado casos en parques públicos, en la periferia de las grandes ciudades de la Europa del Este (Austria, Alemania meridional, Hungría, República checa, Eslovaquia, Polonia, Croacia, Bosnia, Rusia, Bulgaria, Rumania). Está difundida asimismo en los países de la antigua URSS, en Dinamarca, Suecia y Finlandia.

El riesgo para el viajero es desconocido. El periodo de transmisión cubre el periodo de actividad de las garrapatas, de mayo a octubre. Los andadores, excursionistas y campistas están particularmente expuestos.

Una vacuna creada en Austria es de uso corriente en la región endémica. Se administra en dos inyecciones con un mes de intervalo. La primovacunación debe ir seguida de una dosis de recuerdo entre nueve y doce meses después, y luego cada tres años. Una inyección única garantiza una protección del 90 % tras un plazo de 14 días. Esta vacuna, que puede obtenerse por autorización temporal de utilización (ATU) a través de la agencia del medicamento, no resulta indicada para el turista común, sino para los excursionistas (campistas, recolectores de bayas o setas, cazadores o pescadores) durante el periodo de actividad de las garrapatas (de mayo a septiembre) y en las zonas endémicas. *In situ*, en caso de exposición al riesgo (mordedura de garrapatas), se administran inmunoglobulinas o bien antes, o bien después de la exposición (en un plazo de 96 horas a partir de esta).

¿Qué es la enfermedad de Lyme?

Esta enfermedad debida a una bacteria de la familia de las espiroquetas, *Borrelia burgdorferi*, es transmitida por garrapatas del género *Ixodes*. A la picadura le aparece una lesión precoz extensiva o eritema crónico migratorio; un mes más tarde aparecen manifestaciones neurológicas, cardiacas o articulares. Todas las fases de la enfermedad responden a los antibióticos.

En la forma clásica es difícil confundirla con otra cosa. No obstante, algunos pacientes no recuerdan haber tenido este eritema y, en otros, su aspecto no siempre es característico. Unas lesiones secundarias pueden evocar un eritema multiforme; unos síntomas osteoarticulares, gripales, pueden resultar engañosos, en particular si la lesión eritematosa ha pasado desapercibida o no es la primera manifestación; cefaleas importantes y rigidez de la nuca pueden hacer pensar en una meningitis aséptica.

En fases más tardías, la enfermedad de Lyme puede simular otros trastornos inmunológicos. Puede asociarse con una angina, seguida de poliartralgias migratorias, y con una afección cardiaca, así como con una afección neurológica tardía.

Si los enfermos reciben tratamiento precoz, la lesión se cura enseguida y no aparecen complicaciones.

En cuanto al embarazo, se han observado raros ejemplos de transmisión fetal, con niños nacidos muertos o fallecimientos neonatales, cuando la enfermedad de Lyme sobrevino precozmente durante el primer trimestre del embarazo y no recibió tratamiento correcto. Pero las mujeres infectadas durante el embarazo deben estar tranquilas, ya que la inmensa mayoría de los niños nacidos en estas circunstancias nacen sin problemas.

En caso de picadura de garrapatas en zona de endemia, no resulta oportuno dar antibióticos para prevenir. La aparición de un eritema característico en los puntos de picadura de las garrapatas permite un tratamiento muy precoz, fase en que la enfermedad es más sensible al tratamiento.

¿Cómo hay que protegerse de las garrapatas?

El riesgo de contraer una enfermedad por mediación de las garrapatas es ínfimo y puede limitarse aún más con la utilización sensata de los insecticidas a base de piretrinoides, muy útiles, que tienen asimismo un efecto repelente en estos artrópodos.

La mejor prevención consiste en:

— no andar nunca descalzo; hay que llevar zapatos cerrados o, mejor, zapatos altos en las regiones endémicas;
— no apoyar la mano o el pie en un lugar (tronco de árbol, madriguera) que pueda ocultar algo;
— sacudir los zapatos y las prendas de vestir, y no dejarlos tirados en el suelo;
— cerrar las salidas con un armazón enrejado;
— durante una marcha, en caso de parada en un terreno salvaje, limpiar a conciencia el espacio en el que nos instalemos.

Las arañas

¿Todas las arañas pican?

Se encuentran arañas en toda la superficie del mundo y en todos los climas, con bastante frecuencia en las casas.

Con excepción de una sola familia, todas son venenosas, aunque sólo algunas de ellas pueden perforar la piel del hombre. Entre estas, una proporción muy pequeña es verdaderamente peligrosa.

La gravedad no es proporcional al dolor de la mordedura y los riesgos no guardan relación con el tamaño del animal.

Sus comportamientos varían mucho de una familia a otra. Si las migalas son agresivas y no dudan en atacar en cuanto se sienten amenazadas, las «viudas negras» son miedosas y sólo muerden ante el sobresalto de un individuo asustado o el gesto brusco de una persona que se despierta.

¿El veneno de las arañas es tóxico?

Aunque es muy tóxico, las cantidades inyectadas por las especies peligrosas suelen ser mínimas y por ello pocas veces mortales. La madurez del sistema inmunológico y el estado de salud del individuo atacado son determinantes para resistir los efectos del envenenamiento. La mayoría de los casos afectados mortalmente son niños o individuos inmunodeprimidos.

LAS «VIUDAS NEGRAS» (*LATRODECTUS*)

Son las más venenosas. Viven en todas las latitudes y, en los trópicos, son muy tóxicas. Miden de 1 a 1,5 cm y su color va del ocre al negro. El dolor sobreviene al cabo de un tiempo y se extiende de forma progresiva, mientras aparecen contracturas musculares, acompañadas de una sensación de opresión.

LAS MIGALAS (*ATRAX*)

Estas grandes arañas velludas son propias de las regiones cálidas. Viven en madrigueras o en los árboles, por lo que es raro encontrarlas. Dos especies australianas, *Atrax robustus* y *Atrax formidabilis*, viven en abundancia alrededor de Sydney y en el sur del país, donde frecuentan los jardines y entran con facilidad en los domicilios. Los niños son sus víctimas más frecuentes.

EL GÉNERO *PHONEUTRIA*

Las especies errantes de este género son peligrosas. Se encuentran en la costa este de Sudamérica. Son grandes y pueden ser mortales para los niños.

Las Loxosceles

Son pequeñas arañas que viven al abrigo de la luz y el frío, tanto en el interior como en el exterior de las casas. Dos especies, *Loxosceles reclusa* y *Loxosceles laeta*, son responsables de envenenamientos graves. Dado que sus picaduras no son muy dolorosas, pasan desapercibidas hasta la aparición de una necrosis extensiva de la piel que tarda varias semanas en curarse.

¿Cómo se evitan las picaduras de araña?

• En una zona de riesgo, hay que dormir al abrigo de una mosquitera, una vez inspeccionado el lugar en el que se va a dormir.

• Como aconsejamos con los escorpiones, no se debe dejar en el suelo la ropa ni los zapatos y conviene sacudir estos últimos e inspeccionarlos cuidadosamente antes de ponérselos.

¿Qué se debe hacer en caso de picadura de araña?

• Se tranquiliza a la víctima.

• Se limpia la herida para eliminar el veneno superficial.

• Hay que practicar la succión para eliminar el veneno en profundidad, siempre que la mucosa bucal y gingival esté íntegra. En caso contrario, puede aplicarse el aspirador de veneno. Se debe desinfectar la herida (Batadine®).

• Se puede administrar un analgésico (Gelocatil®, Nolotil®).

• Hay que recoger el animal, si continúa en la zona, para su identificación y eventual uso de un suero específico.

• Es conveniente llevar al enfermo a la consulta de un médico o al hospital más cercano. A falta de suero de convaleciente de picadura, se pueden administrar inyecciones de corticoide (Urbason®).

Otros invertebrados

¿A qué se deben las leishmaniasis cutáneas?

Son lesiones cutáneas consecutivas a picaduras de mosquitos, que inoculan el parásito; existen tres especies en el Viejo Mundo (*Leishmania major, L. tropica* y *L. infantum*), presentes de la cuenca mediterránea a la India, y una quincena en el Nuevo Mundo.

Estos dípteros pican preferentemente por la tarde. Tras una incubación que dura de 20 días a varios meses, pueden observarse distintas formas según el parásito y la región. Algunas evolucionan de forma favorable, como el botón de Oriente, que adquiere la forma de una lesión única o múltiple de entre 3 y 8 cm de diámetro después de la picadura. Otras, de pronóstico mucho más reservado, como las que se observan en el África oriental o en Latinoamérica, se presentan como ulceraciones y destrucciones progresivas de las mucosas de la cara extendidas al cartílago de la nariz (simulando una lepra).

En muy pocos casos se observan en los turistas.

Los medicamentos que sirven para tratar las leishmaniasis cutáneas son los mismos que se usan para las formas viscerales, derivados del antimonio, por desgracia bastante tóxicos. La prevención contra el vector es la mosquitera impregnada de piretrinoides remanentes.

¿Qué es el tifus de la maleza?

El tifus de la maleza o *skrub typhus* es una rickettsiosis transmitida, a través de roedores salvajes y animales domésticos, por una larva de trombícula akamushi próxima a los ácaros. La picadura se produce cuando el hombre atraviesa maleza cálida y húmeda.

Los síntomas que se pueden apreciar son los mismos que los de todas las rickettsiosis: incubación de siete a diez días, comienzo brusco, fiebre alta, dolores difusos, inyección conjuntival y aspecto seudotípico (pulso disociado, esplenomegalia) con erupción maculopapular fugaz. Es habitual la escara en la zona de la picadura de ácaro. Se presenta tos a partir de la primera semana de fiebre y luego hipotensión y un estado delirante durante la segunda semana. Los casos graves se manifiestan con taquicardia. En los enfermos que no han sido tratados, la fiebre persiste dos semanas o incluso más y luego baja de forma progresiva en pocos días. La prevención reside en la limpieza de maleza y pulverización de las regiones infestadas. Las personas susceptibles de verse expuestas deben utilizar siempre repelentes para ácaros. El cloranfenicol y las tetraciclinas permiten una curación rápida.

Los escorpiones

¿Dónde podemos hallar escorpiones?

Los escorpiones están muy difundidos en todo el mundo. Se encuentran en la franja entre los paralelos 50° de latitud norte y 50° de latitud sur, y hasta 3.000 m de altitud. No los hay en Madagascar, Australia y las islas polinesias.

Algunas especies de escorpiones se adaptan a la civilización urbana. En el norte de África, por ejemplo, penetran por la mañana en las viviendas en busca de agua.

En Brasil, se puede ver cómo los escorpiones viven en las tuberías de las viviendas.

¿Cuáles son los riesgos de sufrir una picadura de escorpión?

Por lo general, el escorpión caza de noche y duerme de día. Sólo pica si se le molesta, así que hay que recordarlo al ponerse un pantalón o un zapato, o bien al levantar una piedra del suelo.

De las 1.200 especies clasificadas, sólo unas 50 son peligrosas para el hombre. Su picadura no suele ser mortal en el hombre sano, aunque sí puede serlo para un niño o un individuo desnutrido. Su tamaño varía entre 1 y 20 cm. Las picaduras de los ejemplares cuyo tamaño es inferior a 5 cm no son mortales.

¿Cuáles son los efectos de la picadura de escorpión?

La picadura sin inoculación de veneno sólo causa un dolor moderado. Si va seguida de inoculación de veneno, provoca un dolor agudo y a veces una sensación de hinchazón que se acompaña de enrojecimiento y edema.

En un plazo de entre cinco y doce horas aparecen signos generales: sudores, náuseas, vómitos, etc.

Una fiebre alta y un estado de confusión corresponden a un envenenamiento importante. En el varón, puede producirse incluso la instalación de un estado de erección permanente.

En un individuo débil y enfermo, o en un niño, la ausencia de tratamiento da lugar a complicaciones respiratorias y cardiovasculares, pudiendo llegar al coma.

¿Qué precauciones hay que adoptar?

• No hay que andar descalzo (sobre todo de noche), ni acostarse en el suelo.

• Se debe comprobar el saco de dormir o la cama antes de meterse en ellos.

• No hay que dejar en el suelo las prendas de vestir ni los zapatos. Hay que darles la vuelta e inspeccionarlos cuidadosamente antes de ponérselos.

¿Qué se debe hacer en caso de picadura de escorpión?

• Se debe tranquilizar a la víctima (cualquier agitación es perjudicial).

• Hay que calmar el dolor enfriando la zona de la picadura mediante un aerosol refrigerante o una bolsa de hielo.

• Se puede administrar un analgésico: Termalgin®, dos comprimidos, tres veces al día; o Dolmen®, dos comprimidos, tres veces al día.

• Hay que recoger el animal (sin dejarse picar) para permitir su identificación y el eventual uso de un suero específico.

- Conviene llevar a la víctima a la consulta de un médico o a un hospital. Cuanto más precoz sea el tratamiento, más reducidas serán las complicaciones. El periodo crítico se sitúa entre las seis y las doce horas siguientes a la picadura.

- No se puede dar de beber alcohol a la víctima.

Las serpientes

¿Todas las serpientes son venenosas?

Están muy difundidas en el mundo. Existen 2.700 especies de serpientes, 350 de ellas venenosas. La mayoría no se muestran agresivas de forma espontánea (a excepción de la cobra y el mamba negro).

La serpiente, sensible a las vibraciones del suelo (sus pasos o su bastón), en general huirá cuando usted se acerque, salvo que tenga la retirada cortada. En tal caso, intentará intimidarle.

¿Cuáles son las consecuencias de una mordedura de serpiente?

Tras una mordedura o proyección (cobra escupidora), los venenos son susceptibles de causar trastornos en el ser humano.

En pocos casos los venenos han causado la muerte. La gravedad está en función de la cantidad de veneno inyectado, de la edad de la víctima y de su estado de salud.

En Europa, las mordeduras son poco frecuentes y en el 40 % de los casos, las mordeduras no van seguidas de inyección de veneno.

El principal signo que revela el envenenamiento es el edema que aparece en la hora que sigue a la mordedura. Puede extenderse al resto del miembro. La presión arterial disminuye. Vómitos y diarreas pueden suceder a estos edemas.

En los países tropicales, algunas serpientes venenosas (cobras, mambas, serpiente coral y serpientes marinas) son temibles. No obstante, la probabilidad de encontrarlas resulta ínfima para el viajero que no supera un mes de presencia en el país, sobre todo si adopta las siguientes precauciones:

— llevar botas y pantalones largos para los paseos en una región infestada;
— golpear el suelo delante de uno con un bastón;
— evitar levantar las piedras con las manos desnudas, hurgar en agujeros, recoger ramas en un suelo cubierto de vegetación y trepar a los árboles de follaje denso.

¿Qué se debe hacer en caso de mordedura de serpiente?

- Hay que tranquilizar a la víctima y dejar que descanse bajo control médico.

- Debemos recoger la serpiente, incluso muerta, para su identificación con vistas al eventual uso de un suero específico.

- Se tendrá que desinfectar inmediatamente la herida (dos orificios pequeños separados entre 3 y 6 mm).

- Se tratará de aspirar el veneno mediante un aspirador de veneno o directamente con la boca (siempre que no se tengan úlceras bucales y se escupa el veneno de inmediato).

- Podrá administrársele un analgésico (de tipo paracetamol: Termalgin® o Gelocatil®, mejor que una aspirina).

- No se le administrará alcohol a la víctima.

- Convendrá llevar a la víctima a la consulta de un médico o a un centro sanitario, donde le podrán inyectar el suero bajo control médico.

Mordeduras o arañazos

¿Cuáles son las enfermedades susceptibles de serle inoculadas al hombre mediante mordeduras, arañazos y lamidos?

Las enfermedades transmitidas por animales son numerosas y dependen del origen de la picadura o mordedura. Las más graves son la rabia y el tétanos.

¿La rabia está presente en todo el mundo?

Casi. Al parecer, no existe en Australia, Bermudas, Caribe (salvo en Cuba, Granada, Haití, Puerto Rico y Trinidad), Dinamarca, España, Finlandia, Gibraltar, Grecia, Irlanda, Islandia, Japón, Malta, Noruega, Nueva Zelanda, las islas del Pacífico, Papuasia-Nueva Guinea, Portugal, Reino Unido y Suecia (OMS, 1996).

En cambio, en Asia, África y Latinoamérica, la rabia es un problema de salud pública.

En Tailandia, el 0,7 % de los perros vagabundos están infectados, y algunos de ellos pueden morder. Según las estadísticas de ciertos países, uno de cada dos niños de entre dos y quince años es mordido al menos una vez por un perro rabioso. Por lo tanto, no es de extrañar que se den casos de rabia entre los viajeros. En el Reino Unido, se observaron doce casos de rabia importada entre 1970 y 1990, diez de ellos procedentes de la India. Aparte de los perros, gatos, chacales y zorros, los reservorios del virus de la rabia varían según los países, y van del murciélago a las mofetas, pasando por los mapaches, mangostas y monos.

¿Cómo hay que protegerse de la rabia?

Se recomienda la vacunación preventiva, sobre todo para los viajeros que marchan a países endémicos y practican el turismo de aventura.

La OMS recomienda tres inyecciones en un mes para la primovacunación: la segunda a los siete días de la primera y la última 28 días después. La dosis de recuerdo se administra un año después de la tercera inyección.

La protección antirrábica queda garantizada de siete a diez días después de la segunda inyección. No parece existir ningún plazo con respecto a otra vacunación.

En cuanto a los efectos secundarios, en el 1 % de los casos se observa una reacción febril y dolores musculares.

¿Cuándo y dónde hay que vacunarse?

Será conveniente vacunarse en los tres meses que preceden al viaje, sobre todo si deben asociarse otras vacunas. El médico de cabecera las administrará y dará las explicaciones complementarias.

¿Existe alguna contraindicación?

El embarazo es una contraindicación para la vacunación preventiva. No existe ninguna contraindicación para la vacunación curativa, es decir, cuando ha habido mordedura por parte de un perro sospechoso, ya que la encefalitis rábica es mortal.

¿El tétanos puede transmitirse mediante mordeduras o arañazos?

Sí. El tétanos es una infección tóxica debida a un bacilo (*Clostridium tetani*). El reservorio de este germen es telúrico y la transmisión se produce con ocasión de una ruptura cutánea (caída, pinchazo con vegetales, mordedura o lamido por parte de animales).

Las personas afectadas son con frecuencia personas mayores de 60 años (93 %) y mujeres (67 %). La mortalidad es elevada: del 20 al 32 %.

Podemos protegernos del tétanos con la vacunación (véase pág. 26).

La flora tóxica

¿Cuáles son las especies cuya savia es peligrosa?

El manzanillo, *Hippomane mancinella*, árbol de entre 5 y 7 m de la familia de las euforbiáceas, crece en las Antillas, Centroamérica y Sudamérica; segrega un látex cáustico muy venenoso. El que va a dormir la siesta a la sombra de su follaje se expone a recibir unas gotas que causan verdaderas quemaduras; por otra parte, su látex sirve para confeccionar flechas envenenadas. Su fruto, también venenoso, tiene un sabor agradable y se parece a una manzana pequeña.

El contacto de la laca o el látex de otros árboles tropicales como el ébano, la teca, la caoba, el palisandro, así como los jugos de betel, pita, euforbio y chumbera, pueden provocar importantes irritaciones en caso de alergia personal.

¿Cuáles son los árboles cuyos frutos son tóxicos?

Las bayas apetitosas abundan en las selvas tropicales, pero algunas de ellas son responsables de accidentes mortales.

El fruto verde de la *Alichia sapida* ha causado la muerte de niños en el Caribe y en Sudamérica, mientras que el fruto maduro es comestible.

El árbol de Coñac que crece en las Indias presenta un fruto sano en pequeñas dosis, pero tóxico en dosis masivas.

El falso badián, *Ilicum religiosum*, crece en China, Vietnam y América del Norte. Su fruto es tóxico.

El fruto del seibo, cesalpiniácea, árbol decorativo que crece en Asia y África tropical, es causa de accidentes mortales en el niño.

En las Indias, en las Filipinas, el arroz con curry, preparado con aceite de mostaza contaminado con la semilla de la *Argemone mexicana*, ha provocado diversos envenenamientos.

Nunca debe comerse una baya que no se conozca.

¿Qué precauciones hay que tomar?

En primer lugar, hay que escuchar siempre con atención lo que dice la gente del país acerca de una u otra planta. Se tiene que impedir que los niños recojan bayas y se las lleven a la boca.

Si el ojo entra en contacto con la savia o el látex de un árbol considerado venenoso, se deberá aclarar muy bien mediante un líquido de lavado (suero fisiológico) y mostrar a un médico, que juzgará la oportunidad de prescribir un colirio con corticoides, seguido o no de un cicatrizante.

Fauna y flora marinas

La fauna venenosa

¿Cuáles son los invertebrados marinos venenosos?

• Los conos pueden infligir picaduras graves, a veces mortales, en particular cuando se trata de los conos del Pacífico tropical.

• Los pulpos pueden presentar algún peligro, debido a su mordedura.

• Algunas estrellas de mar poseen largos pinchos y segregan un fluido tóxico, como la especie *Acanthaster planci*.

• Los erizos de mar más peligrosos pertenecen a la familia de los *Toxopneustidae*. Sus espinas están recubiertas de una capa de pedicelarios, cuyo veneno posee una marcada acción neurotóxica. Varios casos de muertes se han atribuido a la especie *Toxopneustes pileolus*, en submarinistas no revestidos de su neopreno.

• La mayoría de los cnidarios (celentéreos) puede ser peligrosa para submarinistas no revestidos con su traje.

• El contacto con tentáculos de medusa provoca quemaduras locales con vesículas y a veces espasmos musculares.

• El contacto con las anémonas de mar puede provocar una sensación de escozor seguida o no de vesículas. La enfermedad de los pescadores de esponjas se debe a una anémona y causa necrosis y úlceras purulentas, difíciles de curar.

• La herida o corte por «corales» es consecuencia de un contacto, frotamiento o apoyo sobre las madréporas, que tarda mucho en curarse. En el mejor de los casos, cicatriza en un plazo de entre quince días y tres semanas. A menudo aparecen complicaciones infecciosas.

La mayoría de estas heridas, como el contacto con las medusas, puede evitarse con el traje, la máscara y los guantes de submarinismo.

¿Cuáles son los vertebrados marinos venenosos?

• Las rayas armadas como la pastinaca (familia de las *Dasyatidae*) y el águila de mar *(Myliobatidae)* son conocidos en Europa. En los trópicos, cabe destacar otras dos familias: las *Urolophidae* y las *Rhinopteridae*. En su cola, una aguijón de entre 10 y 15 cm causa una herida dentada debido a la presencia de dentícula en sus bordes. Unas glándulas tóxicas impregnan la herida de veneno. El dolor es muy agudo y se irradia a todo el miembro, que se entumece. Surge un estado de choque cuando el dolor es intenso y la herida afecta al tórax o al abdomen.

• Las arañas *(Trachinidae)* están presentes en las costas arenosas y cenagosas del Atlántico, el canal de la Mancha y el Mediterráneo. Están dotadas de un aguijón opercular y de espinas en la primera aleta dorsal, provistas de glándulas tóxicas. Las espinas de araña son capaces de perforar los guantes y las aletas. El dolor es inmediato, más intenso que el de las rayas armadas; su intensidad paraliza al submarinista, que así se ve en una situación difícil. Afortunadamente, la muerte resulta excepcional.

• Las escorpenas, o rascazas, difundidas en los mares templados y cálidos, incluyen tres subfamilias, todas peligrosas debido a sus doce espinas dorsales, tres espinas anales y dos espinas pélvicas conectadas con glándulas tóxicas. La picadura sangra mucho y el dolor es intenso, extendiéndose al miembro en unos minutos y a la raíz del miembro en un cuarto de hora. En los casos graves, la intensidad del dolor favorece la instauración del choque.

• Los peces piedra viven enterrados en la arena o el limo de los mares tropicales. Las espinas son cortas, medio enterradas en una almohadilla de carne. La picadura causa de forma instantánea un dolor atroz que se extiende muy pronto al resto del cuerpo y provoca con bastante frecuencia un estado de síncope. En los casos graves (la gravedad depende del tamaño del pez), la muerte se produce en unas horas. A veces, tras una fase de mejoría.

• Los peces cebra son bonitos peces de colores vivos, que evolucionan en las aguas profundas, entre los arrecifes coralinos. Sus espinas dorsales y anales causan picaduras muy dolorosas. A veces sobreviene el choque y es frecuente la parálisis respiratoria.

• También son venenosos: los peces sapo, los peces astrónomo y los siluros.

¿Qué medidas hay que adoptar?

Algunas medidas locales persiguen desactivar el veneno, en particular la sucesión de agua salada fría y agua caliente llevada a una temperatura cercana a los 50 °C. Algunas medidas generales (corticoterapia y antibioterapia) tenderán a minimizar las repercusiones de la toxina en el estado general. Para las picaduras de pez piedra, existe un suero antivenenoso específico.

¿Cuáles son los vertebrados marinos responsables de mordeduras venenosas?

• La morena sólo ataca al hombre si se siente amenazada, y puede morder varias horas después de salir del agua. La saliva es vemolítica y neurotóxica. Las mordeduras de morena son excepcionalmente mortales.

• Las serpientes de mar, comunes en la zona tropical de los océanos, viven en su mayoría cerca de las costas y en las proximidades de los estuarios. Su aparato venenoso es el homólogo del de las serpientes terrestres. La mordedura es prácticamente indolora. Una hora después, duelen los músculos de la región afectada y se instala de forma progresiva una parálisis. El resultado es fatal en un porcentaje de casos que oscila entre el 20 y el 30 %. Puede sobrevenir en pocas horas un colapso cardiovascular o al cabo de unos días una insuficiencia renal aguda.

La fauna marina no venenosa

¿Los accidentes debidos a los tiburones son frecuentes?

Son una minoría comparados con el número de accidentes por inmersión, aunque no dejan de ser una amenaza para quien dedica su tiempo libre a los deportes náuticos.

¿Qué se debe hacer en caso de mordedura de tiburón?

En el agua, los socorristas hacen un círculo en torno a la víctima para evitar un nuevo ataque. Uno pondrá un torniquete o recurrirá a la compresión directa.

Al salir del agua, fuera del alcance de las olas más altas, se tenderá a la víctima con la cabeza baja, a la sombra y en un lugar fresco.

No hacen falta mantas, ya que el drama se desarrolla en un país tropical o en la temporada estival en la zona templada.

Lo primero que debe hacerse es parar la hemorragia mediante la colocación de un torniquete. Si la afección vascular se sitúa en la raíz del miembro, esta medida resulta imposible, así que se recurre a la compresión directa en espera de que el médico, a quien se avisará lo antes posible, suture el vaso.

El herido en estado de choque potencial, a quien el médico someterá a perfusión de inmediato, será evacuado. Para el herido en estado de choque confirmado, se esperará a que se manifiesten los signos de reaparición de la circulación: calentamiento de las extremidades, reaparición del pulso capilar y disminución del pulso.

¿Cómo hay que protegerse de las agresiones de los tiburones?

BAÑISTAS Y NADADORES

• Nunca practique la natación en solitario, hágalo en compañía de al menos una persona.

- No se convierta en un blanco alejándose demasiado del grupo de bañistas.

- Evite bañarse o practicar la pesca submarina en las aguas infestadas de tiburones.

- Absténgase de nadar si sangra o si es portador de una herida no cicatrizada.

- Rehúya las aguas cuya visibilidad submarina sea muy reducida.

- Apártese de los estuarios, sobre todo en la zona tropical, donde el peligro proviene a la vez del río y del mar.

Submarinistas

- Nunca practique el submarinismo en solitario; el submarinismo debe ser una actividad colectiva y nunca un deporte individual.

- El submarinismo implica la presencia de una embarcación de transporte (con socorrista o enfermero, caja de descompresión y botiquín de primeros auxilios).

- Evite toda región infestada de tiburones, los estuarios en el ambiente tropical.

- No se ponga en situación de inferioridad practicando el submarinismo por la noche en aguas turbias. En caso de necesidad, disponga de una jaula antitiburones.

- Si se encuentra de cara con un tiburón, no pierda la sangre fría, nade de forma relajada y evite cualquier movimiento brusco. Intente salir lo antes posible del agua.

- Sobre todo, no pesque en aguas infestadas de tiburones y aún menos en su presencia.

- Si es portador de peces y ve un tiburón, líbrese de su botín, que es lo que más le interesa.

- Evite provocar las reacciones de defensa de un tiburón dejándolo sin escapatoria o atacándolo.

- Si un tiburón se lanza contra usted o trata de agredirle, hágale frente con su fusil submarino o cualquier otro objeto sólido de cierta longitud.

- Cuando explore o cace, sus compañeros de equipo deben situarse detrás, a uno y otro lado, para vigilar el espacio submarino que escapa a su campo de visión.

- Un equipo de dos submarinistas controla fácilmente los movimientos de un tiburón y menos fácilmente los de dos tiburones que un equipo de tres submarinistas.

A partir de tres tiburones, sea cual sea el número de submarinistas, es urgente ponerse a salvo, ascendiendo espalda contra espalda hacia la embarcación de transporte, o bien deslizándose en una jaula antitiburones.

• Antes de salir a la superficie y subir a la embarcación, compruebe una vez más los alrededores, ya que este es a menudo el momento escogido por el tiburón para atacar al submarinista, que entonces se ve obligado a relajar su vigilancia.

¿Cuáles son los otros vertebrados marinos capaces de mordeduras no venenosas?

LAS BARRACUDAS

Las barracudas *(Sphyraena)* son conocidas por atacar al hombre. Al parecer, en algunas regiones se les teme más que a los tiburones. En general, la agresión de una barracuda es menos peligrosa que la de un tiburón porque no persiste, sino que ataca y luego se aleja de forma definitiva.

LOS ESCÓMBRIDOS

En ausencia del cadáver del agresor, el diagnóstico de la especie responsable es difícil. Resulta complicado porque a ciertas caballas se les llama incorrectamente barracudas, mientras que a las verdaderas barracudas se les llama «lucios de mar». Las fotografías de mordeduras de escómbridos demuestran lo difícil que es distinguirlas de las de un tiburón.

EL THAZARD

Puede alcanzar 2 m y pesar 60 kg. Corta en dos los bonitos y pequeños atunes con un solo movimiento de mandíbula.

Los bordes rectilíneos de la mordedura son muy limpios, como si estuviesen hechos con un cuchillo.

LOS COCODRILOS

El cocodrilo africano, difundido de Sudáfrica al África ecuatorial e incluso en los oasis del Sáhara, evoluciona en el agua salada, y se le encuentra en numerosas islas lejanas y en particular en Madagascar. Puede superar los 4 m de longitud, y ataca al hombre en algunas regiones. El cocodrilo marino de las regiones de la India y de las Indias orientales, todavía más largo que el anterior, es un devorador de hombres.

Merece su nombre de cocodrilo marino puesto que se le encuentra de isla en isla en todo el archipiélago malayo. Algunos de estos saurios se extienden por las islas Coco-Keeling del océano Índico, las Nuevas Hébridas y las Fidji, en el océano Pacífico.

EL OSO POLAR

Su hembra y los jóvenes son potencialmente peligrosos para el hombre. El oso polar alcanza los 2,70 m y los 825 kg.

Los osos polares, atraídos por las actividades humanas y las reservas alimentarias, son de carácter curioso y representan una amenaza para el hombre. Su mordedura se tratará igual que la de un tiburón.

LAS FOCAS

La foca leopardo, *Hydrurga leptonyx*, es una foca del Antártico, que mide aproximadamente 3,20 a 3,50 m de longitud y pesa de 300 a 400 kg. Ataca a otras focas de pequeño tamaño y a animales de sangre caliente, siguiéndolos bajo el banco de hielo y luego surgiendo bruscamente delante de ellos.

LAS ORCAS

La orca, *Orcinus orca*, es el último mamífero marino susceptible de atacar al hombre. Mide de 6 a 9 m de longitud y frecuenta preferentemente las aguas frías, donde caza en manada. Devora los pingüinos y morsas, golpeando el banco de hielo para romperlo y lograr que sus presas caigan de cabeza en el mar. Ataca incluso a las ballenas. Las agresiones de orca contra las embarcaciones ligeras son un hecho comprobado.

La flora marina tóxica

¿Cuáles son las amenazas causadas por la flora marina?

Los dinoflagelados (o peridíneos) planctónicos, organismos unicelulares responsables, cuando se reúnen en gran número en ciertas ensenadas y bahías, del fenómeno de «agua roja» (*red tide* de los anglosajones), pueden provocar en el hombre o bien una intoxicación de tipo respiratorio, o bien una intoxicación digestiva.

¿Qué es el fenómeno de «agua roja»?

Este fenómeno ha recibido su nombre porque cuando se manifiesta el color del agua se vuelve con frecuencia de color rojo sangre. Provoca unos efectos secundarios espectaculares, como la toxicidad desacostumbrada de los moluscos comestibles (ostras) y una mortalidad masiva de los peces.

No obstante, es difícil dar una descripción característica del agua roja. El color es variable (rojo sangre, rojo pardo, anaranjado, verde, gris o blanco lechoso) según la naturaleza del organismo responsable. Este es casi siempre un peridíneo o dinoflagelado, aunque también puede tratarse de otros flagelados marinos o bacterias.

El fenómeno suele producirse en las regiones cálidas, aunque también en aguas más septentrionales, como en Bretaña. Estas proliferaciones de dinoflagelados se asocian casi siempre con las máximas térmicas del año y sobre todo con una pronunciada estabilidad de la masa de agua. Cuando este fenómeno alcanza cierta importancia, y durante un periodo importante, puede tener efectos catastróficos en la fauna marina.

¿Cómo se puede explicar la intoxicación?

De dos formas puede explicarse la intoxicación: o bien las toxinas elaboradas por los dinoflagelados se difunden en el medio (intoxicación directa), o bien la intoxicación se debe a la presencia de una importante masa de material orgánico, que modifica de forma considerable el medio y determina un intenso proceso de degradación y putrefacción.

¿Cuáles son las consecuencias para el hombre?

LA INTOXICACIÓN RESPIRATORIA

Cuando rompen las olas, se produce en la atmósfera una pulverización de agua de mar y los vientos llevan así microgotas de agua de un diámetro que varía entre 0,3 y 30 cm. Por lo tanto, estos vientos transportan auténticos aerosoles que transmiten cantidades ínfimas de «agua roja» a los habitantes de la zona, que sufren entonces rinofaringitis (violentos dolores de garganta, estornudos, sensación de escozor e irritación en la nariz, la garganta y los bronquios, accesos de tos incoercibles, etcétera).

LA INTOXICACIÓN DIGESTIVA

Mucho más peligrosos son los casos de intoxicación a través de animales contaminados (pescados, crustáceos y moluscos).

• Los primeros signos aparecen, aproximadamente de tres a doce horas después de la ingestión, en función del grado de contaminación del animal ingerido, y son los siguientes: hormigueo en los labios y la lengua y luego bastante malestar con sudoración, seguidos a veces de un frío intenso, dolor abdominal, diarreas y desagradables vómitos alimentarios y biliosos, que pueden llegar incluso hasta la instalación de un auténtico estado coleriforme. En otros casos, también se observan diarreas sanguinolentas.

• Además de los trastornos digestivos, que en general se atenúan en dos o tres días, se manifiestan trastornos cardiovasculares (descenso de la tensión arterial, vértigos, etc.) y un intenso picor localizado en la palma de la mano y en la planta de los pies. Se instala una enorme fatiga, sobre todo en los miembros inferiores (piernas pesadas). En los casos graves, es necesaria la hospitalización.

En efecto, los dinoflagelados contienen alcaloides de elevada toxicidad, tan peligrosa como la toxina del botulismo. Por otra parte, se ha comprobado que los efectos de este veneno recuerdan los del curare. Estos dan lugar a una parálisis de los centros nerviosos que causa de forma secundaria la muerte por asfixia.

¿Cómo hay que protegerse de las «aguas rojas»?

Para las intoxicaciones respiratorias, un simple tapón de algodón que proteja la boca y la nariz previene los efectos nocivos observados en los navegantes y los marinos que cruzan por los parajes de un fenómeno de «agua roja». En caso contrario, conviene alejarse de la zona sospechosa. Los trastornos se atenúan en gran medida con aerosoles de corticoides.

La precaución básica para las intoxicaciones digestivas consiste en prohibir la pesca o la recogida de cualquier marisco en los parajes del fenómeno de «agua roja». Hay que recordar que el fenómeno se declara en periodos de intenso calor (verano, principios del otoño), en aguas tranquilas (en el momento en que la marea presenta su menor amplitud). Habrá que desconfiar de los productos de pesca extraídos en un agua decolorada o de color amarillo pálido, ámbar o rojo, o en un agua espesa y fosforescente durante la noche.

TERCERA PARTE
PATOLOGÍAS RELACIONADAS CON LAS MODALIDADES DE TURISMO

Turismo en los países
en vías de desarrollo

¿Qué riesgos tiene alojarse en una casa particular?

Alojarse en una casa particular permite conocer mejor a los habitantes, averiguar de qué forma viven, sus hábitos y costumbres y sus relaciones con el entorno, en definitiva, estar en contacto con la realidad del país visitado. También es un medio para gastar menos dinero, y disfrutar de lo pintoresco de este tipo de estancia, de las comidas típicas, etc. Además, se está sobre el terreno para hacer excursiones al campo, la sabana o la selva.

Sin embargo, alojarse en una casa particular también supone privarse de las condiciones de comodidad ofrecidas en el hotel y a veces, también, de las condiciones mínimas de higiene y prevención.

La vivienda de su anfitrión encantador puede no estar preservada de los insectos u otros parásitos, así que se arriesgará a despertarse, una mañana, tiritando de fiebre o presa de una desagradable diarrea viscosa y sanguinolenta sin tener entonces la posibilidad de llamar a un médico, cosa que le habría resultado muy fácil en un hotel internacional.

En cuanto a la alimentación, aunque los habitantes autóctonos parecen soportar bien lo que comen, en realidad presentan numerosas afecciones debidas a los microbios de su ambiente. No están «adaptados», aunque por necesidad tengan que vivir así.

¿Cómo prepararse para el turismo de aventura?

Entre los consejos que podemos dar, se imponen algunos que hay que tener presentes al realizar turismo de aventura.

• Así, al margen de las vacunaciones obligatorias, se aconsejan encarecidamente las siguientes vacunas:

— la antitifoparatifoidea;
— la antitetánica;
— la antipoliomielítica.

• ¡Salir de viaje sin estar vacunado contra la tifoidea es una inconsciencia!

• Por último, siempre hay que proveerse, en toda la zona intertropical, de una cantidad suficiente de antipalúdicos sintéticos o bien de antibióticos, o bien de sulfamidas intestinales, que pueden resultar útiles en las infecciones intestinales agudas. También en este caso, en lugar de improvisar un tratamiento que no está desprovisto de riesgos (intolerancia y accidentes seguros, incluso hematológicos), más vale consultar en la zona y no dejar sin control médico cualquier diarrea aguda que no ceda en dos días. Contra la amebiasis, la absorción muy frecuente de antisépticos intestinales no sólo es abusiva, sino que no es completamente eficaz.

• Un comportamiento alimentario sensato, que no se inspire demasiado en los hábitos locales, debería aportar una protección suficiente; se aconsejará una limpieza meticulosa de las manos y la desconfianza hacia las ensaladas, la fruta que no se pela y el agua, sobre todo la de los ríos y manantiales. En cambio, se podrá beber el agua que ha sido hervida o desinfectada (con derivados clorados o yodados). Queda siempre el recurso de las aguas minerales, a condición de que se sirvan en una botella no destapada. Habrá que desconfiar de las jarras y vasijas de agua. Todas estas precauciones permiten evitar la disentería bacilar y los parásitos intestinales.

• La cuestión de la prevención de la enfermedad del sueño (tripanosomiasis) se plantea en función del destino, y hay que dirigirse a una institución especializada. En efecto, las inyecciones de Lomidine®, que proporcionan una protección de seis meses, están lejos de ser inofensivas (síncopes y diabetes definitiva). Sólo se emprenderá esta prevención si resulta inevitable.

• Aunque el viajero viva en una casa particular, deberá protegerse contra los mosquitos y el exceso de sol (véase págs. 68 y 55).

¿Qué precauciones alimentarias hay que adoptar?

Hemos hablado del agua en el apartado anterior.

En cuanto a los productos alimenticios, en muchos países del tercer mundo, los controles sanitarios ejercidos en la producción y conservación de los alimentos (el respeto de la cadena del frío) son irregulares y de valores muy desiguales. Como nunca podrá comprobarlo, es preferible fiarse del sentido común y redoblar las precauciones.

Se comerán preferentemente alimentos bien cocidos y servidos calientes, incluyendo carnes, pescados y crustáceos. En cuanto a los productos lácteos, habrá que mostrarse prudente y hervir la leche no pasteurizada. Será necesario desconfiar de los helados.

El riesgo de intoxicación no se debe solamente a microorganismos, sino también a la ingestión de las toxinas que producen. Por ejemplo, una carne conservada durante mucho tiempo en un puesto del mercado puede causar trastornos digestivos por los productos de degradación de las proteínas.

Se evitará ingerir peces herbívoros y comedores de coral pescados en el medio coralino. Pueden ser portadores de ciguatera (véase pág. 62).

¿Hay que desconfiar de la climatización?

En los países cálidos, hay que desconfiar del frescor. Ventiladores y climatizadores son aparatos que producen frío, pero que, además, favorecen la aparición de resfriados y anginas. También resulta sensato desconfiar del «golpe de frío» al regresar a Europa, en particular al salir del avión.

¿Qué riesgos tiene el turismo sexual?

El turismo sexual se ha desarrollado considerablemente en algunos países del mundo en las dos últimas décadas. Cada año, aviones enteros despegan con destino a Bangkok o Manila. Estos turistas dedican todas sus actividades a frecuentar los cabarés y otros salones de masaje, ambientes de la prostitución más o menos visibles según la legislación en vigor, pero todos reflejos de la pobreza, la miseria y la corrupción.

La falta de higiene, el desconocimiento por parte de los prostitutos o prostitutas de las ETS (enfermedades de transmisión sexual) y de cómo ser precavido ante estas, la pobreza de las instalaciones sanitarias, la escasa frecuencia de los controles por parte de los servicios de higiene y salud pública y la corrupción de las autoridades locales contribuyen a hacer de los lugares de prostitución un paso de alto riesgo para el viajero que se «pierde» en ellos.

En este triste comercio están implicados niños y adolescentes apenas núbiles, obligados a prostituirse por la violencia o las amenazas, con el riesgo de morir a corto plazo por las drogas, el sida o las demás enfermedades sexuales.

Al margen de la frecuentación del ambiente de la prostitución, el viaje puede ser una ocasión para encuentros y aventuras amorosas locales y pasajeras. Es lo que ocurre en África y Latinoamérica (el festival de Río atrae cada año a decenas de miles de turistas). En África, se impone la prudencia: las ETS no son patrimonio exclusivo de las prostitutas, y hay que saber imponer el uso del preservativo para no aumentar rápidamente la población ya numerosa de seropositivos: 300.000 en Estados Unidos y 92.000 en Europa.

No es raro encontrar la asociación de varias ETS como el herpes genital, la hepatitis B y el sida.

¿Cómo se contrae el sida?

Esta ETS, identificada hacia 1980, se debe a un virus que desorganiza las defensas inmunitarias y vuelve el organismo muy sensible a otras infecciones que pueden ocasionar la muerte. Está presente en todo el mundo, pero África está particularmente afectada y Asia es hoy en día el escenario de una explosión de la enfermedad. En el año 2000, se evalúan en cien millones las personas infectadas por el VIH o virus del sida.

El sida es una afección poco contagiosa que requiere un intercambio de sangre para pasar de un individuo a otro. Esta condición se da en la relación sexual ya que el esperma y las secreciones vaginales contienen linfocitos, células presentes en la sangre, que albergan el virus y permiten su multiplicación. Las relaciones homosexuales masculinas son las que presentan mayor riesgo debido a la fragilidad de la mucosa rectal. Entre los toxicómanos, la contaminación tiene lugar a través de la jeringuilla que intercambian. Las heridas cutáneas son una puerta de entrada y las transfusiones de sangre contaminada, con ocasión de intervenciones quirúrgicas, son temibles en los países donde el control es menos estricto que en España.

La contaminación no da lugar a ningún signo clínico, sólo una huella biológica que persiste varios meses o varios años. El paso de la seropositividad a la enfermedad es revelado por una fatiga persistente, una infección del aparato respiratorio y una alteración progresiva del estado general.

El diagnóstico sólo se confirma con exámenes específicos (prueba de detección): el individuo es «seropositivo». Si el viajero se contamina durante su periplo, los síntomas clínicos de la enfermedad no se declaran prácticamente nunca durante el viaje. Por lo tanto, la investigación de la contaminación sólo se hará al regreso, en el país de origen.

El tratamiento, al regreso, en el individuo «seropositivo», utilizará antivirales. Mientras tanto, el viajero tomará medidas de prevención.

¿La hepatitis B es una ETS?

La contaminación por el VHB suele ser sexual o derivada de una herida, un corte o un pinchazo en prácticas de riesgo (tatuaje, perforación de orejas, etc.).

¿Qué riesgos tienen los viajeros de contraer una hepatitis B?

Al parecer, existen 2.000 millones de individuos afectados por el virus de la hepatitis B, 300 millones de ellos portadores crónicos del antígeno HBs, que representan el reservorio de virus. La OMS distingue tres zonas según el porcentaje de portadores crónicos:

— la zona de baja endemia (inferior al 2 %), que comprende Australia, América del Norte y Europa occidental;
— la zona de media endemia (del 2 al 7 %) comprende Europa oriental, la cuenca mediterránea y Latinoamérica;
— la zona de alta endemia (del 8 al 20 %) comprende África, el Sureste Asiático y China.

Para el viajero, el riesgo de contaminación se calcula en un viajero por cada 250 en países de fuerte endemia.

¿El herpes genital puede reaparecer una vez curado?

Esta infección vírica cosmopolita puede manifestarse sola o puede complicar cualquier ETS.

Su frecuencia va en aumento desde hace 20 años. Se cuentan cientos de miles de casos cada año en Estados Unidos. Su frecuencia es difícil de evaluar en los países en vías de desarrollo.

El virus responsable es el herpesvirus 2, que persiste en estado latente en el cuerpo humano durante toda la vida después de la primera contaminación, que casi siempre deriva de una relación sexual. El primer signo es una erupción de pequeñas vesículas localizadas en la región genital externa, anal o glútea. Estas vesículas se abren al cabo de unos días y dan lugar a erupciones, y luego a costras. Después de la curación, la enfermedad puede reaparecer a intervalos irregulares. Se cura con Zovirax® (acyclovir) a razón de cinco comprimidos al día, durante diez días.

¿Qué precauciones hay que adoptar?

La única ETS para la que existe vacunación es la hepatitis B. Pero se mantiene el principal riesgo: la contaminación por el virus de la inmunodeficiencia humana, pues el sida sigue siendo una ETS mortal para la que todavía no existe vacunación.

Existen tres formas de prevenir las ETS: la abstinencia sexual, la fidelidad sexual y el preservativo utilizado de forma correcta. Sólo la abstinencia es completamente eficaz. Las cremas espermicidas (cloruro de benzalconio o de nonoxinol) son en parte eficaces contra ciertos gérmenes de transmisión sexual.

Dado que el sida es transmisible a través de la sangre, hay que rechazar toda transfusión sanguínea, en los países cuya seriedad o nivel en materia de control de la sangre y sus derivados se ignora. Hay que desconfiar de las intervenciones de cirugía menor u odontología en consultas «dudosas»; es preferible practicarlas en el centro hospitalario de una ciudad. Se evitarán los tatuajes, salvo que se esté seguro de la esterilización del material utilizado. También hay que mostrarse vigilante en la peluquería y la barbería, y exigir material o bien esterilizable, o bien nuevo y desechable. A propósito del material desechable, hay que recordar que el virus del sida pasa todavía, con mucha frecuencia, por las jeringuillas utilizadas varias veces.

Vacaciones deportivas

Los safaris en la sabana

¿Qué riesgos hay que evitar?

• Lleve al menos una camiseta o un polo, que no deberá quitarse con el pretexto del buen tiempo y el calor. Es muy fácil sufrir quemaduras de sol en la sabana tropical. Aplíquese protectores solares (coeficiente de 16 a 19) en las partes descubiertas, media hora antes de la exposición al sol. Las aplicaciones se repetirán cada dos o tres horas o después de sudar o bañarse. No se quite el sombrero o gorra, que le permitirá evitar la insolación, que conlleva intensos y duraderos dolores de cabeza.

• Lleve gafas de sol (se pueden fijar mediante un cordón de seguridad que descanse en la nuca), que protegen también del polvo levantado por el viento o el vehículo.

• Además, hay que beber en cantidad suficiente (y por lo tanto acordarse de llevar bebida) y no olvidar las cápsulas de sal (disponibles en los laboratorios). Un safari prolongado bajo un calor intenso, asociado con un esfuerzo importante, acompañado de una sudación mal compensada por un aporte hídrico insuficiente, lleva al golpe de calor: fiebre elevada (superior a 40 °C), piel seca y ardiente, mialgias y delirios. Sin tratamiento adecuado, se instala el coma y la muerte puede producirse en pocas horas. El tratamiento consiste en poner a la sombra a la persona afectada, desvestirla y enfriarla por todos los medios disponibles (baño frío, ventilación). Es una urgencia que lleva a la hospitalización, a la unidad de cuidados intensivos.

• Si, después de haber abandonado el vehículo todoterreno, le quedan ganas de caminar entre las matas de hierbas cortantes y con pinchos, resulta obvio que debe evitar hacerlo en pantalón corto y que tiene que optar por el pantalón largo. En cuanto al calzado, hay que decir que se utilizará siempre un auténtico calzado de marcha, de caña alta. También resulta muy prudente proveerse de un bastón, o de una simple vara, que le servirá de ayuda para explorar las matas o las hierbas, en su camino, y que pondrá en fuga a las serpientes que pueda encontrar en su trayectoria.

¿Qué medicamentos conviene llevar?

El viajero o turista que se aventura en la sabana llevará un antibiótico de amplio espectro (de tipo Augmentine® o Clavumox®), analgésicos y somníferos, un colirio para las inflamaciones oculares y un botiquín para la limpieza de las úlceras y heridas. Por supuesto, si es portador de una enfermedad crónica, llevará su provisión de medicamentos habituales. En cuanto a los sueros antivenenosos, soportan mal el viaje y son específicos y no intercambiables, por lo que no hay más remedio que limitarse a los recursos locales.

Las marchas en el desierto

¿Qué riesgos hay que evitar?

Las normas son más o menos las mismas que hemos señalado en el apartado anterior. Habrá que organizar paradas a intervalos regulares y a la sombra, a ser posible: un oasis, un palmeral, una caravanera o, en el peor de los casos, una tienda. Hay que tener en cuenta la falta de agua, una fauna a menudo escasa, e incluso no aparente (serpientes, escorpiones), la insolación a menudo intensa a lo largo del día, que contrasta con el frescor de las noches de verano, o un frío glacial desde el crepúsculo en los altiplanos.

A lo largo de todo el día, hay que beber agua en todas sus formas: el agua de la cantimplora, el té, la sopa. Si hay que hacer vivac en el desierto, deben aplicarse las normas relativas a las serpientes y los escorpiones.

Las excursiones en la selva

¿Qué riesgos deben evitarse?

LOS ANIMALES

• ¡Sobre todo los mosquitos! En lugar de utilizar protectores solares, es conveniente aplicarse en las partes descubiertas del cuerpo (rostro, nuca y brazos) una crema repelente de mosquitos. Hay que respetar la profilaxis contra el paludismo (véase pág. 34).

• Las serpientes. Así, en la selva amazónica, se cuentan unos 175 casos de mordeduras por cada 100.000 habitantes al año, el 40 % de ellos por especies venenosas. Por fortuna, la mortalidad es baja, inferior al 1 %. Cuatro laboratorios de Brasil (Sao Paulo) fabrican sueros contra las serpientes de América. En la jungla de Borneo, existen ocho serpientes venenosas, en particular la *Agkistrodon rhodostoma*, la *Trimesurus*, la *Naja naja*, el *Bungarus fasciatus*… Los sueros son fabricados en Indonesia, por el Perusahaan Negara Bio Farma (Bandung). Hay que proveerse siempre de un arma (machete, cuchillo de caza) y de un bastón de buen tamaño, para sondear el suelo y la vegetación.

• En el río Amazonas y sus afluentes, el peligro acuático también resulta permanente debido a la presencia de pirañas, caimanes y rayas armadas.

EL CALOR

Pese al calor (húmedo), se aconseja llevar prendas amplias, no ajustadas, y un calzado alto de tipo *rangers*. El sombrero o gorra es siempre de rigor. Hay que llevar prendas interiores de algodón a causa de la sudoración. Se tiene que beber regularmente, aunque el cielo esté nublado, y tomar comprimidos de sal.

El submarinismo

¿Qué contraindicaciones tiene el submarinismo?

Antes de inscribirse para participar en una temporada de submarinismo, la primera precaución que debe adoptarse es comprobar que no se presentan contraindicaciones físicas.

• Secuelas de intervenciones quirúrgicas en el tórax, absceso pulmonar o afección pleural, secuelas parenquimatosas o funcionales de tuberculosis, asma evolutiva.

• Cardiopatía congénita, valvulopatía, insuficiencia coronaria o cardiaca, trastorno severo de la circulación.

• Perforación timpánica, sordera unilateral, otospongiosos, otitis y sinusitis crónicas, deficiencia auditiva.

• Epilepsia, antecedentes de traumatismos craneales abiertos, secuelas de afección meningoencefalítica, afecciones degenerativas neuromusculares, secuelas de afección medular infecciosa o traumática.

Existen otras contraindicaciones (úlcera gastroduodenal, desprendimiento de retina, glaucoma, esplenomegalia…). Es fundamental consultar a un médico para hacerse un chequeo antes de salir.

¿Qué precauciones hay que adoptar?

• El submarinismo en apnea con una máscara, un tubo respiratorio y unas aletas puede ser peligroso, en particular en los cinco últimos metros al subir, pues existe un riesgo de síncope. Tras una falta de sueño, cierto consumo de alcohol o una comida abundante, el submarinista ya no es capaz de alcanzar la duración de apnea habitual. En este caso se produce el accidente más frecuente: el submarinista permanece bajo el agua, sin darse cuenta de que entra en una fase de desvanecimiento. Sin ayuda exterior, las víctimas de accidente en apnea no tienen ninguna posibilidad de sobrevivir. Por este motivo se aconseja no practicar nunca este deporte en solitario ni superar una profundidad de diez metros. Por supuesto, debido a los riesgos de hidrocución, se desaconseja sumergirse después de un baño de sol prolongado (precedido o seguido de una comida abundante).

• El submarinismo con botella sólo puede practicarse después de recibir un mínimo de formación con monitores diplomados. En general, conviene estar atento al cuerpo y no sumergirse si uno no se encuentra bien. Hay que saber conservar la sangre fría en todas las circunstancias y no subestimar nunca los peligros del mar, pues los accidentes no se limitan a los peligros vinculados con el submarinismo con botella, sino también con el ambiente (en particular la fauna, véase pág. 81).

Existen numerosos libros especializados sobre el tema. No dude en consultarlos cuando lo desee o necesite.

El esquí

¿Cómo hay que prepararse para las vacaciones de esquí?

La montaña atrae a numerosos turistas, en invierno, con ganas de aire puro y sol. Pero, con mucha frecuencia, se trata de ciudadanos fatigados, poco o nada entrenados en la práctica deportiva, que llegan a las pistas de esquí y se exponen a unos riesgos que podrían evitarse. Es grande la tentación de aprovechar al máximo el sol y la nieve, sean cuales sean los riesgos que conllevan el estado de salud y el nuevo ambiente. El cumplimiento de unas reglas sencillas debería permitir evitarlos.

• Cuando se está cansado, es preferible evitar los esfuerzos violentos el primer día. La altitud, sobre todo cuando es superior a 1.500 m, puede crear o despertar enfermedades en las personas sensibles.

• Los fumadores se aclimatan peor a la altitud que los no fumadores. El estado de los asmáticos mejora a menudo, debido a la desaparición de ciertos factores de alergia, a condición de estar estabilizados por su tratamiento.

• Antes de salir, es aconsejable consultar al médico para los problemas en suspenso. Las caries dentales tienden a despertar en las altitudes medias y altas.

• Las personas que sufren cálculos renales deben prestar una especial atención a los problemas de hidratación debidos al esfuerzo en alta montaña. Cuando hace frío, se siente menor inclinación a beber, mientras que el organismo se deshidrata casi tanto como cuando hace calor. Hay que procurar beber agua o bebidas energéticas.

• Es necesario alimentarse de forma correcta para sentirse bien a pesar del frío y la altitud. Uno de los principales riesgos en este ambiente es la hipoglucemia. Salvo indicación médica contraria, se recomienda interrumpir cualquier dieta adelgazante demasiado estricta y tomar alimentos ricos en calorías y fáciles de asimilar, en lugar de una alimentación pesada y grasa.

• El sol en las altas cotas es particularmente fuerte, aunque el frío minimiza la sensación de quemadura. La piel deberá protegerse con cremas con un alto índice de protección («pantalla total»). El sol también es enemigo de los ojos y el riesgo es aumentado por la reverberación (conjuntivitis, afección de la córnea y riesgos para la retinitis). Son imprescindibles unas gafas de sol bien cubrientes o de glaciar. No se aconseja llevar lentes de contacto en alta montaña.

• El frío puede sorprender a quienes, a lo largo del año, están habituados al clima suave de las ciudades. Nos protegeremos del frío con prendas adecuadas (Gore-Tex®), y sobre todo bien secas, ya que la humedad aumenta la sensibilidad al frío. El riesgo de congelación sólo aparece para temperaturas bajas, inferiores a 0 °C. Además, hay que comer suficientes alimentos ricos en energía.

¿Qué riesgos tiene el frío?

El frío impide a los músculos hacer frente a los esfuerzos exigidos por la práctica de este deporte, por lo que puede ser responsable de caídas y accidentes (traumatismos del tobillo o la rodilla). Pueden observarse distintas lesiones, desde el simple esguince hasta el esguince grave con rotura de ligamentos y a veces afección ósea asociada, que puede obligar a llevar escayola durante varias semanas, e incluso imponer la intervención quirúrgica.

Además del equipo que se puede alquilar en las pistas, conviene contratar un seguro completado o no con garantías de repatriación si la estación está en el extranjero.

El senderismo

¿Qué contraindicaciones tiene el senderismo?

Los paseos en alta montaña enfrentan al organismo humano con el frío, la falta de oxígeno y una actividad física inhabitual. Son contraindicaciones formales de partida:

— todo riesgo de insuficiencia coronaria, angor e infarto de menos de cuatro semanas;
— toda limitación de esfuerzo;
— toda insuficiencia vascular cerebral;
— toda enfermedad respiratoria;
— ciertas hemopatías;
— las epilepsias no controladas;
— la diabetes insulinodependiente;
— las enfermedades tromboembólicas;

— las afecciones dentales;
— la tendencia al mal agudo de las montañas (MAM);
— el edema cerebral o pulmonar en una estancia anterior en la montaña. En caso de duda, es deseable una prueba de hiposena.

¿Cuáles son los peligros debidos a la altitud?

Nunca se debe ascender demasiado deprisa ni demasiado alto. Por encima de 3.000 m, no hay que superar entre 300 y 500 m de desnivel adicional por día, sobre todo al principio de la estancia. Otra solución: subir alto pero dormir bajo; el ascenso en «dientes de sierra» favorece la aclimatación.

En caso de llegada directa a gran altitud a partir del nivel del mar, los trastornos son más precoces. Si toma el avión y aterriza en La Paz (Colombia), sepa que está a 4.200 m de altitud. Puede sufrir cefaleas, insomnio, vértigo, anorexia y náuseas.

Estos trastornos traducen la mala adaptación a la altitud (MAA). Su aparición (en un plazo de entre cuatro y ocho horas a partir de la llegada a la alta cota) exige la interrupción inmediata de la ascensión. Si los signos persisten pese al descanso, hay que bajar a una altitud inferior.

¿Qué signos traducen una mala adaptación a la altitud?

La aparición de signos respiratorios (tos, disnea, cianosis) o neurológicos (cefalea no aliviada por la aspirina o el Efferalgan®, vómito, trastornos de la conciencia, deterioro de las funciones intelectuales) sugiere la presencia del edema pulmonar de alta altitud (OPHA) y el edema cerebral de alta altitud (OCHA), y obliga a descender 500 m. Para los más equipados, la oxigenoteraia es el remedio más eficaz.

¿Cómo hay que tratar los trastornos del MAM?

En caso de llegada rápida a gran altitud (que imposibilite la aclimatación) y en caso de antecedente de MAM o en los individuos que responden mal a la prueba de hipoxia, es posible prevenir con acetazolamida, dos días antes de la llegada y durante los dos días siguientes. La acetazolamida está contraindicada en caso de alergia a las sulfamidas. Esta prevención no debe ser realizada por los viajeros sin antecedentes cardiorrespiratorios, para los cuales la aclimatación suele requerir una semana.

En caso de insuficiencia respiratoria o cardiaca incluso compensada, la prudencia obliga a una llegada progresiva a las altas cotas. En la montaña, las limitaciones del clima y la actividad física del senderismo imponen ciertas reglas.

¿Qué principios hay que respetar en la montaña?

• La alternancia «calor e irradiación solar durante el día / baja temperatura de noche» obliga a proveerse de ropa de recambio seca y a cambiarse una vez terminado el esfuerzo. Durante el sueño, hay que aislarse del suelo mediante un colchón de espuma o hinchable (volumen y frío poco importantes). Los sacos de dormir de pluma compartimentada permiten protegerse del frío y disfrutar de un sueño reparador.

• También en este caso hay que aplicar las consignas de protección solar pues en las altas cotas y en la nieve la radiación solar aumenta de intensidad. En las zonas descubiertas (cara y labios) se aplicará protector solar.

• Para los aficionados al senderismo, como para los alpinistas, el riesgo de reverberación es muy importante. La nieve es su principal responsable, pues esta refleja el 85 % de los rayos UV y, cuanto más aumenta la altitud, más aumenta también su cantidad. De ahí la absoluta necesidad de gafas solares de calidad (que filtren la luz ultravioleta, en particular los rayos UV, nocivos para la retina, al 85-95 %) con protecciones laterales, sobre todo para las personas con cataratas o lesiones de la retina y para los niños, cuyo cristalino, aún transparente, es permeable a los rayos UV. Estos vidrios tienen grados de absorción variables: A y AB, porcentaje de absorción bajo; B, 42-70 % de absorción y C entre el 71 y el 92 % de absorción. Estos dos últimos son los mejores vidrios. También existen colirios para proteger la córnea de los rayos UV (cuidado con las contraindicaciones).

• Dada la intensa actividad desplegada al practicar el senderismo, el individuo deberá haberse entrenado. La elección del calzado es fundamental: será flexible, ligero, alto y bien ajustado. La higiene de los pies es capital, las ampollas se evitarán llevando vendaje elástico en los puntos de roce (talón, dedo gordo, cuello del pie). Al final de cada jornada de marcha se lavarán y ventilarán los pies.

• La comida y bebidas serán apropiadas para el gran gasto calórico e hídrico inducido por el esfuerzo físico en alta cota, el frío y la humedad. A una altitud de 4.000 m, un esfuerzo de entre seis y ocho horas de marcha debería acompañarse de un consumo diario de cuatro o cinco litros. Hay que beber caliente y dulce en cada etapa. Las comidas se repartirán a lo largo del día y se completarán con productos energéticos, con el desayuno y la cena como principales comidas. No hay que esperar a tener hambre para comer.

• La prevención de la congelación será una de las preocupaciones esenciales. La causa el frío, la humedad, el viento y la hipoxia. Se lucha contra el frío y el viento mediante equipos adecuados (guantes de seda, lana sintética, manoplas, calcetines de seda y lana, calzado adecuado), y se evita la humedad secando y ventilando los pies, además de llevar prendas exteriores de Gore-Tex que protegen del viento y son resistentes al agua.

¿Qué se debe hacer en caso de congelación?

Conviene calentar de forma progresiva la región helada colocándola en agua a una temperatura de 44 °C o, si se trata de los dedos, colocándolos debajo de la axila. No se debe frotar ni rascar la parte helada.

Hay que saber abrigarse, protegerse y beber caliente. Sobre todo no hay que descalzarse antes de llegar al refugio, pues en caso de congelación el edema impide volver a calzarse.

¿Qué riesgos se corren si no se protegen los ojos?

• El *white out* es un síndrome caracterizado por congelación de los ojos y las orejas. Otro signo: la disminución de la visión, el lagrimeo y la fotofobia. El tratamiento consiste en la aplicación de una pomada a base de vitamina A para favorecer la cicatrización y de un colirio rico en vitamina B12, que permite la reconstitución de la capa de lágrimas. Hay unas gafas que llevan protecciones laterales.

• En ausencia de protección, el ojo puede verse afectado por oftalmía de las nieves, que causa dolores oculares con lagrimeo, enrojecimiento, sensación de cuerpos extraños y una intolerancia total a la luz. Su aparición obliga a permanecer en la oscuridad hasta la desaparición de los síntomas y la aplicación de pomada con vitamina A.

• Si la persona continúa exponiéndose sin protección, el cristalino puede verse afectado y aparecerá una presbicia precoz. La retina también es muy sensible a los rayos UV, en particular la parte central, la mácula. Todo deterioro de la mácula conlleva una disminución de la agudeza visual, cuando no es una degeneración macular traducida en una visión deformada y carente de nitidez. Este último trastorno, relacionado con la edad, es agravado por los rayos ultravioletas. Además, la exposición solar, en la persona sometida a tratamientos (puvaterapia, antibióticos, tranquilizantes) puede causar una fotosensibilización.

La vela

¿Qué precauciones hay que adoptar?

• Hay que asegurarse de que el equipo del velero está completo, incluyendo la lancha de salvamento, cohetes y olla a presión.

• Hay que proveerse de los mapas de navegación costera y de los mapas del servicio hidrográfico.

• Se debe verificar el buen estado de funcionamiento de la radio de abordo, de los datos meteorológicos y del VHF (para las conexiones radiotelefónicas).

• Conviene informarse sobre la estación adecuada para visitar las islas o costas escogidas.

• Hay que proveerse siempre del carné internacional de vacunaciones. El certificado de vacunación contra la fiebre amarilla es obligatorio en los países de Sudamérica donde está activo el virus.

• Para las demás enfermedades (paludismo, enfermedades intestinales, etc.), se verá, en función de las escalas previstas, las enfermedades para las cuales se puede sufrir un contagio (cuarta parte de esta obra).

¿Cuáles son los riesgos?

Son, en primer lugar, los del mar y el mal tiempo, que exigen una gran competencia, así como una vigilancia continua. El clima, los peligros de la fauna marina (véase pág. 81), la falta de agua dulce, la subalimentación o la intoxicación alimentaria y el aislamiento representan otros riesgos adicionales.

CUARTA PARTE
ENFERMEDADES RELACIONADAS CON LOS PAÍSES VISITADOS

Norte de África, Próximo Oriente y Oriente Medio

¿Para qué enfermedades existe riesgo de contagio?

EL PALUDISMO

Está presente en Argelia (*Plasmodium vivax*, el 80 % en los oasis del sur), Arabia Saudí (en la llanura costera, salvo en las ciudades como Djeddah, La Meca y Taif), Egipto (de junio a finales de octubre en la región del Fayoum) y Marruecos (de mayo a octubre en algunas regiones rurales).

En Irán, el paludismo se declara entre los meses de marzo y noviembre en las provincias de Sistan-Beluchistán y Hormuzqan, así como en las regiones meridionales de Fars, Kuhgiluyed-Boyar, Khuhistan, Laristan, Ilam y Bakhtaran. El paludismo predominante es el causado por *P. vivax*, aunque *Plasmodium falciparum* va en aumento (véase también tabla, pág. 35).

LAS MENINGOCOCIAS A Y C

Son frecuentes en Arabia Saudí, Egipto, Marruecos y Sudán.

El meningococo se transmite a través de las secreciones rinofaríngeas emitidas por portadores sanos al toser o sonarse la nariz.

LA RABIA

Existe en Argelia, Egipto, Libia, Marruecos, Mauritania, Sudán y Túnez, aunque no se declara. Los principales vectores son el perro salvaje y doméstico, los chacales, los gatos y los zorros del Sáhara. Al parecer, no hay rabia en Kuwait ni tampoco en Líbano, aunque se recomienda la vacuna para quienes practican el turismo de aventura.

LA HEPATITIS A

Está presente en Argelia, Yibuti, Eritrea, Irak, Kuwait, Líbano, Marruecos, Mauritania, Qatar, Sudán y Túnez.

LA HEPATITIS B

La hepatitis B está presente en los siguientes lugares: Argelia, Arabia Saudí, Yibuti, Egipto, Emiratos Árabes Unidos, Irak, Kuwait, Líbano, Marruecos, Qatar, Sudán y Túnez. Para luchar contra esta enfermedad se recomienda encarecidamente la vacuna contra la hepatitis B.

LAS BILHARZIOSIS

Los dos tipos de bilharziosis son frecuentes en Egipto. La bilharziosis por *Schisostoma haematobium* o urinaria es hiperendémica en todo el país, en particular en el valle del Nilo; en el delta del Nilo persiste un foco de bilharziosis intestinal por *S. mansoni*.

Fuera de Egipto, la bilharziosis urinaria se encuentra en Argelia (foco de Djanet, Djidionia, Anefid, Khems y Khechna), Libia (en pequeños focos), Malí, Marruecos (en los focos de Agadir, Marrakech, los ueds Gheris y Hutz, del Garb, Fez, Meknez, Rabat y Casablanca), y en Mauritania, donde el nivel de endemia varía: bajo en Akjoujt, Bogh, Kaedi e Inchiri (7 % de portadores) y elevado en Atar (40 % de portadores), Kiffa (57,2 %), Selibaby (34,2 %) y a lo largo del río Gorgol (del 10 al 70 % de portadores).

En Túnez, sólo existe la bilharziosis por *S. haematobium* en las regiones del Nefzaour, Gafsa-Lalla, en la orilla norte del Choh, las regiones de Degache, Ouled, Majed, Tozeur y los ueds Gir (Matmata), El-Hamma, y en la región de Kairouan.

LAS FILARIASIS

En Egipto está presente la filariasis por *Wuchereria bancrofti*; se sabe que la filariasis por *Wuchereria bancrofti* es endémica en todo el país, en particular en la parte occidental del Nilo.

En Malí, las filariasis presentes son:

— la filariasis linfática por *Wuchereria bancrofti* escasamente endémica en la región saheliana (5 % de portadores en Hombori), presente sobre todo por debajo del paralelo 14 en la región del río Níger (Segou, Bamako) y en la región de Sikasso;
— la oncocercosis endémica al sur del paralelo 15, junto al río Senegal (foco de Kayes, 65 % de portadores), en la región de Sikasso (34,4 %) y en Bamako (28,6 %). Es menos frecuente en otras zonas;
— la dracunculosis hiperendémica al sur (círculo de Kayes);
— la filariasis por *Dipetalonema persistans* (28 % de portadores en Segou, 27 % en Bamako).

En Mauritania, la dracunculosis sólo es hiperendémica en la región del río Senegal.

LA AMEBIASIS, LA LAMBLIASIS, LA ANQUILOSTOMIASIS Y LA ANGUILULIASIS

Estas cuatro parasitosis están muy difundidas en los oasis de Egipto y el valle del Nilo, en Libia, Argelia, Marruecos, Túnez, Mauritania y Malí.

• En Argelia, la amebiasis es predominante. En Malí, está muy difundida en todo el país (del 33 al 43 % de portadores en la región de Bamako).

• La anquilostomiasis por *Necator americanus* y la anguiluliasis son frecuentes al sur de Malí.

HIDATIDOSIS Y DISTOMIASIS

• La hidatidosis es hiperendémica en todo el norte de África (el 4 % de los perros de El Cairo están infestados).

• La distomiasis por *Fasciola hepatica* (distoma del hígado) está presente en Egipto, donde se encuentra, además, la distomiasis por *Fasciola gigantea* (el 73 % de los habitantes de Alejandría son portadores de la misma), Libia, Túnez (oasis del suroeste, donde se consumen plantas silvestres crudas, y en la región de la ciudad de Túnez), Argelia y Marruecos, donde es poco frecuente.

• La distomiasis intestinal por *Heterophyes heterophyes* sólo se halla en Egipto. En Malí y Mauritania, la hidatidosis es muy poco frecuente. La fasciolasis sólo aparece en Malí.

LAS TRIPANOSOMIASIS

Sólo Malí presenta tripanosomiasis por *Trypanosoma gambiense*. Se describen trece nuevos casos por cada 100.000 habitantes cada año. Los focos más importantes se sitúan en las regiones de Bamako y Sikasso (Koutiala), así como en la cuenca del río Senegal.

LAS LEISHMANIASIS

Las dos variedades que hay de leishmaniasis, que son la cutánea y la visceral, están presentes en Egipto (casos esporádicos en el delta del Nilo), Libia (leishmaniasis cutánea endémica en el noroeste del país y casos esporádicos de leishmaniasis visceral en Tripolitania), Túnez (leishmaniasis cutánea endémica en el sur, la región de Gabes, Matmala y Gafsa, y leishmaniasis visceral endémica en las regiones del norte).
En Argelia, la leishmaniasis cutánea por *L. tropica* es endémica en las regiones de Saoura y del sur argelino, mientras que la leishmaniasis visceral está presente en la Gran Kabilia (Tizi Ouzou), en Argelino, Constantinés y Setif.

En Marruecos, se han dado casos esporádicos de leishmaniasis cutánea en las regiones de Casablanca y Fez; los casos de leishmaniasis visceral son poco frecuentes (regiones de Fez, Meknez y Oujda).

Fiebre amarilla, dengue, otras arbovirosis, rickettsiosis

• La fiebre amarilla sólo está presente en Malí, pero no hay casos humanos recientes.

• El dengue da lugar a epidemias en Egipto, Libia, Túnez, Argelia y Marruecos. En Mauritania y Malí, es endemoepidémica.

• Las epidemias de encefalitis vírica son posibles en Egipto y están ausentes de otras zonas.

• Se dan casos de tifus murino y fiebre botonosa de la cuenca mediterránea cada año en Marruecos. En Mauritania y Malí, se conocen casos de tifus murino. En Malí, se dan también casos de fiebre botonosa de la cuenca mediterránea.

Cólera, fiebre tifoidea, salmonelosis, shigelosis

• El cólera es endémico, con llamaradas epidémicas en el norte de África y en Oriente Medio.

• La fiebre tifoidea y la disentería bacilar son hiperendémicas en el norte de África (Egipto, Libia, Túnez, Marruecos, Mauritania y Malí). En Argelia, la fiebre tifoidea es muy frecuente en los jóvenes en edad escolar. Las formas severas (encefalíticas, hemorrágicas) son comunes.

La peste

Existe entre los roedores salvajes en Egipto, entre Alejandría y la frontera libia.

En Libia, se dan algunos casos aislados cada año entre los nómadas. En Mauritania, los últimos casos humanos se dieron entre 1963 y 1967. Pero la peste persiste entre los roedores del desierto. En Sudán, se dieron 226 casos en 1979 en la región de Juba (provincia ecuatorial). En Yibuti, persiste entre los roedores salvajes, al igual que en Irán, en todo el Kurdistán y el Azerbaiján oriental (foco descubierto en 1997). En el sur de Yemen, el último caso humano data de 1969.

Leptospirosis y borreliosis

• Los principales serogrupos responsables de los casos de leptospirosis observados son icterohemorrágicos en todo el norte de África.

• Entre las borreliosis, las fiebres recurrentes por *B. crocidurae* y *B. hispanica* son frecuentes en Egipto, Libia y Túnez.

• Casos esporádicos de fiebres recurrentes por garrapatas están presentes en Mauritania, Malí y Oriente Medio (Israel, Jordania, Irak, Irán, Arabia Saudí, Emiratos Árabes Unidos y Kuwait).

ENFERMEDADES VENÉREAS

Existen todas las enfermedades venéreas, sin carácter particular (no hay gonococo resistente a la penicilina G en particular).

ENFERMEDADES CUTÁNEAS

• La lepra es endémica y afecta a todas las poblaciones más desfavorecidas. Las formas tuberculoides predominan en Egipto, pero no en Libia (lepromatosas en un 60 %). En Oriente Medio, la lepra es escasamente endémica (0,1 casos por cada 1.000 habitantes). Las formas lepromatosas son mucho más frecuentes que las formas tuberculoides. Lo mismo ocurre en Arabia Saudí. En Kuwait y Bahrein, son más frecuentes las formas tuberculoides.

• Se han dado algunos casos de bejel (o treponematosis) entre las poblaciones que viven en los desiertos de Egipto, Túnez, Argelia, Marruecos, Mauritania y Malí (el 42 % de los nómadas de la región de Goa presentan una serología positiva) y, en Oriente Medio, Jordania. En Malí, se dan también la existencia de algunos casos de pian.

• Se describen casos bastante esporádicos de micetomas actinomicóticos y fúngicos en Egipto, Argelia y Túnez, aunque no se encuentran casos en Libia. Entre las micosis profundas, se conocen casos de blastomicosis (por *Blastomyces dermatidis* en el norte de Túnez), cromoblastomicosis, esporotricosis y micosis subcutánea que aparece de dos a tres semanas después de un pian infeccioso, en Egipto, Túnez, Argelia y Marruecos. Lo mismo sucede en el Próximo Oriente y Oriente Medio (Turquía, Líbano, Israel, Irak e Irán), donde se conocen algunos casos de histoplasmosis.

LAS SERPIENTES Y OTROS ANIMALES VENENOSOS

Las serpientes venenosas susceptibles de encontrarse en el norte de África, en Próximo Oriente y en Oriente Medio son las siguientes: *Agkistrodon balips*; *Actractaspis engaddensis*; *Bitis lachesis*; *Cerastes cerastes*; *Cerastes cornutus*; *Cerastes vipera*; *Echis carinatus*; *Echis coloratus*; *Naja haje*; *Naja naja*; *Pseudocerastes persicus*; *Vipera ammodytes*; *Vipera berus berus*; *Vipera palestina*; *Vipera latastii*; *Vipera lebetina*; *Walterinnesia aegypti*.

¿Qué precauciones hay que adoptar?

LAS VACUNACIONES

- El cólera: esta vacunación no es obligatoria pero puede exigirse en caso de epidemia.

- La fiebre amarilla: esta vacunación es obligatoria para todos los viajeros mayores de un año procedentes de las regiones de África o América.

- La vacuna antimeningocócica puede reclamarse para quienes viajan a Egipto, Arabia Saudí y Sudán, o para quienes regresan de allí.

- La vacuna contra la rabia se recomienda para los viajeros de aventura.

- La vacuna contra la hepatitis A se recomienda si viaja al norte de África y no está inmunizado (control de anticuerpos previo).

- La vacuna contra la hepatitis B se recomienda encarecidamente si viaja al norte de África, Próximo Oriente, Oriente Medio o Asia Menor.

EL PALUDISMO

El paludismo tiene como vector a los mosquitos, que también pueden transmitir el dengue y el botón de Oriente.
Para saber cómo protegerse, consulte el apartado «Los antipalúdicos».

LA FIEBRE TIFOIDEA, LAS SALMONELOSIS, LAS SHIGELOSIS

- Se recomienda la vacunación contra la fiebre tifoidea, en particular para los viajes de aventura.

- Las salmonelosis y shigelosis se evitan con los principios de lucha contra el peligro orofecal: no comer nunca ensaladas, fruta sin pelar ni carne poco hecha. Hay que lavarse las manos meticulosamente antes de las comidas. Se debe desconfiar de los alimentos ofrecidos por vendedores ambulantes. El agua debe esterilizarse por ebullición, o tomarse en líquidos embotellados. No se aceptarán los cubitos de hielo si no están hechos con un agua controlada. Los productos lácteos deberán haberse sometido a pasteurización.

LAS ENFERMEDADES VENÉREAS

Se evitarán mediante el uso de preservativos o mediante la abstinencia y la fidelidad a la pareja.

LAS ENFERMEDADES CUTÁNEAS

La lepra, el bejel, el pian y los micetomas son excepcionalmente contraídos por el turista. El turista y el viajero no de aventura evitarán las infecciones cutáneas o las micosis con una estricta higiene corporal: prendas de algodón en zonas cálidas, el cambio de la ropa interior sudada y el lavado frecuente de la ropa. El aseo del cuerpo se efectuará varias veces al día, seguido de la aplicación de talco en los pliegues.

LAS SERPIENTES VENENOSAS

En Francia, está disponible un suero polivalente contra *Bitis*, *Echis* y *Naja* (Ipser Afrique del Instituto Pasteur). El Instituto Pasteur de Argel (calle Laveran) fabrica un suero polivalente contra *Vipera* y *Cerastes*. En El Cairo se fabrican sueros egipcios contra *Cerastes*.

En Oriente Próximo, en Israel, el Rogoh Institut (Berlinson Hospital, Petah Tiqua, Tel Aviv) fabrica un suero contra *Echis coloratus* y un suero contra *Vipera palestina*. En Oriente Medio, en Irán, el Instituto Estatal Razi (Hassarek, Teherán, Ppbox 656) fabrica un suero contra *Agkistrodon*, *Naja*, *Vipera lebetina* y *Vipera persica* y un suero polivalente.

África negra y África del sur

¿Para qué enfermedades existe riesgo de contagio?

EL PALUDISMO

Está presente en todas partes, salvo en Cabo Verde (véase la tabla de la pág. 35).

En África del sur, el riesgo existe siempre en las zonas bajas del norte, este y oeste del Transvaal y en las zonas costeras por encima del paralelo 28. La resistencia a la cloroquina es moderada, como en todos los países de zona II.

Algunas regiones de Botswana y Zimbabwe presentan paludismo. La altitud cumple una función determinante, pues la transmisión tiene lugar todo el año a las altitudes inferiores a 600 m. Entre 600 y 1.200 m, la transmisión sólo tiene lugar de noviembre a finales de junio. Más allá, no hay transmisión.

LA FIEBRE AMARILLA

Esta enfermedad está presente en Angola, Benin, Burkina Faso, Camerún, República Centroafricana, el Congo, Costa de Marfil, Etiopía, Gabón, Gambia, Ghana, Kenya, Liberia, Malí, Mauritania, Níger, Nigeria, Uganda, Senegal, Sierra Leona, Sudán, Tanzania, Chad y Zaire.

La zona de endemia de la fiebre amarilla es representada por el África intertropical al norte y al sur del paralelo 15.

EL CÓLERA

Está ausente en una decena de países: República de Sudáfrica, Benin, Burkina Faso, Cabo Verde, Yibuti, Kenia, Namibia, Togo, Zambia y Zimbabwe. Está presente en todos los demás países del África negra.

LA ANQUILOSTOMIASIS Y LA ANGUILULIASIS

Estas dos afecciones se contraen por contacto de la piel o de la planta de los pies con lodo contaminado. La primera puede ocasionar dolores seudoulcerosos y trastornos del tránsito intestinal, y se trata con mebendazol (Lomper®) o pamoato de pirantel (Trilombrin®).

La segunda se traduce en signos cutáneos (*Larva currens* típica o prurito, urticaria, edema…) y dolor abdominal y alteración del tránsito intestinal. Se trata con albendazol (Eskazole®).

Las dos se dan en la República de Sudáfrica, Gabón, Níger, Burkina Faso, Gambia, Nigeria, Camerún, Ghana, Uganda, Cabo Verde, Liberia, Senegal, República Centroafricana, Malasia, Somalia, Congo, Malí, Sudán, Costa de Marfil, Mauritania, Tanzania, Etiopía, Mozambique, Zaire, Yibuti, Namibia, Zambia y Zimbabwe.

LA TRIPANOSOMIASIS O ENFERMEDAD DEL SUEÑO

Está ausente de la República de Sudáfrica, Cabo Verde, Yibuti, Liberia, Mauritania, Níger, Senegal y Somalia. Está presente en todos los demás países del África negra, así como en Zambia y Zimbabwe.

LAS FILARIASIS

Aparte de la República de Sudáfrica, Angola, Benin, Botswana, Cabo Verde, Yibuti y Namibia, se encuentran en todos los países del África negra.

LAS BILHARZIOSIS

• Mauritania y Somalia presentan sólo el riesgo de bilharziosis urinaria.

• Las bilharziosis intestinales y urinarias están presentes juntas en Benin, Etiopía, Níger, Botswana, Gabón, Nigeria, Burkina Faso, Gambia, Uganda, Camerún, Ghana, Sierra Leona, República Centroafricana, Malawi, Sudán, Congo, Malí, Tanzania, Costa de Marfil, Mozambique, Zaire, Namibia y Zambia.

LAS ARBOVIROSIS Y LAS BORRELIOSIS

Están ausentes en la mayoría de los países de África, pero presentes en la República de Sudáfrica, República Centroafricana, Etiopía, Gabón, Namibia, Sudán, Tanzania y Zambia.

• Las fiebres recurrentes por garrapatas son endémicas en Namibia, Senegal y Tanzania.

• Pueden darse epidemias de fiebre de Lassa en Guinea y Sierra Leona. El dengue puede contraerse electivamente en la República Centroafricana, Namibia y Zaire, donde se encuentra la fiebre debida al virus Ebola.

Las meningococias

Están presentes en Benin, Burkina Faso, Camerún, Yibuti, Etiopía, Malí, Mauritania, Níger, Nigeria, Senegal, Somalia, Sudán, Tanzania y Chad.

El carbunco

Esta enfermedad, muy contagiosa, se transmite al hombre por contacto con los rumiantes o sus productos, en general a través de la piel, aunque también por ingestión de carne contaminada.

La inhalación de esporas en presencia de una infección respiratoria aguda puede provocar el carbunco pulmonar (enfermedad de los desborradores), a menudo mortal.

El carbunco se da en Cabo Verde, Kenya, Uganda, Tanzania, Chad y Zimbabwe.

Las demás enfermedades

• La diarrea del viajero.

• La fiebre tifoidea.

• Las parasitosis intestinales.

• La hepatitis A.

• La tuberculosis.

¿Qué precauciones hay que adoptar?

Las vacunaciones

En primer lugar hay que comprobar siempre que las vacunaciones del calendario están al día.

• La vacunación contra el sarampión debe administrarse a partir de los nueve meses de edad.

• La vacunación contra la rabia a título preventivo debe administrarse a los niños pequeños en edad de caminar.

• La vacunación contra la fiebre amarilla, exigible a partir de un año, puede administrarse desde los seis meses de edad. Los viajeros procedentes de una región infectada deberán vacunarse de forma obligatoria con la vacuna cepa 17 D: una inyección diez días antes de salir de viaje. La validez es de diez años.

Se recomienda la vacuna a toda persona que viaje a una zona de endemicidad de la fiebre amarilla.

• Se debe comprobar la actualidad de las vacunas contra el tétanos y la poliomielitis.

• Para la hepatitis A hay que controlar la serología a partir de los 40 años.

• La vacuna contra la hepatitis B es sobre todo para quienes viajan con frecuencia.

• La vacuna contra la fiebre tifoidea es para quienes practican los viajes de aventura.

MEDIDAS CONTRA EL PALUDISMO

Hay que tener en cuenta que:

— el riesgo puede variar de forma considerable de una región a otra en el interior de un mismo país;
— ninguna quimioprofilaxis es completamente eficaz; de ahí la necesidad de una protección contra los mosquitos;
— estos pican de noche. Para evitar su picadura, véase la pág. 68.

Para el tratamiento preventivo adecuado para los distintos países véase «Los antipalúdicos», pág. 34.

MEDIDAS CONTRA LA DIARREA

Coma alimentos cocidos y calientes y la fruta pelada por usted. Tome las bebidas embotelladas y abiertas en su presencia y no añada cubitos de hielo.

Puede consumirse el agua del grifo después de diez minutos de ebullición o después de su desinfección.

LAS BILHARZIOSIS Y EL LARBISH

Evitaremos bañarnos en aguas dulces (no controladas), pues exponen a la bilharziosis. En las playas, la toalla de espuma evita los contactos con una arena muy a menudo parasitada.

LAS SERPIENTES VENENOSAS

Hay un suero polivalente contra *Bitis*, *Echis*, *Naja* y *Dendroaspis* (Ipser Afrique).

Estos sueros y el suero contra *dispholidus* son fabricados en la República de Sudáfrica por dos laboratorios, Fitzimons Snake Park (Durban) y South African Institute for Medical Research (Johannesburgo).

Antillas, Caribe, Centroamérica y Sudamérica

¿Para qué enfermedades existe riesgo de contagio?

EL PALUDISMO

Esta enfermedad resulta bastante desconocida en las Bahamas, Cuba, Guadalupe, Jamaica, Martinica, Puerto Rico y Trinidad y Tobago y, en el continente, en Chile y Uruguay.

En todo el resto de Sudamérica, se encuentra un paludismo ocasionado sobre todo por *Plasmodium vivax* (Argentina y Belice), con frecuencia asociado con *Plasmodium falciparum* en países como Bolivia, Brasil, Ecuador, Guayana, Haití, México, Panamá, Paraguay, República Dominicana, Surinam y Venezuela (véase, asimismo, la tabla de la pág. 35).

LA DIARREA DEL VIAJERO, LA FIEBRE TIFOIDEA, LAS PARASITOSIS INTESTINALES

Están presentes en la mayoría de los países de Centroamérica y Sudamérica. Lo mismo ocurre con la hepatitis A y el dengue (presente en Guadalupe).

La diarrea del viajero resulta muy frecuente en México y aparece en las dos primeras semanas de una estancia en la zona cálida intertropical en individuos europeos o norteamericanos.

LA FIEBRE AMARILLA

Está presente en Bolivia, Brasil, Colombia, Ecuador, Panamá, Surinam y Venezuela. En teoría, ya no hay fiebre amarilla en México.

LA FIEBRE HEMORRÁGICA DE ARGENTINA

Esta fiebre está presente en zonas rurales con pequeñas epidemias. El reservorio es representado por roedores subdomésticos y la transmisión se efectúa por contacto. El cuadro es el de cualquier fiebre hemorrágica. Existe una vacuna bastante eficaz.

LA ENCEFALITIS EQUINA DE VENEZUELA

Es una arbovirosis, presente en Guatemala, México, Bolivia, Ecuador y Perú, que plantea un problema debido a las importantes epidemias que puede ocasionar (más de 10.000 casos en 1963).

LA TRIPANOSOMIASIS AMERICANA, O ENFERMEDAD DE CHAGAS

La tripanosomiasis americana, o enfermedad de Chagas, está presente en Argentina, Belice, Chile, Costa Rica, Ecuador, Guatemala, Honduras, Nicaragua, Paraguay, Pequeñas Antillas y Venezuela. Esta tripanosomiasis, común al ser humano y a los animales, afectaría a una cifra de entre cinco y diez millones de personas en Sudamérica. La transmisión está asegurada por unos artrópodos vectores, los reduvios; estos artrópodos son parientes cercanos de las chinches, se esconden en las grietas de los muros y en los tejados de las chozas durante el día y salen de noche, para picar a los que duermen.

La enfermedad está presente en las zonas rurales, por lo que resulta excepcional en los turistas viajeros. La fase inicial es febril y se acompaña de manifestaciones miocárdicas. A continuación pueden surgir complicaciones (en particular cardíacas). No existe prácticamente ningún medicamento eficaz, aunque el Nifurtimox® (Lampit) daría algunas esperanzas.

LA ONCOCERCOSIS

Sólo se contrae en tres países: Belice, Ecuador y Guatemala.

LA BILHARZIOSIS INTESTINAL

Está presente no sólo en el continente sudamericano (Brasil, Surinam), sino también en Guadalupe, Martinica, Pequeñas Antillas (Santa Lucía, Granada), Puerto Rico y República Dominicana.

LA FILARIASIS LINFÁTICA

Presente en el norte de Argentina (región de Tucumán), Brasil, Colombia, Costa Rica, Haití, Jamaica, Pequeñas Antillas y Puerto Rico.

LA AMEBIASIS, LA LAMBLIASIS, LA ANQUILOSTOMIASIS Y LA ANGUILULOSIS

Las cuatro parasitosis están muy difundidas en Argentina y Chile (sobre todo entre las poblaciones menos favorecidas), Brasil, Colombia, Costa Rica, Haití, Jamaica, Pequeñas Antillas y Puerto Rico.

LAS LEISHMANIASIS

La leishmaniasis está presente en Argentina en las dos variedades:

— cutáneomucosa por *Leishmania peruviana*;
— visceral en los focos de Salto y Chaco (focos poco importantes).

La leishmaniasis cutánea puede contraerse en Belice, Bolivia, Brasil, Costa Rica, Ecuador, Guayana, República Dominicana y Surinam. Las dos leishmaniasis están asociadas en Honduras, Panamá, Paraguay, Salvador, Guatemala y Venezuela.

LA MENINGITIS POR MENINGOCOCO (TIPO B)

La meningitis por meningococo (tipo B) puede contraerse en Panamá.

EL CARBUNCO

El carbunco es uno de los riesgos de Haití.

OTRAS ARBOVIROSIS Y RICKETTSIOSIS

• Pueden darse epidemias de dengue clásico en Argentina y Chile. Es endemo-epidémico en Brasil, Colombia, Guayana, Guayana francesa, Surinam, Ecuador, Perú y Venezuela.

• También se conocen epidemias de encefalitis vírica en Argentina, Brasil y Chile.

• Se han observado los siguientes arbovirus: encefalitis equina de tipo oeste, encefalitis equina del este, encefalitis de San Luis e íleo.

• Pueden darse casos esporádicos y pequeñas epidemias rurales de fiebre hemorrágica de Bolivia en el este de Bolivia.

• Entre las rickettsiosis, el tifus murino y la urticaria del Nuevo Mundo son endémicos en Argentina y Chile. Se encuentran en Bolivia, Brasil, Ecuador, Guayana, Guayana francesa, Surinam, México, Perú y Venezuela. El último caso de tifus de los piojos en México data de 1969. En Venezuela, se dan casos de fiebre Q cada año.

CÓLERA, FIEBRE TIFOIDEA Y SALMONELOSIS

Nunca ha habido cólera en México, Centroamérica, Cuba, Antillas francesas, Brasil, Uruguay ni Paraguay. No se observa endemia colérica en Argentina, Chile, Pequeñas Antillas, Jamaica ni Puerto Rico.

Las fiebres tifoidea y paratifoidea, así como las disenterías bacilares, son hiperendémicas en Brasil y endémicas en México, Jamaica y Puerto Rico, se encuentran sumamente difundidas en Haití y República Dominicana, muy difundidas en El Salvador y difundidas en Argentina y Chile.

En Guadalupe y Martinica, la fiebre tifoidea y la disentería bacilar son endémicas, y frecuentes en las Pequeñas Antillas; en La Dominica, se han dado dos casos de *Salmonella lyptie* resistente al cloranfenicol.

HEPATITIS VÍRICA B

País	N.º de portadores del antígeno HBS
México	Del 0,14 al 1,1 % según las regiones
Jamaica, Puerto Rico	Menos del 1 % de portadores
Argentina, Chile	El 1 % de promedio (entre los donantes de sangre)
Brasil	El 0,8 % de promedio
Colombia	El 3 % en el medio urbano, el 2 % en el medio rural
Venezuela	Varía del 0 % en Los Bragues (distrito de Araqua) al 60 % en Pregonero (distrito de Tachita)
Surinam	El 18,6 % entre los indonesios; el 2,9 % entre los indios; el 5,7 % entre los mestizos; el 3,6 % entre los criollos
Perú	El 1,4 % (el 1,8 % en Amazonia; el 0,5 % en el norte) con pequeños focos con el 5,2 % de portadores

LA RABIA

Está presente en Haití, República Dominicana (cada año se dan casos humanos) y en la mayoría de las islas, en particular en Trinidad y Granada. Los principales animales infestados son el perro y la mangosta (en Granada sobre todo). Es inexistente en las Antillas francesas.

Experimenta un recrudecimiento en Argentina y Chile, donde los casos humanos son frecuentes; en Uruguay y Paraguay, donde los casos humanos son muy frecuentes, en Brasil (105 casos humanos en 1972), en Colombia y en Venezuela. Además del perro, el gato, los animales de granja y el murciélago de la especie de los vampiros son los principales responsables.

LA PESTE

Está presente en el norte de Argentina, se sospecha en México a lo largo de la frontera con Estados Unidos entre los roedores salvajes y es permanente entre los roedores en el nordeste de Brasil (estados de Pernambuco, Ceara, Paraiba, Alagoas, Bahía, Minas y Gerais).

Está ausente de Jamaica, Puerto Rico, Cuba, Haití, Antillas francesas, Pequeñas Antillas, Chile, Uruguay, Paraguay y Centroamérica continental.

LEPTOSPIROSIS, BORRELIOSIS

• Se dan casos de leptospirosis cada año en el continente sudamericano. Las formas graves son frecuentes en Brasil (índice de mortalidad 7,5 % en Bahía). La incidencia es elevada durante la estación de las lluvias.

• Entre las borreliosis, se describen casos de fiebres recurrentes por piojos en Perú, Bolivia y Brasil, mientras que las fiebres recurrentes por garrapatas son endémicas en Argentina, Chile, Colombia, Venezuela, Bolivia, Ecuador, Guatemala y Panamá.

LAS ENFERMEDADES CUTÁNEAS

• La lepra es endémica en todo México. Es escasamente endémica en Centroamérica continental (menos de un caso por cada 1.000 habitantes), Cuba y Jamaica, con un porcentaje de menos de un caso por cada 1.000 habitantes. Las formas lepromatosas son más frecuentes que las tuberculoides. En Haití y Santo Domingo, la lepra es endémica (diez casos por cada 100.000 habitantes en Haití; 83 casos por cada 100.000 en la República Dominicana). Predominan las formas tuberculoides.

• El pian está todavía presente en Haití y República Dominicana a pesar de un importante retroceso; se han dado casos en Jamaica, mientras que se ha erradicado de Cuba (donde está presente la sífilis). Es la única treponematosis no venérea en las Antillas francesas: seis casos nuevos al año en Martinica, con un 40 % de los niños que presenta serología positiva. El pian sigue siendo endémico en casi todas las Pequeñas Antillas, presente en Brasil y Colombia, endémico en las regiones costeras del Pacífico y en Venezuela (norte y noroeste), y muy difundido en Surinam, Guayana francesa, Bolivia, Ecuador y Perú. Resulta desconocido en México y está erradicado de Centroamérica continental.

• La pinta, o carate, es una treponematosis no venérea endémica en ciertas regiones de Sudamérica (Colombia, Venezuela, Ecuador, Perú, Brasil, Bolivia, Honduras, San Salvador, Nicaragua, Guayana y Haití). Subsiste en Haití y República Dominicana, pese a un importante retroceso, y se halla en clara disminución en México. Se transmite de forma directa o bien indirecta por picadura de simúlido (este vector, que transmite también la oncocercosis, sólo aprecia los valles cálidos de curso rápido). Es una afección puramente cutánea y benigna. El chancro desaparece en pocas semanas de forma espontánea. Luego aparecen unas lesiones discrómicas (manchas azuladas y manchas blancas). Por último la fase tardía es la de manchas blancas simétricas, que se sitúan en las extremidades y persisten toda la vida. La penicilina sólo es activa al principio, pero resulta ineficaz contra las manchas blancas.

- Los micetomas actinomicóticos son frecuentes en México y Centroamérica continental, y endémicos en Brasil; también se hallan en Jamaica y Puerto Rico. En Cuba, son poco frecuentes, así como en las Pequeñas Antillas, Antillas francesas, Uruguay y Paraguay. Se encuentran con menor frecuencia micetomas fúngicos en México, Jamaica, Puerto Rico, Antillas francesas, Uruguay, Paraguay y el norte de Brasil.

- Existen otras micosis profundas, en particular en Brasil, Colombia y Venezuela (blastomicosis sudamericana); en Centroamérica, Venezuela y Argentina (coccidioidomicosis).

LA CIGUATERA

Se contrae sobre todo en las islas (Antillas), como consecuencia de la ingestión de pescado fresco enfeudado en las estructuras coralinas: los peces cirujano, las escarpias, los peces loro (que ingieren toxinas de origen algal y béntico) y sus depredadores (meros, becunas y carangas), que almacenan en una comida las toxinas acumuladas por los anteriores a lo largo de su existencia.

LAS SERPIENTES VENENOSAS

No hay en Jamaica, Puerto Rico, Cuba, Haití ni República Dominicana.

En las Antillas francesas, sólo Martinica posee un reptil venenoso, el famoso *Bothrops lanceolatus*). En las Pequeñas Antillas, sólo algunas islas están infestadas por serpientes venenosas: *Bothrops* en Santa Lucía y en Trinidad y Tobago, *Crotalus durissus* en las Antillas holandesas y en Trinidad y Tobago.

En el continente, existe un centenar de especies de serpientes, entre ellas *Crotalus (durissus)*, *Bothrops*, *Micrurus*, *Leptomicrurus* y *Lachesis muta*.

En México, las más frecuentes son las de los géneros *Crotalus* y *Bothrops;* las *Agkistrodon* y *Sistrurus* resultan raras y menos peligrosas; *Micrurus*, poco numerosas. Se dan 100 casos de mordedura por cada 100.000 habitantes, con una mortalidad del 0,5 %. Los riesgos resultan elevados en las regiones de Veracruz, Oaxaca, Hidalgo, Puebla, Chiapas y Tabasco.

¿Qué precauciones hay que adoptar?

EL PALUDISMO

Para saber cómo prevenirlo, véase «Los antipalúdicos».

Países de zona I

Argentina (zonas rurales a menos de 1.200 m), Honduras (zonas rurales y costeras), Belice (zonas rurales), México (zonas rurales a menos de 1.000 m, estado de Chiapas, en la Sierra Madre), Bolivia meridional (zonas rurales a menos de 2.500 m de altura), Nicaragua (zonas rurales y suburbanas a menos de 1.000 m), Costa Rica (zonas rurales de altitud inferior a 500 m), Paraguay (zonas rurales de los departamentos de Amambai, Canendiyu, Alto Paraud, Caaguazu y San Pedro, de octubre a finales de mayo), El Salvador (zonas rurales), Guatemala (zonas rurales a menos de 1.500 m de altura), Haití (zonas rurales y suburbanas a más de 300 m), República Dominicana (zonas próximas a las fronteras con Haití).

Países de zona III

Bolivia septentrional, Brasil (zona amazónica), Colombia (zonas rurales por debajo de 800 m, sobre todo en la costa del Pacífico, en el valle del Magdalena), Ecuador (sobre todo en las provincias de Los Ríos y Guayas, pero ausente por encima de 1.500 m y en las zonas urbanas), Guayana (alto y medio Maroni, alto Oyapock, episódicos en el bajo Maroni y el bajo Oyapock; no hay transmisión en Cayena, Kourou), Panamá (zonas rurales), Surinam (zona de endemia al sur del paralelo 5 N), Venezuela.

FIEBRE AMARILLA

La vacunación es obligatoria para todos los viajeros que acuden a los países de la América intertropical (Bolivia, Brasil, Colombia, Ecuador, Panamá, Surinam y Venezuela).

LAS DIARREAS Y EL PELIGRO OROFECAL

• El consumo de agua potable y el cumplimiento de las normas de higiene alimentaria previenen las enfermedades de transmisión orofecal: la diarrea del viajero, la tifoidea para los viajeros no vacunados y los parásitos intestinales.

• La vacunación contra el cólera no es obligatoria. Puede exigirse en caso de epidemia (en Centroamérica continental, Jamaica, Cuba, Haití, Antillas francesas y Pequeñas Antillas).

LAS BILHARZIOSIS

Hay que evitar bañarse en aguas dulces y estancadas (no controladas).

LOS ANIMALES MARINOS VENENOSOS Y EL LARBISH

En el mar, hay que abstenerse de los baños en solitario y atenerse a los usos y costumbres locales. En las islas, en el ambiente de la laguna, hay que calzarse con sandalias o aletas para no apoyar el pie descalzo en ciertos animales marinos que son venenosos.

En la playa, la toalla de espuma evita los contactos con una arena muy a menudo parasitada. Es necesario interponer una colchoneta entre el suelo y la piel, y preferir las zonas de playa donde la arena es limpiada por las mareas.

LAS ARBOVIROSIS Y LAS FILARIASIS

La prevención de los mosquitos (véase pág. 68) permite evitar, además del paludismo, las arbovirosis: fiebre amarilla, dengue, fiebres hemorrágicas, encefalitis y las filariasis linfáticas.

LAS SERPIENTES VENENOSAS

No hay suero contra las serpientes de América. Contra la víbora *Bothrops lanceolatus*, común en las plantaciones de caña de azúcar de Martinica, puede utilizarse el suero contra el *Bothrops* norteamericano o venezolano.

Estados Unidos y Canadá

¿Para qué enfermedades existe riesgo de contagio?

FILARIASIS

Se han detectado casos de filariasis linfática en el sur de Estados Unidos, aunque ya no se observan en la actualidad.

AMEBIASIS, LAMBLIASIS, ANQUILOSTOMIASIS, ANGUILULOSIS

Se observan cada año casos de lambliasis y amebiasis en los estados del sur de Estados Unidos: Texas, Florida y Nuevo México.

La anquilostomiasis por *Necator americanus* y la anguilulosis son aún endémicas en las regiones rurales del sur de Estados Unidos (hay un 4 % de portadores de estos dos parásitos entre la población).

TRIQUINOSIS

Es endémica en los dos países: de 120.000 a 300.000 casos cada año en Estados Unidos.

DENGUE, OTRAS ARBOVIROSIS, RICKETTSIOSIS

• El dengue es endemoepidémico en los estados del sur (Puerto Rico).

• Se dan casos de encefalitis vírica tanto en Canadá como en Estados Unidos, con los virus de la encefalitis equina del oeste (regiones del este y del oeste de Estados Unidos y en Canadá), de la encefalitis equina del este (este de Estados Unidos y en Canadá), de la encefalitis de San Luis en el conjunto de los dos países, en particular en Missouri, Arizona, Texas y Florida; de la encefalitis de California (en Canadá y Estados Unidos); de la encefalitis equina de Venezuela en los estados de Florida y Texas; de la encefalitis de Powassan en Canadá y en los estados del norte de Estados Unidos y en California.

Entre las rickettsiosis, el tifus murino es endémico en particular en los puertos de Canadá y del sur de Estados Unidos.

• Las urticarias del Nuevo Mundo están presentes en todos los Estados Unidos: los estados del oeste están más infestados que los del este, y se observan casos en las Montañas Rocosas, en las regiones canadienses de la Columbia Británica, Alberta y Saskatchewan. Se dan 1.000 casos al año en Estados Unidos. La mortalidad en las Montañas Rocosas es considerable, pues afecta al 5 % de los niños. Toda erupción de tipo sarampión debe hacer pensar en esa enfermedad.

• Se observan casos de fiebre Q cada año.

FIEBRE TIFOIDEA, SALMONELOSIS, SHIGELLOSIS

• La fiebre tifoidea y las shigellosis son endémicas, pero afortunadamente el agente de la fiebre tifoidea, *Salmonella typhi*, no es polirresistente.

• Entre las salmonelosis no típicas aisladas, las cepas más frecuentes son: *S. typhimurium*, *S. enteriditis*, *S. heidelberg*, *S. saint-paul*, *S. newport* y *S. agona*.

• Las shigellosis más frecuentes son, por orden de frecuencia:

— *Sh. sonnei* (el 73 % de los casos en Estados Unidos en 1979);
— *Sh. flexneri* (24,2 %), *Sh. boydii* (1,8 %) y *Sh. dysenteriae* (0,7 %).

HEPATITIS VÍRICA B

El número de portadores del antígeno HBs fluctúa entre el 0,1 y el 1 %.

RABIA

Existe en los dos países. En Canadá, afecta sobre todo al sur de Ontario, Quebec, Manitoba y Saskatchewan. Los principales vectores son el zorro, y luego la mofeta, los animales de granja y los murciélagos.
En Estados Unidos, las mofetas presentan el 50 % de los casos de rabia animal, y vienen a continuación el lobo y el zorro.

PESTE

Está presente sobre todo en los estados del oeste de Estados Unidos (Washington, Oregón, California, Nevada, Utah, Wyoming, Arizona, Montana, Colorado y Nuevo México). Al parecer, ha cruzado la frontera canadiense al norte de Seattle. Afecta a los roedores salvajes, perros de las praderas y ardillas. Cada año se da una decena de casos humanos en los estados del este de Estados Unidos, con dos o tres casos mortales. Los enfermos son habitantes de las zonas rurales que manipulan los cadáveres.

LEPTOSPIROSIS, BORRELIOSIS

Las leptospirosis son endémicas y se dan fiebres recurrentes por las garrapatas en Estados Unidos y Canadá.

LAS ENFERMEDADES VENÉREAS

Experimentan un recrudecimiento en los dos países.

La donovanosis, o granuloma inguinal, presente al sur de Estados Unidos, es una enfermedad que sólo está presente en los trópicos y que se observa sobre todo en las poblaciones negras o amarillas. El germen responsable es una bacteria. Aparece una masa granulomatosa irregular, a menudo ulcerada pero indolora, que se extiende con facilidad a las regiones próximas y evoluciona durante años. La estreptomicina trata esta enfermedad.

La gonococia, debido a las cepas resistentes a la penicilina en los dos países, plantea un problema. El 3 % de las mujeres que consultan en los servicios de ginecología la padece, y en el caso de las prostitutas el porcentaje se eleva al 7 %.

ENFERMEDADES CUTÁNEAS

• No hay lepra en Canadá, salvo en los emigrantes. Es escasamente endémica en el sur de California, en Florida y en Louisiana.

• En Estados Unidos, se pueden observar casos de micetomas actinomicóticos y fúngicos.

• Entre las micosis profundas, se conocen casos de histoplasmosis por *Histoplasma capsulatum* únicamente en Estados Unidos (Ohio, Mississipi, Apalaches), cromoblastomicosis, blastomicosis, coccidioidomicosis (en las regiones del sudoeste de Estados Unidos) y criptococosis.

SERPIENTES VENENOSAS

En Canadá, las principales serpientes venenosas censadas son *Crotalus viridis viridis*, *Sistrurus* y *Catenarus* (estas dos últimas poseen un veneno poco tóxico).

En Estados Unidos hay: *Crotalus viridis* al oeste, *Crotalus horridus* y *Agkistrodon* en el este, *Sistrurus* en todo el país (poco peligrosa) y *Micrurus* presente al sur del paralelo 40. Los riesgos son sobre todo elevados en los estados de Wyoming, Dakota del Sur, Nebraska, Carolina del Norte, Arkansas, Texas, Mississipi y Louisiana.

¿Qué precauciones hay que adoptar?

Son pocas puesto que estos dos países son «sanos».

LAS VACUNACIONES

Se recomienda tener al día las vacunaciones contra la fiebre tifoidea y contra la hepatitis B.

LA DIARREA DEL VIAJERO

Resulta prudente llevarse Sulfintestin neomicina o Noroxin (en caso de infectación por *Escherichia coli* enterotoxinógeno), sobre todo para los que aprovechando su estancia en Estados Unidos viajen a México o practiquen el turismo de aventura.

EL SUERO ANTIVENENOSO

En Estados Unidos, los Wyeth Laboratories (Box 8299, Filadelfia, Pensilvania) fabrican los sueros contra *Crotalus*, *Sistrurus*, *Agkistrodon*, *Lachesis* y *Bothrops*.

Asia e India

¿Para qué enfermedades existe riesgo de contagio?

PALUDISMO

Es desconocido en Hong Kong, Japón y Singapur, pero está presente en el resto de Asia. A excepción de Nepal y Pakistán, este paludismo se debe a *Plasmodium falciparum*, que presenta resistencias elevadas a la cloroquina (véase la tabla de la pág. 35).

DIARREA DEL VIAJERO, FIEBRE TIFOIDEA, PARASITOSIS INTESTINALES

Están presentes en la mayor parte de los países, al igual que la hepatitis A y la poliomielitis.

La esprue tropical, o síndrome de malabsorción severa, cuyo origen se desconoce todavía, afecta de forma electiva a los adultos jóvenes sometidos a un régimen alimenticio desequilibrado o insuficiente, en particular a los europeos recientemente llegados a la zona tropical. Es frecuente en la India, Sri Lanka, Myanmar (Birmania), Vietnam, Malasia, Indonesia y Tailandia.

BILHARZIOSIS

Es frecuente en Camboya, Laos, Indonesia, Malasia, Myanmar, Nepal, Pakistán, Filipinas y también Tailandia. Se trata de la bilharziosis intestinal por *Schistosoma japonicum*.

En Camboya, los focos se sitúan a lo largo del río Mekong; en Laos, la enfermedad es endémica en el foco de Khong, Pakse y Bassac, también junto al río Mekong; en Indonesia, está presente en la región central de las Célebes (38 % de portadores); en Malasia, está ausente de Sabah y Brunei; en China, las regiones más infestadas son el valle del Yangzi Jiang, las regiones costeras entre el delta del Yangzi Jiang y Cantón, los valles de los ríos en torno a Cantón, el valle del Mekong en la provincia de Yunnan y la isla de Hainan.

En la India, se ha descrito un foco de bilharziosis urinaria por *Schistosoma haematobium* en el estado de Maharashtra, cerca de Bombay.

FILARIASIS

La filariasis linfática se encuentra en Bangladesh, estando *Wuchereria bancrofti* difundida en el conjunto del país, mientras que la filariasis de Malasia sólo está presente en el sureste (región de Chittagong).

En Sri Lanka, la filariasis por *W. bancrofti* es endémica en las regiones costeras situadas entre Chilaw y Kata Ragana y en focos limitados en el interior de la isla. *Brugia malayi*, antiguamente muy difundida, ha sido erradicada.

En la India, la filariasis linfática es endémica en casi todo el país; la dracunculosis está aún muy difundida en los estados del noroeste.

En Myanmar, la filariasis por *W. bancrofti*, la única presente, es escasamente endémica en todo el país.

En Nepal sólo está presente la filariasis por *W. bancrofti*. Se halla hasta 1.700 m de altitud (el porcentaje de portadores de microfilarias oscilaba entre el 0,8 y el 17,7 % en 1973).

En Indonesia, se encuentra la filariasis por *W. bancrofti* y *Brugia malayi* endémica en casi todas las islas.

En Filipinas, *W. bancrofti* está presente en las zonas rurales de las islas de Luçon (11 % de portadores en la región de Bontoc), las islas de Leyte, Samar, Mindoro, Panay, Masbate, Dinagat, Bohol, en las regiones del norte (19-27 % de portadores) y sureste de Mindanao; en el archipiélago de Palawan (4,7 % de portadores) y en el archipiélago de Sulu (24 % de portadores en las islas Tawitawi), la isla de Mindanao (norte del país) y la isla de Samar.

CÓLERA

Es endémico en Camboya y Laos, así como en Malasia (502 casos en 1979, 10 casos en Singapur), e hiperendémico en la India.

El cólera experimentó un aumento en Indonesia en 1979 (18.702 casos) y volvió a infestar Vietnam en 1979 (215 casos). En China, el cólera es probablemente endémico.

El cólera, ausente de Japón, ha estado presente en Corea del Sur (en Pusan, Gujan, Inchiou y Viju). El *Vibrion parahaemolyticus* es endémico desde 1964 en Corea.

Ya no hay cólera en Brunei.

FIEBRE TIFOIDEA, SALMONELOSIS, SHIGELOSIS

• La fiebre tifoidea, las fiebres paratifoideas y las disenterías bacilares son frecuentes en Camboya y Laos, e hiperendémicas en Vietnam. El primer caso de *Salmonella typhi* resistente al cloranfenicol se dio en 1971. Hoy en día los dos tercios de las cepas son resistentes al cloranfenicol, mientras que en la India no hay *S. typhi* polirresistente.

• De las salmonelas no típicas aisladas, las más frecuentes son *S. typhimurium*, *S. albony*, *S. typhosa*, *S. canina* y *S. anatum*.

- La fiebre tifoidea y las disenterías bacilares están muy difundidas en Bangladesh, India, Bután, Nepal, Birmania y Tailandia.

- Entre las shigelas de Bangladesh, *Shigella flexneri* es el serotipo dominante (del 93 al 95 % de cepas aisladas), seguida de *Sh. sonnei* y *Sh. dysenteriae*. El 90 % de *Sh. flexneri* son resistentes a las tetraciclinas. En Sri Lanka, *Sh. dysenteriae* es el serotipo más frecuente, aunque a menudo es resistente a los antibióticos. En Vietnam, predonima *Sh. flexneri* (82 % de los casos), y las demás son menos frecuentes: *Sh. sonnei*, *Sh. dysenteriae* y *Sh. boydii*. En este caso, las shigelas son resistentes.

AMEBIASIS, LAMBLIASIS, ANQUILOSTOMIASIS, ANGUILULOSIS

- La amebiasis y la lambliasis son hiperendémicas en las zonas urbanas y rurales de Bangladesh y la India, y están muy difundidas en Sri Lanka, las islas Maldivas, Bután, Nepal, Birmania, Camboya, Laos, Vietnam, Malasia e Indonesia.

- La anquilostomiasis está muy difundida en Bangladesh y la India, donde la anguilulosis es endémica. En Sri Lanka, Bután, Nepal y Birmania, la anquilostomiasis por *Necator americanus* y la anguilulosis son endémicas.

En Camboya, Laos, Vietnam, Malasia e Indonesia, la anquilostomiasis por *Ankylostoma duodenal* es muy frecuente, y la anguilulosis, endémica. Las cuatro parasitosis son endémicas en China, donde además *Taeniasis* y cisticercosis son hiperendémicas, al igual que la ascaridiosis.

HIDATIDOSIS, DISTOMIASIS

- La hidatidosis está presente en el conjunto de Bangladesh y es hiperendémica en la India (estados del oeste) y endémica en China y Mongolia, sobre todo en el norte. Está ausente de Hong Kong y Macao.

- Todas las variedades de distomiasis están presentes en la India. La fasciolasis está muy difundida en Bangladesh. La distomiasis hepática por *Clonorchis sinensis* y *Opistorchis felineus* es endémica en China y Mongolia.

Las distomiasis intestinales y la paragonimosis están presentes en Bangladesh. En Hong Kong y Macao, las distomiasis hepáticas e intestinales son frecuentes, y también están presentes en Malasia, Indonesia y Filipinas.

LEISHMANIASIS

La leishmaniasis cutánea (botón de Oriente) debida a *Leishmania tropica* es endémica en la India (estados de Assam, Bihar, Madrás, Uttar Pradesh, Bengala occidental y Maharashtra).

La leishmaniasis visceral debida a *Leishmania donovani* está presente en Bangladesh (región de Dacca) y muy difundida en la India (Assam, Bihar, Uttar Pradesh, Madrás, Bengala, Sikkim y Tripura), Nepal, Myanmar, Pakistán y Laos.

DENGUE, OTRAS ARBOVIROSIS, RICKETTSIOSIS

• No hay fiebre amarilla en Asia.

• Aparte de Japón, donde está ausente, y de Nepal, donde es infrecuente, el dengue está en toda Asia. Es endemoepidémico, en forma de epidemias urbanas.

• Entre las arbovirosis, se conocen casos de fiebres por flebotomas en Pakistán, así como las epidemias de fiebre hemorrágica de Crimea.

• En el resto de Asia, están presentes las epidemias de encefalitis japonesa (de tipo B) en Bangladesh, India (este del país), Sri Lanka (norte de la isla), Nepal, Birmania, Tailandia, Laos, Camboya, Vietnam, China, Indonesia (Java), Brunei, Borneo, Hong Kong, Filipinas, Corea y Japón.

• El tifus de la maleza o *skrub typhus* es endémico en la India, Birmania, Tailandia, Malasia, Indonesia, toda la península indochina, Borneo, China, Filipinas, Japón, Nueva Guinea y Australia.

• Hay casos de tifus murino y fiebre botonosa de la cuenca mediterránea en Pakistán, Bangladesh, India, Nepal, Birmania, Laos y Vietnam. En Nepal, Birmania, Malasia e Indonesia, hay casos de fiebre Q (rickettsiosis transmitida por garrapatas).

RABIA

Ausente de Hong Kong, Macao, Singapur y Japón, es endémica en el resto de Asia. Los animales rabiosos son el perro, el gato, el lobo y los animales de granja. En la India, los casos de rabia no se declaran.

LEPTOSPIROSIS, BORRELIOSIS

• Las leptospirosis están presentes en Pakistán, Bangladesh, Corea, Japón, Hong Kong, Macao, India, Sri Lanka, Nepal, Birmania (120 casos en 1973), Indonesia (31 casos en 1975) y Filipinas.

• Entre las borreliosis, la fiebre recurrente por garrapatas es endémica en Pakistán, India, Malasia, Indonesia (8 casos en 1975), en el oeste de China (por *Borrelia persica*) y Corea.

• Están presentes focos de fiebre recurrente por piojos en Nepal.

PESTE

Está presente entre los roedores salvajes en Nepal, donde el último caso humano se observó en 1983.

Experimenta un retroceso en Birmania (673 casos en 1971, 73 casos en 1979), donde persiste en la división de Mandalay y en el estado de Shan (distrito de Taung-gyi).

Endémica en Tailandia y Camboya; pese a la falta de información desde el año 1976, se cree que la peste persiste entre los roedores salvajes en el este del país.

La peste experimenta un recrudecimiento en Vietnam, sobre todo en las provincias de Saigón y Nha Trang (306 casos en 1978).

Está presente en Malasia. Se detectan casos humanos de forma periódica (dos casos en 1975 en la península malasia). No se ha observado ningún caso en Brunei ni en Singapur.

En Indonesia, el último caso humano fue descrito en 1970 en Java. Es probable que persista entre los roedores de la provincia central.

En China, que no efectúan declaraciones oficiales, se supone que la peste está presente entre los roedores salvajes y en Mongolia entre las marmotas.

MELIOIDOSIS

Esta enfermedad causada por el bacilo de Whitmore prácticamente sólo está presente en los países del sureste asiático. Dicho bacilo vive en las aguas templadas de los lodos y arrozales, y penetra en el cuerpo por vía cutánea. Existen formas septicémicas, seudotípicas mortales en pocos días, formas localizadas (pulmonares, óseas, cutáneas o musculares) o inaparentes (detectadas mediante prueba serológica). La enfermedad se trata con antibióticos.

Esta enfermedad es endémica en Vietnam (arrozales), China, Indonesia, Malasia, Laos y Camboya. Cada año se dan casos en Tailandia y Bangladesh.

ENFERMEDADES VENÉREAS

Son endémicas, aunque no plantean problemas (no hay gonococos resistentes a la penicilina), en Pakistán, Bangladesh, Nepal y China; *idem* y en recrudecimiento en la India y Sri Lanka.

Experimentan un recrudecimiento y plantean un problema de salud pública debido a la existencia de cepas de gonococos resistentes a la penicilina en Birmania, Tailandia, Vietnam, Malasia (en 1980 había un 25 % de cepas resistentes), Indonesia, Filipinas y Japón.

ENFERMEDADES CUTÁNEAS

- La lepra es endémica en Pakistán, donde no hay detección (20.000 casos estimados en 1975 para 9.573 declarados); en Sri Lanka (por cada 1.000 habitantes,

0,6 casos), Maldivas (10,2 casos por cada 1.000 habitantes); en Laos y Camboya (entre 5 y 10 casos por cada 1.000 habitantes); en Vietnam; en Malasia (8.213 casos censados para 10.000 estimados). Es hiperendémica en Bangladesh (18.100 casos en 1974, aunque la gran mayoría escapa a la detección); en la India (2,2 casos por cada 1.000 habitantes); en Nepal (11.614 casos registrados en 1974 para 80.000 estimados); en Birmania (índice de 20 a 40 por cada 1.000); en Tailandia.

• El pian (treponematosis tropical, de contaminación directa entre una lesión infectada y una excoriación mucosa) es endémico en todo Bangladesh, India, Vietnam y Filipinas, y está presente en Bután, Nepal, Birmania, Tailandia (donde está en disminución), Camboya y Laos, en regresión en toda Indonesia, y aún presente en China.

• El bejel, treponematosis subtropical debida a una variedad distinta de *T. pallidum* (variedad M), está presente en el este de la India.

• Casos de micetomas fúngicos (tumores inflamatorios que se fistulizan eliminando granos fúngicos) y actinomicóticos son muy frecuentes en Bangladesh y en el conjunto de la India, están presentes en Birmania, Tailandia y Malasia, son endémicos en Indonesia y se observan esporádicamente en Filipinas.

• Entre las micosis profundas, se observan cromoblastomicosis y rinosporidiosis en la India, donde se hallan, además, casos de histoplasmosis (por *Histoplasma capsulatum*), esporotricosis (estado de Assam) y ficomicosis.

• En Sri Lanka, se conocen casos de cromoblastomicosis y rinosporidiosis (muy frecuente), al igual que en Nepal; en Tailandia, Camboya y Laos, casos de histoplasmosis y rinosporidiosis. Tanto en Vietnam como en China, se encuentra la histoplasmosis, la cromoblastomicosis, la rinosporidiosis y la esporotricosis.

¿Qué precauciones hay que adoptar?

LAS VACUNACIONES

No hay ninguna obligatoria si se procede de España, Italia o Europa occidental.

• La vacunación contra el cólera se exige a todos los viajeros procedentes de una zona de endemia, o que acuden a una zona donde está presente la epidemia. La validez es de seis meses.

• Un certificado de vacunación contra la fiebre amarilla es obligatorio para todos los viajeros procedentes de una región infestada y de un país situado en las zonas endémicas. Toda persona (incluidos los niños) que no tenga certificado contra la fiebre amarilla que date de más de seis días y que proceda de una región de endemia o haya transitado por dicha región puede ser aislado durante seis días. Basta una dosis de vacuna contra la fiebre amarilla para adquirir una inmunidad de diez años.

• Se recomienda encarecidamente tener las vacunaciones al día contra el tétanos y la poliomielitis.

• Se recomiendan las vacunas contra la hepatitis A (debe realizarse una serología previa a partir de los 40 años) y la hepatitis B para quienes van a Asia con frecuencia. El número de portadores del antígeno HBs es del 2 % en Malasia (un 6 % entre los donantes de sangre), del 5 al 20 % en Taiwán y del 0,5 al 2 % en Japón.

• La rabia, para quienes practican el viaje «de aventura» en la zona rural: la primovacunación comprende tres inyecciones (día 1.°, día 7.° y día 28.°) con una dosis de recuerdo un año más tarde, y luego cada tres años.

• Existe una vacunación disponible contra la encefalitis japonesa (véase pág. 67).

EL PALUDISMO

No es necesaria la profilaxis si se visita Hong Kong, Japón o Singapur.

Tanto en Nepal como en Pakistán, el tratamiento preventivo es el de los países de zona II (véase pág. 34).

Para todos los demás países (Bangladesh, China, Laos y Vietnam), se deben seguir los consejos impartidos para los países de zona III.

La protección «mecánica» que tiene por objeto evitar las picaduras de mosquito es siempre de rigor (véase pág. 37).

HIGIENE

• Hay que beber sólo agua embotellada o, en su defecto, purificada por filtración y luego desinfectada mediante comprimidos.

• Se debe evitar caminar descalzo por el suelo húmedo (arena, lodo) y bañarse en agua dulce (riesgo de bilharziosis); se preferirá el baño en la piscina o en el mar.

• Hay que lavarse siempre las manos antes de cada comida, y evitar las ensaladas, pelar la fruta y comer los alimentos bien cocidos.

LOS SUEROS ANTIVENENOSOS

No hay sueros fabricados en España contra las serpientes venenosas de Asia. Los sueros contra *Bungarus, Echis carinatus, Naja naja* y *Vipera russelli* son fabricados en la India por dos institutos, pero son difíciles de encontrar: el Instituto Hahkine (Parel Bombay 12) y el Instituto Kasauli (Kasauli Punjab).

En Tailandia, Japón y Birmania, son fabricados por la Pharmacentical Industry (Rangún), que fabrica un suero polivalente contra *Bungarus, Fasciatres, Naja naja* y *Vipera russelli*.

Islas del Índico y del Pacífico

¿Para qué enfermedades existe riesgo de contagio?

PALUDISMO

El paludismo en las Comores y Mayotte es en un 92,5 % por *P. falciparum*. Pertenece al grupo III de las resistencias a los antipalúdicos, al igual que Papuasia-Nueva Guinea, las islas Salomón, Sri Lanka y Vanuatu. Hay que proveerse siempre de Lariam 250: 1 cp/semana en día fijo.

En Madagascar, se encuentran los distintos plasmodios con un gran predominio (aunque menor al 90 %) de *P. falciparum*.

Para más detalles sobre la profilaxis, puede consultarse el apartado «Los antipalúdicos», en la pág. 34.

CIGUATERA

En las islas Fidji, Micronesia (islas Marianas, Carolina, Marshall), Nueva Caledonia, Polinesia, Nueva Zelanda, Papuasia-Nueva Guinea, Vanuatu y Wallis-y-Futuna, la ingestión de numerosos pescados y crustáceos procedentes de corales es susceptible de provocar la ciguatera.

OTRAS PATOLOGÍAS

• La fiebre Q es una rickettsiosis, es decir, se debe a una bacteria. Es una infección benigna o inaparente en el animal, aunque es responsable de mortinatalidad en los corderos y gatitos. La duración de la incubación varía con el tamaño del inoculum. La mayoría de los pacientes desarrollan síntomas en 13 o 18 días. Algunos enfermos desarrollan una hepatitis que puede evolucionar hacia una esteatosis. Incluso una forma moderada de fiebre Q puede acompañarse de una elevación del nivel de enzimas hepáticas. Otros enfermos sufren una endocarditis subaguda o crónica. Esta enfermedad pone en peligro el pronóstico vital. Los enfermos pueden tener grandes vegetaciones en la válvula aórtica y con menor frecuencia en la válvula mitral. Una tercera categoría de enfermos sufre de neumonía. Todos los pacientes reaccionan rápidamente al antibiótico. La curación es rápida cuando se instituye la antibioterapia al principio de la enfermedad, antes de la aparición de las lesiones tisulares.

• La fiebre botonosa es una rickettsiosis por garrapatas, provocada por *R. conorii*. Se encuentra en el conjunto del continente africano, en la India, en las regiones de Europa y Oriente Medio que rodean el Mediterráneo y en los mares Negro y Caspio, aunque también en Australia. Las garrapatas ixódidas y los animales salvajes constituyen el reservorio natural de las rickettsiosis. Si el hombre se introduce accidentalmente en el ciclo, rompe la cadena de transmisión. Tras un periodo de incubación de siete días aparece una fiebre con malestar, cefalea y una infección conjuntival. Con el comienzo de la fiebre se desarrolla una pequeña úlcera de entre 2 y 5 mm de diámetro con un centro negro. Esta mancha suele ir acompañada de una adenopatía regional o satélite. Hacia el cuarto día de fiebre aparece un exantema maculopapuloso en los antebrazos que se extiende por la mayor parte del cuerpo incluyendo las palmas y las plantas de los pies. La fiebre persiste dos semanas y las complicaciones son poco frecuentes; los fallecimientos sólo se observan en los individuos ancianos o debilitados.

• La melioidosis es endémica en el norte de Queensland, en Australia.

• El dengue está presente en Australia, Fidji, Madagascar, Maldivas, isla Mauricio, Micronesia, Nueva Calendonia, Nueva Zelanda, Polinesia francesa y Reunión.

• La fiebre de Ross River se encuentra principalmente en Australia, Fidji y Papuasia-Nueva Guinea.

• La filariasis linfática es susceptible de contraerse en las Fidji.

• El *skrub typhus* (tifus de la maleza) se observa en la región Asia-Pacífico limitada por Japón, la India y Australia.

• La enfermedad de Lyme.

• La diarrea del viajero, en particular en las Fidji.

• La fiebre tifoidea es susceptible de contraerse en todas las islas salvo en la isla Mauricio, Nueva Zelanda y Reunión. Las fiebres tifoideas o paratifoideas se contraen a través de la ingestión de agua o alimentos crudos o insuficientemente cocidos. Los síntomas son la anorexia, náuseas, dolores abdominales, trastornos del tránsito intestinal y una hipertermia de 39 °C y más. El tratamiento curativo se basa en las ampicilinas, la ceftiaxona (Rocephine®) o las quinolonas.

• Las parasitosis intestinales pueden contraerse en todas las islas, incluida Australia, a excepción de Nueva Zelanda.

• La hidatidosis está presente en Australia y Nueva Zelanda.

- Las hepatitis A y B pueden contraerse en todas las islas del océano Índico y del Pacífico.

- La brucelosis puede contraerse en Australia, país ganadero, por contacto directo con las secreciones y excreciones de animales infectados y por consumir leche de vaca, cabra u oveja o productos lácteos (mantequilla o queso). El periodo de incubación varía entre cinco días y varios meses. El comienzo puede ser brusco y agudo con escalofríos y fiebre, cefalea severa, dolores musculares, malestar general y a veces diarreas, aunque también puede ser infeccioso con mialgias y dolores de nuca, seguidos de elevación vespertina de la temperatura. A medida que evoluciona la enfermedad, la temperatua se eleva a 40 o 41 °C y baja de forma progresiva hasta un valor normal o por debajo de la normalidad por la mañana, coincidiendo entonces con una abundante transpiración.

¿Qué precauciones hay que adoptar?

Las vacunaciones

Ninguna vacunación es obligatoria para los viajeros procedentes de España, aunque se recomiendan algunas.

- El tétanos y la poliomielitis (perfectamente actualizadas).

- La hepatitis A; para los mayores de 40 años, se recomienda hacer previamente una serología.

- Se recomienda la hepatitis B, sobre todo si se harán frecuentes viajes.

- La fiebre tifoidea, para los viajeros «de aventura», susceptibles de comer de la cocina local.

El paludismo

Para la profilaxis en los países con paludismo, véase «Los antipalúdicos», en la pág. 34.

En las altas mesetas del centro de Madagascar, a más de 1.200 m, la transmisión es heterogénea, de noviembre a abril, mientras que en la costa este y Nosy-Bé la transmisión es continua. Al sur de la línea Morondava-Fort Dauphin, esta transmisión es estacional y larga (de octubre a mayo). En las ciudades, hay poco paludismo.

La diarrea del viajero

▪y que comer sólo alimentos bien cocidos y servidos calientes, incluyendo
los pescados y los crustáceos, y la fruta pelada por uno mismo. Se

evitarán sobre todo las ensaladas y los lácteos (la leche no pasteurizada deberá hervirse).

• Sólo se beberá de botellas destapadas delante de uno, evitando añadirles cubitos de hielo. El agua del grifo deberá filtrarse y hervirse diez minutos o desinfectarse (con los comprimidos de liberación prolongada que se tendrá la precaución de llevar en el botiquín).

• Si se contrae la diarrea, se absorberá un antidiarreico acompañado de un antibacteriano.

• Si persisten las molestias, si se declara fiebre o si aparece sangre en las deposiciones, hay que consultar a un médico lo antes posible.

Para los niños, hay que llevar unos sobres de rehidratación oral de tipo OMS o de tipo GES Milupa 45. Si no se dispone de ellos, se puede preparar mientras tanto la siguiente solución: un litro de agua mineral a la que se habrán añadido dos cucharadas soperas colmadas (40 g) de azúcar y media cucharadita de sal (3 g).

Al evitar consumir carne cruda o mal cocida, se evitan ciertas parasitosis como la tenia y la triquinosis. Al abstenerse de consumir pescado de albufera, se evita la ciguatera.

Las tierras frías (Groenlandia, Islandia, Escandinavia, Nepal, Polos)

¿Para qué enfermedades existe riesgo de contagio?

Existe riesgo para las mismas que en regiones más clementes: difteria, tétanos, poliomielitis y la hepatitis B.

¿Cuáles son los riesgos propios del frío?

• El agua, aparentemente no contaminada, puede ser, incluso en las regiones frías, una reserva de virus y bacterias. De ahí el interés de beber el agua hervida y, en su defecto, filtrada, desinfectada o embotellada.

• Como el agua, la comida puede transmitir numerosos gérmenes y parásitos. Así, la triquina, esa lombriz redonda cuyas larvas infectan al hombre con su presencia en la carne de animales diversos como el caballo, el cerdo y el jabalí, se ha encontrado asimismo en el oso blanco. El síndrome digestivo va seguido de una alteración del estado general, fiebre, edemas y mialgias. Las formas severas no son infrecuentes.

• Un protozoo, cuyo reservorio aún no se ha identificado del todo, puede ser el origen de diarreas acuosas durante varios días (más severas en el paciente inmunodeprimido). Se ha encontrado en Nepal, Perú y Norteamérica.

¿Qué precauciones hay que adoptar?

Las vacunas

Además de las vacunas contra la difteria, el tétanos, la poliomielitis y la hepatitis B, se recomienda encarecidamente la vacuna contra la gripe, que puede completarse con una vacuna antineumocócica (microbiana en este caso) útil en caso de complicaciones. La eficacia de la vacuna antigripal reside en su parentesco con las cepas en circulación. Es eficaz en la mujer embarazada y, además, permite proteger a los recién nacidos durante sus cuatro primeros meses de vida. La vacuna antigripal puede asociarse con la vacuna antitetánica, lo cual representa una ventaja adicional.

LAS PRENDAS DE VESTIR

Contra los rigores del termómetro, hay que proveerse de prendas de vestir capaces de proteger de forma eficaz contra la acción conjugada del frío y el viento. Los nuevos tejidos (Gore-Tex®) aumentan la eficacia de los equipos, en particular por su aptitud para eliminar la transpiración.

Llevar prendas o calzado inadecuado puede generar congelación.

LAS GAFAS

Las gafas son imprescindibles tanto en la nieve como en las altas cotas, debido a la reverberación. Tampoco es un lujo el protector para la nariz, fijado a las gafas.

DESDE EL PUNTO DE VISTA ALIMENTARIO

Son necesarias las raciones hipercalóricas que incluyen lípidos, dado que el frío es un gran consumidor de calorías.

Quinta parte
¿QUÉ SE DEBE HACER EN CASO DE SÍNTOMAS?

De viaje

¿Qué se debe hacer en caso de diarrea?

Según la OMS, entre el 50 y el 70 % de las personas presentan al menos un episodio de diarrea (la clásica del viajero) durante los viajes.

El número de deposiciones al día y su aspecto deben guiar al viajero en el tratamiento que este debe seguir. De tres a diez emisiones al día de deposiciones líquidas, no sanguinolentas, representan un fenómeno leve que obliga a ponerse a
régimen: interrumpir el consumo de ensaladas y toda serie de condimentos (como
la guindilla) en beneficio del arroz, y beber sólo agua embotellada o filtrada. Se
aconseja tratarse desde los primeros síntomas, en primer lugar rehidratándose,
para lo cual se aumentará el consumo de agua potable a la que se añadirán galletas saladas o sobres de rehidratación (en caso de deshidratación pronunciada); no
resultan indicadas bebidas como: zumos de fruta y bebidas gaseosas; por ser demasiado ricas en azúcar y demasiado pobres en sal, lo que agrava el desequilibrio.
Los líquidos como caldos, sopas, té y aguas minerales y las galletas saladas se to-
marán hasta el final de la diarrea líquida. En cuanto las deposiciones vuelven a
ser blandas, el viajero puede consumir de nuevo pan, tortas, patatas, arroz, pescado y pollo. No se volverá del todo a los demás alimentos sólidos hasta que las deposiciones tengan forma. La leche y los productos lácteos deberán evitarse completamente durante los dos o tres primeros días, excepto en el niño alimentado
exclusivamente con leche.

Si los síntomas persisten al cabo de 24 horas, se tomará un sulfamida intestinal de tipo Sulfintestin® (dos cápsulas por la mañana y por la noche, durante
cuatro o cinco días), y, el primer día, un antiespasmódico como el Imodium®,
a razón de dos cápsulas al principio y luego una cada cinco horas, mientras que
las deposiciones no tengan forma. Si a la quinta cápsula las deposiciones son
muy espaciadas y de nuevo «torneadas», se dejará de tomar el Imodium® para
evitar el estreñimiento.

Si las deposiciones siguen siendo líquidas, aumenta su número (de 10 a 20 al
día) y se intensifica la fatiga, no cabe duda de que se trata de salmonelosis. Conviene pasar, por ello, a los antibióticos: Noroxin® 400, Baicip®, Oflovir® a razón
de un comprimido dos veces al día, durante cinco días.

Por último, si el número de deposiciones supera la veintena al día, son viscosas, sanguinolentas y sin materia (los conocidos «esputos disentéricos»), y se
acompañan de fiebre, hay que pensar en una shigelosis, que sólo puede ser trata-

da con antibióticos. Pero cuidado, dicho tratamiento sólo debe iniciarse después de consultar a un médico. El riesgo de contraer esta shigelosis es muy bajo si se cumplen las normas elementales de higiene anteriormente enumeradas (véase pág. 114).

¿Qué refleja una tos no acompañada de fiebre?

El origen de una tos puede ser diverso: vírico, microbiano o alérgico. Cuando es de origen infeccioso, se acompaña de fiebre.

En cambio, una tos sin fiebre puede ser generada por el polvo y la contaminación. Por ejemplo, en la India, la gente escupe, orina y defeca en la calle. Estos productos de desecho, una vez secos, forman parte del polvo que se respira. Si las defensas de nuestro organismo se ven desbordadas, se manifiesta la alergia en los ojos (conjuntivitis), la nariz (rinitis), la garganta (faringitis), la laringe (laringitis), la tráquea, los bronquios y los alveolos pulmonares con la tos y el asma.

¿Qué conducta se debe tener ante una tos de origen infeccioso?

En caso de padecer tos derivada de un enfriamiento o un contagio, ya no son útiles los antihistamínicos. Los corticoides, incluso locales, deben abandonarse. En este caso, la tos puede ir acompañada de fiebre. Esta fiebre y el empeoramiento de la tos, que se vuelve purulenta, imponen la toma de antibióticos. En tal caso hay que consultar siempre a un médico.

¿Qué se debe hacer cuando los esputos son purulentos, e incluso estriados de sangre?

Cuando la fiebre es muy elevada, los esputos son purulentos, a veces estriados de sangre, y el estado general está alterado, la consulta a un médico se convierte prácticamente en una necesidad, aunque se tomen antibióticos.

Estos diversos síntomas sugieren una congestión pulmonar, una neumonía, y merecen una radiografía pulmonar.

La presencia de sangre en los esputos exige la búsqueda de BK (agente de la tuberculosis). La presencia de este bacilo es incompatible con la continuación del viaje e impone la repatriación, el reposo y una triantibioterapia adecuada con sus controles periódicos.

¿Qué traduce la fiebre?

Es una respuesta completamente normal del cuerpo ante una agresión vírica, microbiana o parasitaria, una intoxicación o una toxiinfección, una perturbación del metabolismo o una conmoción del sistema neurovegetativo, como puede hacer una insolación.

La consulta médica no siempre es necesaria de forma inmediata, pero puede resultar imprescindible si la fiebre persiste, se agrava y se complica.

¿Cuáles son las causas más frecuentes de la fiebre?

Varían según la edad y el terreno. En el lactante, la fiebre tiene muy a menudo un origen otorrinolaringológico o digestivo. La fiebre puede ser muy alta en el caso de una deshidratación consecutiva a una exposición solar, una insolación o una enfermedad digestiva. Más tarde, en el niño, puede ser síntoma de una infección vírica o bacteriana, o de una parasitosis. Muchas infecciones víricas son generadoras de fiebre: rinofaringitis, anginas, otitis, etc. Entre las infecciones bacterianas, las que afectan a la esfera ORL, a las vías aéreas superiores, pero también a las vías digestivas y a las vías urinarias, se acompañan de fiebre.

En el adulto, las afecciones víricas como la gripe y el dengue son generadoras de fiebre, al igual que las neumopatías bacterianas y ciertas parasitosis. Entre estas últimas, debe mencionarse al paludismo en primer lugar, en países de endemia. El acceso de paludismo suele ser típico: tras una fase de escalofríos durante la que se tirita, el individuo entra en una fase de hipertermia con abundante sudoración, y luego cae en el sopor.

Otra parasitosis febril es la amebiasis en la fase de la hepatitis. Aunque la disentería es la primera manifestación, no siempre se acompaña de fiebre.

Las fiebres tifoparatíficas son afecciones bacterianas febriles bastante frecuentes.

Las intoxicaciones alimentarias o medicamentosas también pueden acompañarse de fiebre. Una fiebre de origen nervioso revela una situación de estrés, o bien sucede a un traumatismo o a una intervención quirúrgica.

La fiebre se denomina «visceral» o «metabólica» cuando acompaña a una afección renal, hepática o sanguínea.

En la mujer embarazada, la fiebre puede ser una señal de alarma y denunciar la presencia de un embarazo extrauterino.

En el anciano, la fiebre puede traducir la existencia o evolución de una tuberculosis.

¿Qué conducta se debe observar?

En ningún caso hay que lanzarse a tomar antibióticos. En sí misma, la fiebre puede ser terapéutica: a partir de 38,5 °C, es capaz de detener la multiplicación de los virus. No deben tomarse medicamentos hasta los 38,5 °C y durante las primeras 24 horas. Si la temperatura supera dicha cifra, se recomienda la toma de algún paracetamol (Efferalgan® 500, Termalgin®, Gelocatil®) o aspirina (Aspirina®, AAS® 500). Al día siguiente, si se mantiene la temperatura, conviene consultar a un médico. En caso de que resulte imposible, se puede optar por la toma de un antibiótico de amplio espectro, como el Augmentine o el Clavumox. En este caso deberá tomarlo entre seis y ocho días. Otros síntomas que aparezcan mientras tanto pueden dar indicaciones sobre el origen de la fiebre.

Un dolor de oídos (otalgia) puede anunciar una otitis e imponer la administración de Bayap ótico® en forma de gotas auriculares (dos gotas, tres veces al día). Si se manifiesta una tos con expectoración, puede tomar un antibiótico como el Clamoxyl® (amoxicilina) 500 mg, un comprimido, mañana y noche, y un jarabe expectorante como el Bisolvon®, Pectox® o sobres de Fluimucil®.

¿Cuándo hay que preocuparse y llamar al médico?

Hay que llamar al médico cuando la fiebre persiste y se eleva, cuando aparecen otros síntomas (dolor de garganta, otalgia, tos) que concretan el origen y agravan el cuadro clínico.

Así, un dolor de garganta podría revelar la presencia de una amigdalitis, la cual no se cura de forma espontánea y requiere la administración de un antibiótico con el fin de evitar complicaciones. Es probable que la difusión de dolores por todo el cuerpo, en los músculos y las articulaciones, oculte una enfermedad infecciosa reumática, que no tardará en manifestarse de forma más pronunciada.

Si al día siguiente o durante el mismo día de la fiebre se declaran unos cólicos intestinales y van seguidos, al otro día, de una diarrea que la rehidratación y la toma de un antiespasmódico no bastan para resolver, es imprescindible la opinión del facultativo (véase «¿Qué se debe hacer en caso de diarrea?», pág. 149).

Fiebre, un dolor en la fosa ilíaca derecha, unido a náuseas y vómitos, es evocador de una apendicitis.

¿Cuáles son las dermatosis más habituales?

Las dermatosis observadas en los viajeros suelen estar relacionadas con bacterias cosmopolitas, en particular los estreptococos y los estafilococos. Las picaduras de mosquito se sobreinfectan con mucha frecuencia, lo cual conduce al impétigo, que para desaparecer exigirá la administración de antibióticos.

¿Es frecuente contraer micosis?

Son frecuentes en el medio tropical, causadas por hongos microscópicos y favorecidas por el calor y la humedad. Hoy en día existe un gran número de medicamentos eficaces.

¿Cómo se reconoce la sarna?

Esta ectoparasitosis, debida al sarcopto de la sarna, un ácaro, se caracteriza por unos surcos de un centímetro de longitud terminados en una vesícula entre los dos surcos, en las muñecas, en la cintura, en las axilas, en el pene y en la areola de los senos.

Estas lesiones provocan un intenso prurito que da lugar a insomnio.

El sarcopto pasa de un individuo a otro a través de la ropa de cama o de una cama sucia.

¿Cómo hay que tratar la sarna y protegerse de ella?

El tratamiento utiliza el Ascabiol®, una loción con un 10 % de benzoato de benzilo, que se aplica por todo el cuerpo y que se deja actuar todo un día antes del aseo. En el niño, el producto se diluirá a la mitad, y la duración de aplicación se limitará a doce horas.

Las sábanas y las prendas de vestir deben desinfectarse mediante su lavado a 55 o 60 °C.

¿Cuáles son los otros casos de ectoparasitosis?

• La miasis.

• La tungosis es la infestación por la nigua *(Tunga penetrans)* presente en África, Asia, Latinoamérica y el Caribe. A partir de un suelo seco y arenoso, esta pulga salta a los pies (o a los muslos, si el viajero está tumbado) de su víctima, penetra por rotura bajo la piel y se alimenta de la sangre de su huésped con vistas a poner huevos en su cavidad abdominal. Los repelentes de insectos, el lindane y el lavado de las sábanas a 55 °C son los medios más eficaces de prevención.

• Las dermatitis rampantes (por *Larva migrans* o larbish) aparecen en forma de cordones rojos bajo la piel, correspondientes a la migración de larvas de anquilostoma, que están presentes en todas las regiones cálidas y húmedas del globo. Diversos medicamentos son capaces de hacerlas desaparecer.

¿Cómo se reconoce una sífilis en sus comienzos?

La sífilis, bastante rara en Europa y en Norteamérica (gracias a la penicilina), está muy presente en el tercer mundo, en los trópicos, en las grandes ciudades y a lo largo de los ejes de carreteras. Se cuentan, aproximadamente, 50 millones de casos cada año.

El contagio se produce durante una relación sexual. Tres semanas después de la relación contaminante aparece un chancro, una ulceración superficial única, de aspecto liso y rosado, en el glande o la vulva, apoyada en una base endurecida. Esta ulceración es indolora y se acompaña de ganglios también indoloros, a la altura de la ingle. Esta lesión es muy contagiosa, pues está llena de treponemas.

Resulta prudente tratarla lo antes posible con antibióticos. Conviene tratar al mismo tiempo a la pareja.

Puede prevenirse utilizando el preservativo.

¿Cómo se puede reconocer el chancro blando?

Es raro encontrar chancro blando en Europa, pero es endémico en Asia y África. Es una enfermedad esencialmente masculina, aunque las mujeres son las transmisoras del germen.

El contagio tiene lugar durante una relación sexual. También en este caso el primer signo es un chancro que aparece entre tres y cinco días después de la relación. Se presenta en forma de una o varias ulceraciones superficiales de contorno irregular, del glande, el prepucio o el ano, apoyadas en una base blanda y dolorosa. Aparecen adenopatías dolorosas en un plazo de entre 10 y 15 días, en la región de la ingle, y se abren en la piel en ausencia de tratamiento. El tratamiento es farmacológico y la prevención pasa por el uso del preservativo.

¿Cómo se presenta la blenorragia?

Aunque es menos frecuente en Europa y Norteamérica, está presente en estado endémico en los países en vías de desarrollo. Al parecer, hay 250 millones de casos al año en todo el mundo.

El germen responsable, el gonococo, se localiza inicialmente en la uretra y la vulva, y a continuación se extiende al resto del aparato urinario. El contagio se produce únicamente durante una relación sexual.

El primer signo, en el varón, se declara cuatro o cinco días después de la relación. El meato urinario está rojo, el chorro urinario quema en el momento de su paso y va seguido de un derrame purulento. Si no se trata, la infección se extiende al epidídimo y la próstata. En la mujer, los síntomas son más discretos, hasta el punto de que a menudo ignora la infección.

En cualquier caso, hay que tratar a todas las parejas.

Para el viajero, el «tratamiento rápido» consiste en la toma de 500 mg de doxiciclina de una sola vez o 300 mg renovados una hora más tarde. En la mujer, la administración de 200 mg/día de doxiciclina durante cinco días puede erradicar completamente la infección.

La prevención, cuando existe ausencia de vacuna, consiste en la utilización del preservativo.

¿Las demás uretritis son igual de claras?

Las uretritis por *Chlamydia* y micoplasma, cada vez más frecuentes en Europa y América del Norte, se hallan a menudo como sobreinfecciones de otras ETS en los países tropicales.

Los gérmenes causantes penetran en la uretra gracias a una relación sexual.

Los síntomas son discretos: inflamación del glande, epididimitis, prostatitis y, en la mujer, vulvovaginitis o salpingitis.

Para prevenir, resulta igual de válido el mismo consejo que se ha dado para las anteriores afecciones: el uso del preservativo durante todas las relaciones sexuales que se mantengan.

¿Qué deben hacer los portadores de lentes de contacto en caso de molestia?

Los cambios de hidrometría y el polvo pueden llegar a provocar reacciones vivas y dolorosas del ojo en caso de llevar lentillas. Siempre hay que tener la precaución de quitarse las lentillas por la noche al acostarse y ponerlas en soluciones desinfectantes.

¿Qué se debe hacer ante una conjuntivitis infecciosa?

En la mayoría de los casos, un colirio antibiótico (Tobrex®) administrado dos o tres veces al día basta para resolverla. En caso de conjuntivitis vírica, el ojo será tratado por instilación de un colirio antivírico (de tipo Virmen®). La distinción entre las dos es asunto del médico o del especialista.

¿Qué hay que hacer en caso de conjuntivitis alérgica?

La conjuntivitis alérgica, que surge en un contexto evocador de rinofaringitis y alergia respiratoria, se trata normalmente con la toma de un antihistamínico (de tipo Alerlisin®) por vía general, el lavado de la nariz con suero fisiológico y la instilación ocular de unas gotas de un colirio corticoide (Tobradex®).

¿Qué debe hacerse en caso de cuerpos extraños de la conjuntiva?

La presencia de un cuerpo extraño suscita una molestia súbita, una sensación de «grano de arena» a menudo invisible por estar alojado bajo el párpado superior. Conviene retirarlo con un objeto romo y no insistir en caso de dificultad. En espera del médico, se recomienda la instilación de un colirio antiséptico y anestésico.

¿Cómo se interpretan los dolores?

El dolor es una señal de alarma procedente de una parte de nuestro cuerpo para atraer nuestra atención sobre un trastorno de funcionamiento de una articulación o un órgano. La relación de causa a efecto suele ser fácil de establecer: el dolor localizado en un tobillo puede relacionarse fácilmente con una entorsis.

Unos dolores generalizados en todo el cuerpo y molestias en los músculos y articulaciones pueden traducir la manifestación de una enfermedad infecciosa. En general, coincide con la aparición de fiebre acompañada o no de cefaleas.

¿Qué conducta se debe observar?

Un ligero esguince puede tratarse fácilmente mediante el masaje de la articulación afectada con una pomada analgésica seguido de la aplicación de un vendaje.

El dolor digestivo alto (en el hueco epigástrico) se calmará con un comprimido antiácido (de tipo Almax®). Si se acompaña de meteorismo abdominal, el tratamiento conlleva la administración de un absorbente de gases, como por ejemplo el carbón activado.

El dolor de garganta acompañado de dificultad para tragar (disfagia), la presencia de ganglios en el ángulo de la mandíbula, cefalalgia y en ciertos casos fiebre sugiere una amigdalitis (anginas). En este caso el tratamiento conllevará la administración local de un colutorio y de un antibiótico por vía general, acompañado de un antitérmico (paracetamol) en caso necesario.

¿Qué hay que hacer en caso de migraña?

Todavía no existe un medicamento capaz de prevenir a largo plazo la aparición de crisis de migraña.

Ninguna especialidad resulta eficaz en más de la mitad de los enfermos. Para un paciente determinado, el medicamento más adecuado debe determinarse mediante pruebas sucesivas de las distintas especialidades disponibles.

Algunos analgésicos no antiinflamatorios, como el paracetamol, pueden utilizarse por su acción analgésica. La asociación paracetamol-dextropropoxifeno es más analgésica que el paracetamol puro.

¿Qué debe hacerse ante una neuralgia?

Se calma la irritación o la inflamación radicular de una neuralgia cervicobraquial, de una ciática, con el reposo total. Hay que buscar la mejor posición; si no puede obtenerse el reposo completo, hay que recurrir a un medio de contención u ortesis. Las ortesis prefabricadas son subvencionadas por simple prescripción, sin acuerdo previo.

También se calma con los analgésicos antiinflamatorios no esteroides (Airtal®, Gerbin®, Naprosyn®, Dolotren®, Voltarén®...) y la aspirina.

¿Cómo se reconoce y trata una tendinitis?

Lo que caracteriza a una tendinitis es el despertar de un dolor al efectuar un gesto determinado y su reaparición con cada repetición del mismo. El reposo calma el dolor que se despierta con la contracción contraria. Así, llevar maletas pesadas puede desencadenar una epicondilitis dolorosa e incapacitante, al igual que la práctica excesiva de ciertos deportes (tenis, golf) sin entrenamiento.

Además del descanso, resulta beneficioso el enfriamiento del músculo con hielo tres o cuatro veces al día.

En el intervalo, también se pueden aplicar antiinflamatorios locales en forma de pomada o gel como el Algesa1® sobreactivado, Inongan, utilizado para el masaje de los deportistas. Después del masaje, se puede colocar si es necesario un vendaje elástico, que mejora, a la larga, ciertas tendinitis rebeldes.

Por último, se puede completar la terapéutica con un miorrelajante como el Myolastan®. El periodo de acción es de al menos 24 horas.

¿Qué se debe hacer en caso de fractura?

Aunque el diagnóstico es fácil ante un miembro deformado, doloroso e incapaz de moverse, es menos evidente en las fracturas sin desplazamiento óseo. La mayoría de las fracturas son incompatibles con la continuación del viaje y precisan una evacuación sanitaria y, por tanto, el desencadenamiento de la asistencia. Conviene telefonear a la aseguradora o ponerse en contacto con ella por télex, fax o incluso telegrama; la rapidez de la intervención dependerá de la calidad y precisión de su información. Por orden, comunicará sus apellidos y nombre, el número de teléfono en el que se le puede localizar, el país, la ciudad o la localidad donde está y el número de su póliza.

Problemas debidos a la edad, a la fisiología y a las enfermedades crónicas

¿De qué pueden sufrir los ancianos?

La edad de la jubilación no ha dejado de bajar, con la consecuencia de un número cada vez más importante de jubilados entre los viajeros. Algunos de ellos disfrutan de excelente salud; otros, en cambio, gozan de una salud menos robusta, una deficiencia que se compensa con la toma regular de medicamentos, el seguimiento de un régimen, la abstención de esfuerzos persistentes y el cumplimiento de determinadas normas (no cambiar con demasiada brusquedad de temperatura o de altitud, no someterse a tensiones reiteradas y violentas, etc.).

Entre estas personas, se encuentran las que presentan riesgos cardiovasculares (angina de pecho, infarto de miocardio, etc.). Bien tratadas, han recuperado un buen estado de salud que las hace aptas para el viaje en las condiciones citadas.

También pueden viajar los asmáticos y los bronquíticos crónicos, una vez equilibrados. Eso sí, no podrán practicar todos los deportes: ni excursiones por la jungla, ni senderismo en alta montaña, ni submarinismo, pero sí marcha, natación, bicicleta, golf... Por lo tanto, podrán visitar monumentos históricos, e incluso las curiosidades del país, pasear por los parques, bañarse, etc. Los consejos dados anteriormente (minimizar las tensiones, evitar el paso brusco a una atmósfera cálida o muy fría en altas cotas, guardarse de hacer esfuerzos intensos) son aplicables también a los asmáticos y a los bronquíticos crónicos. En caso contrario, se exponen a trastornos respiratorios severos, lo cual, naturalmente, no es el objetivo de un viaje de placer.

Todo puede ocurrirle al anciano que no observa las normas de prudencia o que no toma los medicamentos que le ha prescrito su médico.

En caso de accidentes (trastornos del ritmo cardiaco, infarto de miocardio, asma agudo, sobreinfección grave en un bronquítico crónico), es preferible consultar a un médico y hospitalizarse si lo exige. Entonces es el momento adecuado para ponerse en contacto con la compañía de asistencia, que decidirá o no la repatriación.

Además de los riesgos cardiovasculares y pulmonares, el riesgo articular está lejos de ser desdeñable. La artrosis, esa degradación de las superficies articulares, provoca dolores, rigidez, limitación de los movimientos, anquilosis e incluso deformaciones óseas. Durante el viaje, un acceso de artrosis puede convertirse en un factor invalidante para las visitas a pie y las excursiones y puede favorecer las caídas, y, por lo tanto, los traumatismos. El artrósico debe prepararse para el viaje, seguir un programa de puesta en forma unos meses antes de la salida, volver a caminar, seguir un régimen capaz de hacerle perder los kilos de más y llevar en su botiquín medicamentos antiartrósicos capaces de mitigar los dolores y permitirle continuar el viaje en las mejores condiciones posibles. Los traumatismos, caídas y fracturas pueden llevar a la hospitalización y, también, a recurrir a la compañía de asistencia.

¿Cuáles son las precauciones particulares para los niños?

LOS MOSQUITOS

Contra el paludismo y el dengue, se garantiza la protección del niño aplicando en las partes descubiertas repelentes de insectos (Autan®, etc., de venta en farmacias) entre el ocaso y el alba y utilizando prendas de color claro que cubran brazos y piernas. Hay que cumplir una norma acerca de estos repelentes: la utilización más breve posible en superficies mínimas.

A la hora de la siesta, o durante la noche, el niño dormirá siempre bajo una mosquitera impregnada de insecticida o en una habitación climatizada. Además de esta necesaria protección mecánica, la protección del paludismo se efectúa mediante la toma de un medicamento preventivo adecuado para la región visitada (véase pág. 34).

LA INSOLACIÓN

Protejamos al niño de la insolación, que en primer lugar es una quemadura, así como del golpe de calor, que puede ser mortal. Incluso a la sombra, el niño puede ser víctima de la irradiación solar (en particular de los rayos UVA y UVB) reflejada por el agua, la hierba, la arena (20 %) y sobre todo la nieve (85 %). Deben evitarse, en cualquier caso, los baños de sol entre las once de la mañana y las dos de la tarde (horas solares). Hay que usar cremas protectoras para las zonas de piel descubierta. La utilización de las pantallas solares obedece a varios imperativos, como:

— la repetición de las aplicaciones al cabo de cierto tiempo (dos horas);
— la aplicación después de un baño o una intensa transpiración;
— la aplicación antes de la exposición;
— la elección sensata de la potencia de la pantalla en función de la piel y el cabello, es decir, del fototipo (solicitar la opinión del farmacéutico).

El tratamiento de una insolación es simple en su forma leve: linimento oleocalcario, pasta acuosa o de óxido de zinc. Si la insolación es importante, hay que aplicar el tratamiento de una quemadura de segundo grado y es necesario consultar al médico. Para evitar la insolación, es obligatoria la exposición progresiva al sol. Por otra parte, no se recomienda meterse en el agua tras una exposición prolongada con el fin de evitar la hidrocución.

El golpe de calor es provocado por los rayos infrarrojos y favorecido por el estancamiento del aire (espacio sobrecalentado y poco ventilado) y la humedad, que impide la evaporación de la piel. El niño abandonado en un coche cerrado, a pleno sol, representa el ejemplo más típico. Si se interviene a tiempo, puede llegar a ser benigno: el niño sufre malestar general, vértigos y fatiga. Es conveniente poner fin de inmediato a la causa del malestar desvistiéndole, dejándole descansar en un local fresco y ventilado, dándole abundante bebida y poniéndole una bolsa de hielo sobre la cabeza.

En las formas graves, el cuadro es dramático y el niño presenta un síndrome de deshidratación aguda, estado de choque y trastornos nerviosos (síndrome meníngeo, edema cerebral), e incluso un coma.

Este cuadro impone un tratamiento de urgencia que sólo puede aplicarse en un ambiente médico especializado.

En los países cálidos siempre hay que velar por que lleve la cabeza tapada y darle abundante bebida (sin olvidar el comprimido de sal).

¿Cuáles son los riesgos para las mujeres embarazadas?

• Los viajes aéreos de cierta duración favorecen las enfermedades tromboembólicas en las mujeres embarazadas. Antes de la salida, informarán a su médico, quien juzgará la oportunidad de administrarles un producto anticoagulante (heparina de bajo peso molecular).

• Las estancias en los países de zona III se desaconsejan completamente a las mujeres embarazadas (véase pág. 36).

• Los viajes a los países cálidos exponen a un mayor riesgo de infección urinaria.

• La vacunación mediante vacunas vivas atenuadas (vacuna oral contra la fiebre tifoidea, vacuna contra la fiebre amarilla) está contraindicada en teoría. La vacunación contra la fiebre amarilla, a partir del tercer mes de embarazo, puede administrarse en caso de exposición al riesgo. Las vacunaciones contra la fiebre tifoidea (inyectables) y antihepatitis A también están contraindicadas, puesto que los datos acerca de su inocuidad son insuficientes.

• A partir del octavo mes, las mujeres embarazadas no pueden viajar en avión. Además de la negativa de las compañías aéreas, hay que recordar que un embarazo en curso es una cláusula de exclusión en los contratos de asistencia médica de ciertas compañías de asistencia-repatriación sanitaria.

• Para las mujeres en edad fértil, conviene evitar todo embarazo en la semana siguiente a la toma de doxiciclina y tres meses después de una quimioprofilaxis con mefloquina. En caso de embarazo, consultarán a un centro de farmacovigilancia.

• No se debe viajar si se sufre un embarazo de riesgo, sobre todo si el país de acogida está mal equipado para el tratamiento de estos riesgos.

Antes de cualquier viaje conviene hacerse un chequeo, bajo el control del ginecólogo, que informará a la mujer embarazada de la presencia o no de riesgos. Ella decidirá con conocimiento de causa.

¿Cuáles son los riesgos propios de los enfermos crónicos?

LA DIABETES

Los diabéticos no insulinodependientes pueden viajar en cualquier momento y sin ningún tipo de problemas, a condición, eso sí, de proveerse de unas existencias suficientes de medicamentos, iguales o dobles respecto a sus necesidades durante la estancia.

Los diabéticos insulinodependientes tienen más problemas debido a sus diversas inyecciones diarias de insulina. También deben llevarse una provisión igual o doble respecto a sus necesidades, durante la estancia.

Además de los medicamentos contra la diabetes para los unos y la insulina para los otros, los diabéticos deberán llevar los medicamentos prescritos por el médico para los trastornos asociados con frecuencia: dislipidemia, hipertrigliceridemia, hipertensión, coronariopatía, obesidad, infecciones recurrentes, etc.

Los riesgos propios de la diabetes son los de la descompensación debido a un error de dieta o a una falta de medicamentos o insulina. Los comas diabéticos (hipoglucémicos o hiperglucémicos) son urgencias que deben tratarse en un hospital.

Desde el punto de vista práctico, resulta prudente repartir las existencias de medicamentos o insulina en las distintas maletas y bolsos.

EL SIDA

Los individuos seropositivos y los enfermos de sida pueden viajar. No son contagiosos, pero están expuestos a ciertos riesgos.

• Las infecciones: serán sensibles a ellas debido a la disminución de sus defensas inmunitarias. La manifestación de una leishmaniasis, una hepatitis B, una salmonelosis o una tuberculosis podrá agravar su estado. Además, reaccionarán peor al tratamiento. La diarrea del viajero debe evitarse a toda costa pues puede resultar gravísima.

• La mayor sensibilidad al sol se debe tanto a la toma de medicamentos contra los virus como a la disminución de las defensas del organismo. Además, esta sensibilidad puede ser exacerbada por todos los productos fotosensibilizadores que pueden tener que tomar para tratar las afecciones oportunistas: antibióticos, antifúngicos, antidepresores, neurolépticos, diuréticos, etc.

• Puede practicarse la mayoría de las vacunas, salvo el BCG, las vacunas orales contra la poliomielitis y la tifoidea, la vacuna contra la parotiditis, la rubéola y la fiebre amarilla (vacuna viva atenuada). Estas contraindicaciones están matizadas en función del grado de deficiencia inmunitaria: se autoriza la vacuna contra la fiebre amarilla en los pacientes asintomáticos que tienen más de 200 linfocitos CD 4/ mm^3.

• En cuanto a las sulfamidas, es preferible evitar su prescripción durante el viaje, pues son conocidas por ser grandes proveedoras de toxidermias.

¿Qué consejos se pueden dar a los enfermos de sida?

• Varias semanas antes de salir de viaje, lleve una vida tranquila e higiénica.

• Para protegerse del sol, utilice las cremas más eficaces.

• No interrumpa los tratamientos en curso. En caso de deficiencia inmunitaria, deberá prever los tratamientos de una candidiasis o de un herpes.

• El aprovisionamiento de medicamentos específicos puede plantear problemas en el extranjero. Es preferible salir con provisiones suficientes para la duración de la estancia.

Al regreso

En los días, semanas o a veces meses que siguen a su regreso al país, el viajero se siente incómodo y cae enfermo.

Se trata casi siempre de una fiebre. Este síntoma puede resultar aislado o acompañarse de dolores de cabeza, cansancio u otros signos: tos, dolores, náuseas, vómitos y diarreas.

Si la enfermedad resiste varios días a los medicamentos sintomáticos, hay que consultar a un médico.

¿Cuáles son las causas de las diarreas tardías?

Las diarreas tardías son el problema más frecuente.

Algunas surgen al final de la estancia y se prolongan más allá del regreso. Otras comienzan después del regreso.

Se trata casi siempre de:

— amebiasis;
— giardiasis;
— shigelosis;
— salmonelosis.

La presencia de deposiciones viscosas y sanguinolentas acompañadas de fiebre orienta hacia una shigelosis.

En ausencia de fiebre, hay que pensar en una amebiasis, sobre todo si la diarrea se acompaña de tenesmos y retortijones.

La coexistencia de amebiasis y fiebre debe sugerir un absceso intrahepático.

Una diarrea hídrica abundante sin fiebre, pero con algunos o muchos vómitos, debe sugerir el cólera.

Se impone una consulta al médico.

¿Son frecuentes las diarreas víricas?

También son muy frecuentes, debidas a virus en general no identificados en la práctica rutinaria.

Las diarreas por *Cytomegalovirus* son frecuentes en el paciente inmunodeprimido, en particular en el enfermo de sida. El cuadro clínico es el de una diarrea viscosa y sangrienta acompañada de fiebre.

Otros muchos virus son responsables de diarreas agudas: *Rotavirus*, *Ashovirus*, *Calicivirus*…

¿Cuál es el plazo de incubación de diarrea por ciguatera?

La diarrea puede aparecer más de 30 horas después de la ingestión del pescado intoxicado. Cuanto más larga es la incubación, más favorable resulta la evolución. Los antidiarreicos normales bastan para tratar una diarrea por ciguatera tardía.

¿La fiebre es frecuente al regreso de un viaje?

Según varias encuestas, la fiebre sería, en un 20 % de los casos aproximadamente, el motivo de consulta al regreso de un viaje.

Aunque las enfermedades tropicales, infecciosas y parasitarias representan la mayoría de las causas, no por ello se pueden eliminar las afecciones febriles no tropicales. Las variaciones climáticas en los países visitados, la climatización de los hoteles de estancia o el ritmo fatigoso de las excursiones son agentes que favorecen la aparición de infecciones de las vías respiratorias superiores.

¿Cómo se reconoce la causa de una fiebre?

Las causas más frecuentes de fiebre son el paludismo, las hepatitis víricas, la tifoidea y la amebiasis hepática.

Las causas de una fiebre pueden detectarse por los síntomas que la acompañan. Así, una fiebre acompañada de diarrea puede deberse a una salmonelosis, una shigelosis, un paludismo (los niños tienden a sufrir diarrea durante un acceso de paludismo) o una hepatitis vírica.

Una fiebre acompañada de adenopatía puede sugerir un dengue, una primoinfección por el VIH, una filariasis linfática, etc.

Una fiebre acompañada de hepatomegalia debe sugerir una amebiasis hepática, una hepatitis vírica, un paludismo o una leishmaniasis visceral.

Una fiebre acompañada de esplenomegalia puede orientar hacia una brucelosis, un paludismo, una fiebre tifoidea, una borreliosis, etc.

Una fiebre con dolores se observa en una arbovirosis, una triquinosis, una fiebre hemorrágica y en las hepatitis víricas.

En cambio, un acceso febril que acompaña a una ictericia debe hacernos pensar en una hepatitis vírica, una leptospirosis icterohemorrágica, el paludismo o malaria o bien la fiebre amarilla.

Una erupción cutánea acompaña a la fiebre en la tifoidea, en una rickettsiosis o una tripanosomiasis africana o sudamericana, en el dengue, una sífilis secundaria, una primoinfección por el VIH o una helmintiasis invasiva.

Una fiebre acompañada de signos neurológicos en una zona donde está presente el paludismo debe sugerir la existencia de un paludismo pernicioso, aunque también la meningitis bacteriana, la arbovirosis y la fiebre tifoidea pueden presentar un cuadro idéntico.

¿La procedencia del viajero puede facilitar el diagnóstico del médico?

El criterio geográfico es fundamental. El paludismo, excepcional en el norte de África, es inexistente en Australia, Argentina o Chile. Está presente en Guayana y las Comores, pero ausente de las Antillas, Nueva Caledonia, Tahití y la Reunión.

La bilharziosis está ausente de la mayor parte de América del Sur y resulta desconocida en Asia. La enfermedad del sueño es una afección puramente africana. La fiebre amarilla es desconocida en Asia.

Además de los países visitados, el itinerario recorrido al regreso es importante para el diagnóstico de la afección responsable de la fiebre.

¿El estilo de vida tiene importancia para el médico?

Por supuesto que tiene importancia. El viajero tiene más probabilidades de contraer un paludismo o una tripanosomiasis en un safari por la sabana que en una estancia en un gran hotel de una capital africana. En Burkina Faso, el potencial de transmisión del paludismo del grupo III se eleva del 0,14 por persona y año en el centro de Bobo-Dioulasso, al 4,5 (treinta veces más) en la periferia y 50 en los pueblos de los alrededores (es decir, 300 veces más).

¿Consultar el carné de vacunaciones es importante para diagnosticar?

Sí. Estar vacunado contra la poliomielitis, la fiebre tifoidea, la hepatitis A y B o la fiebre permite eliminar estas afecciones de las causas de la fiebre.

En cambio, el enfermo que ha sido objeto de una vacunación contra las meningococias de los grupos A + C no puede estar protegido de los meningococos del grupo B.

¿El cumplimiento de la profilaxis contra el paludismo después del regreso tiene importancia?

Si el país visitado comporta un riesgo palúdico, la toma de medicamentos antipalúdicos constituye la profilaxis más importante.

La regularidad de la toma del producto prescrito y la fecha de interrupción, al regreso, relacionada con la fecha de salida hacia el país visitado son elementos esenciales para el médico que debe tratarle. Una fiebre al regreso de Senegal, bajo profilaxis con mefloquina (Lariam®) tiene pocas posibilidades de ser un acceso palustre. El problema es muy distinto si el viajero regresa de Tailandia o Angola, países del grupo III (véase pág. 35), justificables de halofantrina (Harfan®) o Doxy-cycline®. Para los países del grupo II, el Lariam® debe mantenerse durante las cuatro semanas que siguen al regreso.

¿Existen fiebres o enfermedades que se declaran de uno a varios meses después del regreso?

Debido a su plazo de incubación, algunas enfermedades tropicales deben excluirse si han transcurrido dos semanas desde el regreso a Europa. Otras pueden aparecer todavía después de tres meses.

Aunque en teoría hay prescripción para el paludismo por *Plasmodium falciparum*, se han observado reviviscencias de dicho paludismo un año después del regreso, cuando la profilaxis seguida no era del todo eficaz.

La amebiasis hepática es probablemente la enfermedad parasitaria febril cuya manifestación puede ser más tardía, más de 20 años a veces. En este caso, la colina inicial, casi nunca febril, ha pasado desapercibida. Tanto la hepatitis B como las leishmaniasis, la linfangitis filariana, el paludismo de tipo no *falciparum*, la tuberculosis y el sida pueden manifestarse después de tres meses.

¿Cuáles son las causas más frecuentes de las fiebres tardías?

Se trata, por orden de importancia, de:

— paludismo;
— salmonelosis;
— amebiasis hepática;
— hepatitis víricas;
— bilharziosis;
— shigelosis.

Los cuatro primeros grupos de enfermedades (paludismo, salmonelosis, amebiasis hepática y hepatitis víricas) constituyen casi las tres cuartas partes de los casos observados.

¿Cuáles son las dermatosis más habituales al regreso?

Al regreso de los países tropicales, en la mitad de los casos, la dermatosis contraída es una dermatosis de importación:

— el larbish o *Larva migrans* cutáneo;
— la piodermitis (supuración subcutánea);
— la miasis;
— la dermatitis pruriginosa por artrópodo;
— la tungosis;

— la urticaria;
— el exantema febril;
— la leishmaniasis cutánea localizada;
— la sarna.

En la mayoría de los demás casos, se trata de una infección leve por estafilococos o estreptococos.

¿Cuál es el plazo de las dermatosis de importación?

Afección	Plazo de aparición
Botón de Oriente (leishmaniasis)	De varias semanas a un año
Filaria de Bancroft (linfangitis)	De tres meses a un año
Filaria de Médine (lombriz bajo la piel)	Doce meses
Larva migrans (larbish)	De varias semanas a un año
Leishmaniasis cutánea	De varias semanas a un año
Loasis (filariasis serpiginosa del tejido subcutáneo)	De varias semanas a varios meses
Miasis	De varias semanas a varios meses
Oncocercosis	De dos a cuatro meses
Pian; pian cangrejo	De dos semanas a dos meses
Tungosis	Manifestación antes del regreso
Úlcera tropical de los miembros inferiores	Manifestación antes del regreso

¿Qué se debe hacer en caso de lesión de los órganos genitales al regreso del viaje?

La menor ulceración o lesión genital, el menor ganglio de la ingle o el menor derrame en los días siguientes al regreso deben incitar a consultar al médico.

¿Cuál es el significado de la ictericia?

La ictericia es un trastorno de la excreción biliar y representa el síntoma clínico fundamental de una hepatitis, es decir, de una inflamación del hígado. Es anunciada, de tres a ocho días antes, por una falta de apetito (anorexia), náuseas, dolores epigástricos o subcostales, cefaleas y con menor frecuencia una erupción cutánea y artralgias. Esta ictericia se acompaña de orina oscura, deposiciones sin color y a veces un picor transitorio, hepatomegalia moderada (en el 70 % de los casos) y esplenomegalia discreta (en el 20 % de los casos). Hay que saber que existen hepatitis sin ictericia (formas anictéricas).

Ante una ictericia que se acentúa de forma progresiva tras una fase congestiva, que vaya acompañada de hemorragias o vómitos de sangre negra, se evoca la fiebre amarilla.

¿Cómo se presenta una encefalitis?

La aparición de un síndrome meníngeo febril asociado con signos de localizaciones neurológicas (hemiplejía, afasia, apraxia, afección de nervios craneales) evoca la posibilidad de una encefalitis. Hay que consultar a un médico. La punción lumbar confirma el diagnóstico.

¿Cuáles son las cuatro grandes causas de las encefalitis?

• Las encefalitis víricas primitivas (rabia, herpes, leucoencefalitis esclerosante subaguda).

• Las encefalitis secundarias a una enfermedad infecciosa (sarampión, rubéola, varicela, mononucleosis infecciosa, parotiditis).

• Las encefalitis posvacunales como las que se manifestaban después de la vacuna contra la viruela. Desde el abandono de esta vacunación, la vacuna responsable con mayor frecuencia es la vacuna contra la tos ferina, que daría o bien encefalopatías, o bien convulsiones.

• Las encefalitis tóxicas derivadas de picaduras de insectos o de una fiebre tifoidea (encefalitis japonesa, encefalitis por garrapatas).

¿Un chequeo sistemático es oportuno al regreso?

Toda enfermedad que se manifieste en los tres meses siguientes al regreso implica cierto número de exámenes especiales y a ser posible una consulta en un instituto especializado.

En caso contrario el paciente se expone a dos tipos de errores: o bien tomar por una enfermedad tropical una afección «cosmopolita», como una fiebre tifoidea, por ejemplo, con el pretexto de que se ha viajado a los trópicos durante algún tiempo antes de presentar una «fiebre de origen indeterminado»; o bien desconocer una enfermedad tropical y dar el diagnóstico de una afección cosmopolita, el de una fiebre tifoidea ante un paludismo.

Incluso en el caso de que exista ausencia de trastornos, al viajero le interesa bastante consultar a su médico en el mes o las seis semanas siguientes a su regreso. Un recuento y una fórmula sanguínea pueden detectar una parasitosis (bilharziosis, por ejemplo) aún latente clínicamente. Si este análisis es negativo, no se llevarán más lejos las investigaciones. En caso contrario, se harán los análisis correspondientes de deposiciones y de orina.

Conclusión

La mayoría de los viajeros no conocerá los riesgos expuestos en esta obra.

Si «hombre prevenido vale por dos», el viajero sabrá hacer frente por sí mismo al peligro y tomar precauciones para su familia, si esta le acompaña. Les protegerá contra la enfermedad vacunándoles, llevándose un botiquín apropiado, velando por la aplicación de las reglas de higiene o seguridad y, si es necesario, tomando antipalúdicos con regularidad.

En cambio, la omisión de un riesgo o una amenaza nos parece peligrosa e incluso criminal. Por este motivo hemos tratado de agrupar aquí el máximo de información sobre los riesgos corridos según los destinos y hemos dado las precauciones para afrontarlos. Hemos concebido esta obra, sobre todo, desde la perspectiva de la preparación del viaje, como un catálogo de trámites que realizar y posibles dificultades que superar. Siempre quedará un margen de imponderable.

Quinientos millones de seres humanos, la décima parte de la población del globo, realizan cada año desplazamientos de un continente a otro. Esa es una de las principales razones que han motivado la redacción de esta obra. Es nuestro deseo que pueda servir de guía para algunos de ellos, para «que felices como Ulises o Jasón, puedan regresar a su hogar llenos de uso y de razón, para vivir entre sus parientes, el resto de su edad» (Joaquim du Bellay, siglo XVI).

En resumen: consejos útiles

A los viajeros

• *Mantenga al día sus vacunaciones imprescindibles (tétanos y poliomielitis) y vacúnese contra las hepatitis A y B, así como contra la fiebre tifoidea, sobre todo si tiene intención de pasar más de un mes en un país donde estas afecciones son endémicas. La vacuna contra la fiebre amarilla, no necesaria para los viajes a Asia, es obligatoria o se recomienda encarecidamente en el África subsahariana y en Sudamérica (Guayana francesa). No es obligatoria en Madagascar.*

• *La buena tolerancia de las vacunas modernas, la sencillez de los protocolos vacunales y las múltiples posibilidades de asociación le permiten construir un calendario vacunal adaptado a sus necesidades (en función de la epidemiología del lugar de destino, de su estatuto vacunal, de la duración y del tipo del viaje).*

• *Llévese, además de sus medicamentos habituales, medicamentos contra el paludismo, repelentes antimosquitos, preservativos, jeringuillas y agujas desechables.*

• *Durante la estancia, pueden picarle los mosquitos. En caso de salida o paseo al crepúsculo o de noche, aplíquese en las partes descubiertas del cuerpo un producto antimosquitos.*

• *La protección farmacológica antipaludismo depende de la región visitada. En la zona I, la asociación Resochin-Paludrine deberá tomarse el día de la salida, y luego durante la estancia y a lo largo de las cuatro semanas siguientes de su regreso a España. En la zona II, resulta indicado el Lariam®, que se toma una vez a la semana, comenzando quince días antes de la salida hacia la zona con paludismo, y luego durante las cuatro primeras semanas del regreso a España. En la zona III, debe tomarse otro medicamento, que le prescribirá su médico. Si, pese a estas precauciones, presenta, tras una semana de estancia, fiebre, dolores de cabeza y dolores abdominales es posible que haya contraído el paludismo. Consulte a su médico.*

• *Desconfíe del agua de bebida y de los cubitos de hielo. Puede albergar virus, bacterias o parásitos. Si no conoce su origen, pida agua mineral o agua filtrada. Incluso puede desinfectarla mediante comprimidos de los que se habrá provisto antes de salir de viaje.*

• *Siempre durante su estancia, desconfíe de las aguas de baño. Algunas extensiones de agua dulce en el medio tropical o subtropical pueden ocultar bilharzias. Asimismo, evite caminar descalzo por los suelos húmedos (arena, lodo).*

• *La comida puede estar contaminada. Evite las ensaladas, coma los alimentos bien hechos, pele la fruta y no olvide lavarse las manos antes de comer.*

• *Las relaciones sexuales pueden transmitir las ETS y las hepatitis B y C. Hay que tener prudencia y usar el preservativo.*

• *Si, a su regreso, presenta una fiebre inexplicable, cefaleas, dolores en el vientre o cualquier otro síntoma inhabitual, consulte a su médico.*

• *Para las mujeres en edad fértil, se aconseja esperar tres meses después del final de la profilaxis antipalúdica antes de concebir un hijo.*

A las mujeres embarazadas

• *Sepa que los viajes aéreos de cierta duración predisponen a los accidentes tromboembólicos. Antes de salir de viaje, coméntelo con su médico, que juzgará la oportunidad de administrarle un producto anticoagulante.*

• *Se les desaconseja formalmente viajar a un país del grupo III debido a la mayor gravedad del paludismo en la mujer embarazada y a los peligros de la profilaxis antipalúdica (riesgo de teratogenicidad de la mefloquina).*

• La vacunación mediante vacunas vivas atenuadas (vacuna oral contra la tifoidea, vacuna contra la fiebre amarilla) está contraindicada en teoría. Puede administrarse la vacunación contra la fiebre amarilla a partir del tercer mes de embarazo. También están contraindicadas las vacunaciones antitifoidica (inyectable) y antihepatitis A.

A los portadores de amebas

• Puede contagiar a sus familiares con las manos si no adopta una rigurosa higiene después de sus exoneraciones.

• Siga escrupulosamente el tratamiento y el régimen prescrito y no olvide los controles.

• Al menor dolor en la región del hígado, ¡consulte!

A los portadores de duelas

En ausencia de diagnóstico precoz, el parásito invade sus canales biliares. Su hepatitis puede ser agravada por accesos de angiocolitis y cólicos hepáticos determinados por el progreso de las duelas o por los cálculos ocasionados por las reacciones inflamatorias. La medicina dispone de medicamentos eficaces contra el parásito, pero la evacuación de los cálculos y del lodo biliar, así como el tratamiento de los estrechamientos del árbol biliar, pertenecen al ámbito de la cirugía.

A los bilharzianos

• Si permanece en una zona de endemia, estará sometido, aunque se trate, a constantes reinfestaciones. Además, las bilharziosis están en plena expansión, favorecidas por el aprovechamiento de nuevas tierras para la agricultura, por los recursos hidráulicos y la llegada de mano de obra de regiones parasitadas (Brasil, Malí y República de Sudáfrica).

• Tenga siempre a su disposición un antiespasmódico (de tipo Imodium), que le ayudará a superar los trastornos del tránsito intestinal debidos a la bilharzia.

• Su enfermedad no le afecta sólo al hígado sino también al bazo. Puede someterse de forma periódica a exámenes y a la evaluación de la tensión de su sistema portal. En caso de hipertensión portal permanente, pueden proponerle una derivación venosa.

• En caso de alteración de su estado general y en caso de anemia, consulte a su médico lo antes posible.

A los palúdicos

• Siga de forma rigurosa la quimioterapia.

- *Avise siempre al médico de sus antecedentes. Ello permite ganar tiempo en caso de fiebre, ya que el médico solicitará desde el primer momento los análisis imprescindibles.*

- *Si, además de la fiebre, presenta signos neurológicos y otras manifestaciones de insuficiencia visceral (ictericia, hemorragia, anemia, insuficiencia renal, edema agudo del pulmón) y es portador de* Plasmodium falciparum, *cabe temer un acceso grave o un acceso pernicioso palustre que vale más tratar en un hospital.*

ANEXOS

Índice de las enfermedades
y trastornos descritos

Direcciones útiles

Directorio de centros de farmacovigilancia

Centro de Farmacovigilancia de Andalucía
Avda. Manuel Siurot, s/n., Hospital Universitario Virgen del Rocío,
Edificio Laboratorios 1.ª planta
41013 Sevilla
Tel.: 955 01 31 76 / 955 01 31 75 / 955 01 31 74
Fax: 955 01 31 76

Centro de Farmacovigilancia de Aragón
Domingo Miral, s/n, Facultad de Medicina, Departamento de Farmacología
50009 Zaragoza
Tel.: 976 76 16 94 / 976 76 16 96
Fax: 976 76 16 95
http://wzar.unizar.es/cfva

Subdirección General de Seguridad de Medicamentos
División de Farmacoepidemiología y Farmacovigilancia
Ctra. Majadahonda-Pozuelo, km 2,200
28220 Majadahonda (Madrid)
Tel.: 915 96 77 11
Fax: 915 96 78 91
c.e. fvigilancia@agemed.es

Centros de Vacunación Internacional en España

Centro de Atención Primaria
Av. Drassanes, 17-21, 2.º
08001 Barcelona
Tel.: 934 43 05 07

Centro Insular de Salud de Menorca
Av. José M.ª Cuadrado, 17
07703 Mahón (Menorca)
Tel.: 971 36 04 26 / 971 36 91 75

Consejería de Sanidad
Vía Romana, 81
07800 Ibiza
Tel.: 971 30 67 64

Delegación Territorial del Departamento de Sanidad y Seguridad Social de la Generalitat de Catalunya
Rovira Roure, 2, 2.ª
25006 Lérida
Tel.: 973 70 16 00

Delegación Territorial de Sanidad y Seguridad Social
Sol, 15
17004 Gerona
Tel.: 972 20 00 54

Dirección Provincial de Sanidad y Consumo de Albacete
Plza. Benjamín Palencia, 1, entreplanta
02002 Albacete
Tel.: 967 23 77 52

Dirección Provincial de Sanidad y Consumo en Melilla
Plza. Primero de Mayo s/n., 2.º
29805 Melilla
Tel.: 952 67 34 08 / 952 67 60 06 / 952 67 60 08

Dirección Provincial de Sanidad y Consumo en Murcia
Andrés Vaquero, 12
30001 Murcia
Tel.: 968 22 12 65 / 968 22 27 63

Dirección Provincial de Sanidad y Consumo de Palma de Mallorca
Muelle Viejo, 7
07071 Palma de Mallorca
Tel.: 971 71 13 37 / 971 72 21 12

Dirección Territorial de Sanidad y Consumo
Gran Vía, 26 Bajos
26002 Logroño
Tel.: 941 20 99 85

Hospital Bellvitge (Medicina Preventiva)
Feixa Llarga, s/n.
08907 Hospitalet de Llobregat
Tel.: 933 35 61 11

Ministerio de Asuntos Exteriores. Gabinete médico
Plza. de la Provincia, 1, Palacio de Santa Cruz
28012 Madrid
Tel.: 913 79 96 66 / 913 79 93 33

Servicio Andaluz de Salud (SAS)
Carretera de Ronda, 101
04071 Almería
Tel.: 950 21 27 00 / 950 21 27 37

Servicio Provincial de Sanidad y Consumo
Ramón y Cajal, 68
50004 Zaragoza
Tel.: 976 44 20 22

Servicio Territorial de Bienestar Social
Independencia, 18, 2.º
24003 León
Tel.: 987 25 15 12

Servicio Territorial de Sanidad y Bienestar de Burgos
Av. Conde Vallellano, 4
09002 Burgos
Tel.: 947 28 01 07

Servicio Territorial de Sanidad y Bienestar Social de Salamanca
Av. de Portugal 83-89
37071 Salamanca
Tel.: 923 29 60 22 / 923 29 60 30

Servicio Territorial de Sanidad y Bienestar Social de Valladolid
Av. Ramón y Cajal, 6
47001 Valladolid
Tel.: 983 41 37 60 / 983 41 37 83

Servicios de Sanidad Exterior de Algeciras
Paseo de la Conferencia, s/n.
11207 Algeciras (Cádiz)
Tel.: 956 60 25 26

Servicios de Sanidad Exterior de Barcelona
Vergara, 12,
08003 Barcelona
Tel.: 932 68 36 09

Servicios de Sanidad Exterior de Bilbao
Gran Vía, 62, Portal central, 1.º izda.

48071 Bilbao
Tel.: 944 41 48 00

Servicios de Sanidad Exterior de Cádiz
Ciudad de Vigo, s/n. (Recinto Portuario)
11006 Cádiz
Tel.: 956 24 34 37 / 956 25 01 60

Servicios de Sanidad Exterior de Cartagena
Pez Volador, 2, Estación Sanitaria del Puerto
30271 Cartagena (Murcia)
Tel.: 968 50 15 47

Servicios de Sanidad Exterior de Castellón
Muelle Serrano Lloberes, s/n. (Recinto Portuario)
12100 Castellón
Tel.: 964 28 51 52 / 964 28 01 33

Servicios de Sanidad Exterior de Ceuta
Muelle Caonero Dato, s/n. Puerto de Ceuta
11071 Ceuta
Tel.: 956 50 94 41

Servicios de Sanidad Exterior de La Coruña
Av. de la Marina s/n.
15001 La Coruña
Tel.: 981 22 24 89 / 981 22 25 27

Servicios de Sanidad Exterior de Gijón
Claudio Alvargonzález, 30
33201 Gijón (Asturias)
Tel.: 98 534 33 43

Servicios de Sanidad Exterior de Huelva
Sanlúcar de Barrameda, 7
21001 Huelva
Tel.: 959 24 75 44 / 959 24 73 94

Servicios de Sanidad Exterior de Lanzarote
Timón, s/n., Puerto de Naos
35071 Lanzarote (Arrecife)
Tel.: 928 81 00 10

Servicios de Sanidad Exterior de Madrid
Francisco Silvela, 57
28028 Madrid
Tel.: 914 01 68 39

Servicios de Sanidad Exterior de Málaga
Paseo Marítimo Pablo Ruiz Picasso, 43
29016 Málaga
Tel.: 952 21 72 61 / 952 21 71 33

Servicios de Sanidad Exterior de Pamplona
Cortes de Navarra 5, 1.º izda
31002 Pamplona
Tel.: 948 22 16 55

Servicios de Sanidad Exterior de Las Palmas de Gran Canarias
Juan M. Domínguez Pérez (subida al Cebadal)
35008 Las Palmas de Gran Canarias
Tel.: 928 46 43 32 / 928 46 45 24

Servicios de Sanidad Exterior de San Sebastián
Idiquez 6, 4.º
20004 San Sebastián
Tel.: 943 42 49 41 / 943 42 82 49

Servicios de Sanidad de Santa Cruz de Tenerife
Rambla General Franco, 169
38001 Santa Cruz de Tenerife
Tel.: 922 27 32 33 / 922 28 32 13

Servicios de Sanidad Exterior de Santander
Antonio López, 3
39009 Santander
Tel.: 924 21 01 74 / 924 21 21 03

Servicios de Sanidad Exterior de Sevilla
Av. de la Raza, 2
41012 Sevilla
Tel.: 954 23 01 52

Servicios de Sanidad Exterior de Tarragona
Muelle de Levante, s/n.
43071 Tarragona
Tel.: 977 24 01 99 / 977 24 43 82

Servicios de Sanidad Exterior de Valencia
Puerto Autónomo de Valencia
46071 Valencia
Tel.: 96 367 65 13

Servicios de Sanidad Exterior de Vigo
Estación marítima del Puerto de Vigo, s/n.

36071 Vigo (Pontevedra)
Tel.: 986 43 41 33 / 986 43 60 73

Unidad Administrativa del Ministerio de Sanidad y Consumo
Av. Santiago 11, 1.ª planta
01004 Vitoria
Tel.: 945 28 94 33 / 945 28 94 44

Unidad Administrativa de Servicios de Sanidad Exterior
Muelle Poniente, s/n.
03071 Alicante
Tel.: 965 12 20 44

Embajadas en España

Embajada de Albania
María de Molina, 64, 5.º B
28006 Madrid
Tel.: 915 62 69 85
Fax: 915 61 37 75
www.mae.es/mae/textos/consulares/fichas/al.htm

Embajada de Angola
Ramón de la Cruz, 1, 31
28001 Madrid
Tel.: 914 35 61 66 / 91 435 64 30
Fax: 915 77 90 10
www.rep-angola.com

Embajada de Australia
Plza. Descubridor Diego de Ordás, 3
28003 Madrid
Tel.: 914 41 93 00
Fax: 914 42 53 62
www.embaustralia.es

Embajada de Bolivia
Velázquez, 20, 7.º
28001 Madrid
www.disbumad.es/consulado/bolivia/Embajada.htm

Consulado de Bolivia en Sevilla
Av. República Argentina, 22 A, 3.º B
41011 Sevilla
www.disbumad.es/consulado/bolivia

Embajada de Canadá
Nuñez de Balboa, 35
28001 Madrid
Tel.: 914 23 32 50
Fax: 914 23 32 51
www.canada-es.org

Consulado General de Chile en Bilbao
Campo de Volantín, 29, 1.°
48007 Bilbao
Tel.: 944 46 73 02 / 944 46 46 84
Fax: 944 46 77 70
www.bm30.es/socios/consulados/chile_es.html

Embajada de Corea
González Amigo, 15
28033 Madrid
Tel.: 913 53 20 00
Fax: 913 53 20 01
www.embcorea.com

Embajada de Guatemala
Calle Rafael Salgado 3, 10.° izq.
28036 Madrid
Tel.: 913 44 14 17 / 913 44 03 47
Fax: 914 58 78 94
www.arrakis.es/~embaguat

Embajada de la India
Av. Pío XII, 30-32
28016 Madrid
Tel.: 913 45 02 09 / 913 50 49 55 / 913 45 04 06 / 913 45 02 65
Fax: 913 45 19 00
www.visualware.es/india

Embajada de Irán
Jerez, 5
28016 Madrid
Tel.:913 45 01 12
Fax: 913 45 11 90

Embajada de Irak
Ronda de Sobradiel, 67
28043 Madrid
Tel.: 917 59 35 75
Fax: 917 59 31 80

Embajada de Israel
Velázquez, 150, 7.º
28002 Madrid
Te.: 914 11 13 57
Fax: 915 64 59 74
www.embajada-israel.es

Embajada de Rusia
Velázquez, 155
Madrid 28002
Tel.: 915 62 22 64 / 914 11 08 07
Fax: 915 62 97 12
www.arrakis.es/~consmd

Embajada de Sudáfrica
Claudio Coello, 91
28006 Madrid
Tel.: 914 36 37 80
Fax: 915 75 53 89
www.sudafrica.com

Embajada de Turquía
Rafael Calvo 18, 2.º A
28010 Madrid
Tel.: 913 19 80 64 / 913 19 81 11
Fax: 913 08 66 02
www.tcmadridbe.org

Embajada de Zaire
Doctor Arce, 7
28002 Madrid
Tel.: 915 62 47 10

Bibliografía

ADVENIER, W. A. y R. D. PICHOT: *Le Guide médical des voyages*, Marabout service, n.º 254, 1975.

BADOU, G.: «Melatonine, hormone miracle?», en *Sélection du Reader's Digest*, 119-122, abril de 1996.

CAUMES E.: *Santé et voyages*, Pasteur vaccins, París, 1996.

—, BELLANGER F., R. G. BRUCKE, M. DANIS, y M. GENTILINI: «Pathologie observée au retour de voyages en dehors d'Europe, 109 cas», en *Presse Med.*, 20, 1.483-1.486, 1994.

CHAGNON A. y P. CARLI : «Fièvre au retour des régions tropicales, Éléments diagnostiques», en *Concours médical*, julio de 1994.

COULAUD J. P., y H. H. MOLLARET: *Unde venis? Quo vadis? Fichier de géographie médicale*, Éditions médicales Fournier Frères, París, mayo de 1983.

DARDE, J. N.: *Saisons et Climats, «Le Guide de tous les voyageurs»*, París, Balland, 1992.

DE PARADES, V.: *Pathologie digestive et voyage*, Collection «Gastro-Entérologie», Fournier, 1997.

DIRECTION GÉNÉRALE DE LA SANTÉ: *Guide des Vaccinations*, Édition 1964.

EHRHARDT, J. P.: «Le problème de l'origine de l'Ichtyosarcotoxisme tropical», en *Ann. Fals. Exp. Chine.*, París, 1971.

— «Méfaits des piqûres et morsures par les vertébrés marins. Conduite à tenir», en *Médecine et Armées*, 1, 2, París, 1973.

— «La pathologie polynésienne», en *Médecine et Armées*, 3, 2, París, 1975.

— «Les cônes venimeux en Polynésie française», en *Médecine océanienne*, 22, Papeete, 1985.

— «Animaux et flore dangereux pour le plongeur», en *Physiologie et Médecine de la Plongée*, París, Marketing Ed., 1992.

— *Dangers naturels à Tahiti. Les connaître pour les éviter*, Pacific Promotion Tahiti, 4.° trim. 1995.

— *Las Hepatitis. Cómo prevenirlas y tratarlas*, Editorial De Vecchi, marzo de 1999.

— y P. NIAUSSAT, «Danger des invertébrés venimeux en milieu océanique corallien. Consignes de protection en cours de plongée. Conduite à tenir et premiers soins», en *Rev. Corps Santé Armées*, 11, 6, París, 1968.

— y G. SEGUIN, *Les Dangers de la vie marine*, PUF, Col. «Que sais-je?», n.° 3.413, diciembre de 1998.

FANTON, L., D. GARIN, M. MOSON y otros: *Le Guide médical du voyageur*, Éditions du Pacifique, 1978.

GENTILINI, M: *Médecine tropicale*, Flammarion Médecine-Science, 1993.

—, E. CAUMES y M. DANIS, «Prophylaxie du paludisme», en *Rev. Med. Interm*, 13, 233-237, 1992.

— «Guide des vaccinations», en *Impact Médecin Hebdo*, n.° 62.

PACAUD, G. y A. GAILLARD, *Guide Santé des Voyageurs*, Nouvelles Éditions Marabout, 1995.

PAOLI, P. y REGELSON: *Le Miracle de la mélatonine*, Robert Laffont Éditeur, 1995.

RANDALL, J. F.: «Les algues marines sont-elles une source de ciguatoxine?», Doc. Multigr. Sémin. Comm. Pac. Sud sur l'Ictetyosarcotoxisme, Papeete, SPC ICHT/WP., 20 de agosto de 1968.

ROGE, J., R. BAUME, PH. BÉRARD y otros: «Acetorphan, an Enkephalinase Inhibitor, versus Loperamide in the Treatment of Acute Diarrhoea: a Double Blind Controlled Study», en *Scand. J. Gastro-Enterol*, 28, 352-4, 1993.

RUSSELL, F. E.: «Marine Toxins and Venomons and Poison Marine animals», en *Advances in Mar. Biology*, vol. 3, Londres y Nueva York, Academic Press, 3, 1965.

SACK, R. B.: «Traveller's Diarrhea: Microbiology Bases for Prevention and Treatment», en *Rev. Infect. Dis.*, 12 (supl. 1), S 59-S 63, 1990.

SCIARLI, R. J., y L. HARO, «Principales intoxications et envenimations par les animaux marins», en *Le Concours médical*, 26-06/03-0799-121-25/26, págs. 2.003-2.010.

STEFFEN, R., M. RICKENBACH, y U. WILHELM , y otros: «Health Problems after Travel to Developing Countries», en *J. Infect. Dis.*, 156, 84-91, 1987.

— «Travel Medicine, Prevention based on Epidemiological data», en *J. Infect. Dis.*, 156, 84-91, 1987.

— «Travel Medicine, Prevention based on Epidemiological data», en *Trans. R. SOC. Med. Hyg.*, 85, 156-162, 1991.

VIGNEAU, C.: *Voyages et Pathologie*, Lyon, A. Lacassagne, 1990.

VON ZIELONKA, M.: *Risques infectieux et voyages. Guide pratique des maladies infectieuses et parasitaires dans le monde*, París, Pradel Éd., 1992.